"十三五"普通高等教育应用型规划教材

人力资源管理综合实训

主　编　鲍立刚
副主编　李亚慧　江永众　贺冬怡

HUMAN RESOURCE MANAGEMENT
Applications and Exercises

中国人民大学出版社
·北京·

序

FOREWORD

地方高校如何有效地为地方经济社会发展服务，成为我国高校和政府关注的热点问题。2014 年 5 月教育部副部长鲁昕在中国发展高层论坛上透露，将有 600 多所地方本科高校向应用技术、职业教育类型转变。随后发布的《2014 年教育蓝皮书》更是将“转型”推到“瓜熟蒂落”的关头——数据显示，2013 年地方本科院校初次就业率仅为 75.4%，低于重点本科院校的 75.5%和高职高专院校的 78.1%。2014 年 6 月《国务院关于加快发展现代职业教育的决定》发布，提出采取试点推动、示范引领等方式，引导一批普通本科高等学校向应用技术类型高等学校转型。随后，教育部职成司司长葛道凯在国务院新闻办举行的新闻发布会上澄清：推动 600 所地方本科学校的转型“这个表述是不准确的”，“转型的这些学校可以是新建学校，也可以是办学历史非常悠久的学校”；如果 211 工程和 985 工程高校愿意转型并符合转型条件，“从政府角度来说，肯定是鼓励的”。

教育部网站《2016 年全国高等学校名单》显示：截至 2016 年 5 月 30 日，全国高等学校共计 2 879 所，其中普通高等学校 2 595 所，除去 112 所 211 工程高校，理论上可能有 2 483 所约 96%的普通高等学校走应用技术型或职业教育型发展道路。全国有普通本科院校 1 236 所，除去 113 所国家部委所属高校，理论上可能有 1 123 所占本科院校约 91%的地方本科院校向应用技术类型高校转型。2015 年 7 月，教育部、国家发展和改革委员会、财政部联合发布《关于引导部分地方普通本科高校向应用型转变的指导意见》，地方普通本科院校向应用技术型高校转型发展的趋势更加明显。转型的根本目的是使高等教育培养的人才更加符合经济社会，特别是符合地方经济社会对应用型人才的需求。

如何既积极主动探索自身的发展又满足地方经济社会对应用型人才的需求，实现高校转型和教师发展成为摆在地方普通本科院校面前的重大课题。当然要做的事特别多，其中应用型教材的编写和综合实训教学方法的探索成为应用技术类型高校转型发展的基础和关键一环。令人欣慰的是，中国人力资源开发教学与实践研究会的老会员、广西民族师范学院人力资源管理专业鲍立刚副教授对应用型教材的编写和综合实训教学方法进行了有益的探索，取得了比较丰硕的成果，这也标志着中国人力资源开发教学与实践研究会的实践教学研究取得了可喜的成绩。鲍老师从教之前曾任世界500强、中外上市公司和民营企业人力资源主管、经理8年，从事生产销售工作2年，曾应邀到印度尼西亚万隆市苏梅丹镇 P. T. KAHATEX 印染集团公司出任高级技术和管理职务。

众所周知，人力资源管理专业由于自身职业的特点，能提供给在校学生的社会实践岗位容量极其有限，再加上人力资源管理活动的情境涉及面广而复杂并且难以复制，所以，很难在实验室环境中通过硬件进行模拟。我国高校教师绝大多数都没有企业实际工作经历，虽然人力资源管理是一门应用性很强的专业，但一直以来高校人力资源管理专业很少设置实训课程，或者实训只限于案例讨论、人力资源管理软件操作、人才测评、播放视频等初级阶段。

鲍老师结合10年的企业人力资源管理实践经验，在人力资源管理实训教学方面取得了可喜的成绩。根据一些出版社及高校的网络调查，2005年鲍老师在国内第一次开设“人力资源管理综合实训”课程，2008年出版国内第一本人力资源管理综合实训高职高专教材，2013年修订出版第二版。该教材被评为广西教育科学研究优秀成果一等奖、广西高等教育自治区级教学成果奖三等奖和广西高等教育学会第七次高等教育研究成果二等奖。

鲍老师一边应用第一、二版高职高专教材的课程改革成果，一边将课程改革成果加以深化和完善；根据企业人力资源管理技术发展需求和人力资源管理研究动态趋势，结合应用型本科院校人才培养的要求完成了这本《人力资源管理综合实训》（本科版）教材。当鲍老师把书稿送给我作序时，我毫不犹豫地答应了。这不仅是因为他投身中国人力资源管理专业实践教学的执着和创新精神，更是因为《人力资源管理综合实训》确实对应用型人才的培养很有帮助和启发。

该教材形成了“校企行（业）政（府）生”五方共同体应用型实训教学体系，构建了高校实训课堂与企业现场课堂相融合的实训教学运作模式，创建了分组应用型教学多重角色交叉式成绩评估体系。我们有理由相信，该教材不仅能使企业人力资源管理技术得到较好的应用，而且能对本科院校向应用技术类型高校转型发展起到促进作用。

感谢这位实践和理论双栖的优秀青年学者为人力资源管理专业实训教学所作的努力和贡献！

董克用

前言
PREFACE

2001年我在广州一家上市公司担任人力资源部经理时，接到了广东岭南职业技术学院一位老师的电话，双方就该校实训教学的困境展开了讨论。从此，作为人力资源职业经理人的我开始通过邮件、BBS、QQ等方式，与广大企业的人力资源经理人和高校的人力资源教师探讨企业人力资源管理应用技术和高校实训教学方法，并担任广东岭南职业技术学院的兼职教师。2003年当我进入杜邦应用面材（广州）有限公司担任人力资源部主管时，华南地区的人力资源从业者和教师联合成立了民间社团思可睿人力资源交流协会，大家推举我担任会长。当时还成立了思可睿人力资源网(www. schrea. org)，后来我到广西高教系统工作后该网站改编成鲍立刚学术网。思可睿每年举办一场大型人力资源年会，每季度举办一场人力资源沙龙，平时则通过BBS
起探讨校企合作培养人力资源管理专业人才的问题。

2005年是我人生的第二个转折点，我正式离开杜邦公司受邀加入广东岭南职业技术学院成为一名全职人力资源管理教师，担任该校人力资源管理研究所常务副所长、教研室副主任。进入学院后我开始着手筹备人力资源管理实训室，根据企业需要和行业标准设置人力资源管理专业课程。根据一些出版社及高校的网络调查（也不知准确与否）：2005年我在国内第一次开设“人力资源管理综合实训”课程，当时国内绝大多数高校人力资源教师甚至都没有长时间在企业的工作经历，对于实训教学都在学习或摸索当中，当然也没有相应的人力资源管理综合实训教材。借助10年的企业人力资源管理经验及与人力资源同行之间的交流，我自行编写内部教材试用3年后，于2008年第一次在国内出版人力资源管理综合实训演练教材。2007年我从广东岭南职业技术学院调到广西职业技术学院任人力资源管理专业带头人，同年开始参加中国人力资源开发教学与实践研究会的交流活动，从此我对人力资源管理实训教学进行了深入的思考。人力资源管理作为一个应用性很强的专业，为什么大多数高校教师对实训教学要么无从下手，要么逢场作戏，要么敷衍了事呢？人力资源管理由于自身职业的规划性、指导性、技术性、服务性、交流性、不可逆性等特点，加之部门编制、人员有限，导致社会实践岗位容量极其有限。特别是人力资源管理业务活动的情境涉及面广而复杂并且难以复制，难以像大多数理工科、物流、旅游和酒店一样在现成的物理环境和实验室环境中通过硬件进行模拟，也很难在社会中找到对口的岗位进行实践，加上绝大多数高校教师没有企业实际工作经历以及高校理论教学的传统，虽然人力资源管理是一个应用性很强的专业，但一直以来高校人力资源管理专业很少设置实训课程。随着国家对应用技术和职业教育的不断重视，越来越多的地方本科院校和高职高专院校开设人力资源管理实训课程。可是，大多数本科院校在人力资源管理实训教学中痴迷或困于人力资源管理实训软件、案例而不能自拔。个中原因，除了大多数教师没有在企业长期工作的经历，一些软件供应商为了盈利也误导广大在实训方面迷茫的教师，令人深感担忧。就这样，我不断总结和反思，于2013年修订出版人力资源管理综合实训演练第二版。该教材被评为广西教育科学研究优秀成果一等奖、广西高等教育自治区级教学成果奖三等奖和广西高等教育学会第七次高等教育研究成果二等奖。

2015年我以高层次人才引进的方式，进入广西民族师范学院人力资源管理专业，这也许是我人生的第三个转折点，同时我在中国人力资源开发教学与实践研究会年会及QQ群内首次提出人力资源管理实训版本说。我认为：人力资源管理软件操作、案例讨论、人才测评、播放视频等都是人力资源管理实训教学的方法，但这些只是人力资源管理实训初级1.0版。中级2.0版的操作方式是设计符合企事业单位工作要求和社会背景情境的人力资源管理项目和任务，由教师或企业导师引导、学生自己操作，在构建的仿真职场环境中运用人力资源管理技术，按企事业单位工作流程和社会行为规范演练和完成人力资源管理工作任务。高级3.0版的操作方式是真实情境和职场环境下的人力资源管理技术应用。目前中国的人力资源管理实训教学，多数本科院校处在实训初级1.0版，少数本科院校和优秀的高职院校处在实训中级2.0版，处在实训高级3.0版的高校更少。我一边总结修改第一、二版高职高专实训教材的成果，一边梳理人力资源资源管理实训版本说，根据2015年7月教育部、国家发展和改革委员会、财政部联合发布的《关于引导部分地方普通本科高校向应用型转变的指导意见》，结合企业人力资源管理技术发展需求和国内外人力资源管理研究动态趋势，编写而成本科版《人力资源管理综合实训》(带教学视频和PPT讲义)。

《人力资源管理综合实训》是2017年广西崇左市人才发展“十三五”规划资助项目的成果，是一部把人力资源管理理论零散知识点串联、整合起来，通过设置各种工作情境和条件，按照企业人力资源管理工作流程和要求，综合各种知识、方法、情境并加以应用来解决实际问题的人力资源管理综合实训教材。本教材有如下特色和优势：(1) 形成了“校企行政生”五方共同体应用型实训教学体系。针对人力资源管理专业应用型教学的情境设计需要，从企业实际运作、岗位工作任务需要的角度出发，结合人力资源管理行业标准和学生学习特点，由“校企行政生”五方协作形成七大应用型实训教学方法。(2) 构建了高校实训课堂与企业现场课堂相融合的实训教学运作模式。七大实训教学方法的运作模式有两大类：一是把企业需要、行业标准和政府规制融入实训课堂；二是把实训课堂搬进企业工作现场、人才市场和人社部门，并实现实训课堂与企业课堂的融会贯通。(3) 创建了分组应用型教学多重角色交叉式成绩评估体系。为教师提供应用型实训教学的“硬情境”设置方法和七大实训教学方法的“软情境”操作方法，每种实训方法都提供一套评价成绩的考核表。教师和学生助教对各实训小组的表现进行基础分的评分，小组队长对本组队员在每次实训中的贡献程度进行排名；引进企业和行业对实训成果的考核验收，期末对各组作品集进行评分。

《人力资源管理综合实训》由广西民族师范学院经济与管理学院鲍立刚副教授主笔，负责第 1，2，3，4，5，8 章的编写和教学视频及讲义的制作，并对全书进行设计、修改和定稿。内蒙古财经大学工商管理学院李亚慧教授、成都理工大学管理科学学院江永众副教授、东莞理工学院城市学院贺冬怡讲师负责第 6，7 章的编写，部分参与编写第 8 章和 PPT 讲义，同时负责本教材实训教学内容的“校企行（业）政（府）生”教学研讨、实训效果验证推广和教材校对，其中李亚慧教授编写约 8 万字。

本书为 2016 年广西高等教育本科教学改革工程一般项目 A 类本科院校“员工招聘技术”课程应用型教学研究与实践（项目编号 2016JGA367）结项成果之一，也是 2017 年广西崇左市人才发展“十三五”规划重点资助项目（批文编号：崇人社函〔2017〕31 号、崇财预〔2016〕2106 号）结项成果之一，受到广西壮族自治区教育厅和广西崇左市人力资源和社会保障局资助。

本教材的编写得到了中国人民大学公共管理学院董克用教授的关注、指导并作序，广西崇左市人力资源和社会保障局也对本教材的出版给予了重点资助，对此特别表示由衷的感谢！还要感谢中国人力资源开发教学与实践研究会副会长刘昕教授给予的专业指导、崇左市振兴左江革命老区青年智库研究会给予的物质帮助、广西人力资源行业服务协会给予的研讨协助。感谢中国人民大学出版社编辑给予的指导和帮助。另外，如下企业家、行业专家、高校教授通过各种方式，参与了本书相关内容的“校企行政生”教学研讨、实训教学效果验证，本教材的出版有赖于他们的大力支持！在此向他们表示衷心的感谢！

联想信息产品（深圳）有限公司人力资源高级总监牟炳君

长虹商学院执行院长、长虹多媒体产业公司培训总监李吉兴

广州无线电集团人力资源总监李勇

中信大锰矿业有限责任公司人力资源部总经理助理吴焯

崇左市人力资源和社会保障局局长、崇左市委人才办主任陆帮长

崇左市人力资源和社会保障局副局长、崇左市委人才办副主任温敬

中共崇左市委员会组织部举报中心主任覃盛华

广西民族师范学院经济与管理学院院长、教授韦福安

浙江理工大学人力资源管理系主任、副教授章守明

天津理工大学管理学院教授王丽平
南昌大学公共管理学院领导力发展研究所所长、副教授李茂荣
上海海事大学教授瞿群臻
重庆理工大学教授邱冬阳
成都信息工程大学教授文革
闽南师范大学副教授王杨
江西科技学院教授左振华
沈阳建筑大学文法学院副教授岳文赫
江西科技师范大学经济管理学院工商管理系副主任徐自生
河南城建学院管理学院劳动与社会保障专业教研室主任董艳艳
衢州学院讲师万克勇
山东管理学院教师赵广军

此外，我们在本书的编写过程中还参考了一些教材、公司资料、网络资料，限于篇幅和出处不明，只有部分列出，在此表示真诚的感谢和歉意！

由于鲜有先例、少有借鉴，本教材是原创加首创的教材，作者水平有限，不妥之处，恳请广大教师和读者批评指正，也欢迎企业界人力资源管理同行与我们探讨（电子邮箱：1870469152@qq. com，微信号：15977474085）。

鲍立刚

目 录
CONTENTS

第1章 实训准备工作和前导课程回顾

技术要点分析 ▼

人力资源管理概论课程知识回顾；人力资源规划课程技能要点；员工关系管理技能应用课程技能要点；员工招聘技术应用课程技能要点；员工培训管理技能应用课程技能要点；绩效管理技能应用课程技能要点；薪酬与福利设计课程技能要点；基于实训2.0版的人力资源管理综合实训室要点分析；人力资源管理综合实训室建设目标；人力资源管理综合实训室介绍

综合应用展示及演习 ▼

人力资源管理综合实训课程设置的原因；人力资源管理综合实训教材的作用；人力资源管理综合实训教学内容及结构；人力资源管理综合实训方法及对应的实训教学项目；人力资源管理综合实训开课准备工作；人力资源管理综合实训室建设范例展示；人力资源管理综合实训室职业氛围设计范例展示；人力资源管理专业就业面向与职业岗位（群）任职要求；人力资源管理典型工作任务分析与学习领域（专业课程）转换

项目1 综合实训课程设置的原因及开课准备工作

一、人力资源管理综合实训课程设置的原因

1. 人力资源管理是应用性很强的专业，必须有综合实训课程来应用理论知识

众所周知，人力资源管理包括人力资源规划、员工招聘、员工培训、绩效管理、薪酬福利、员工关系管理六大基本模块；随着人力资源管理的发展，除了六大模块，还包括工作分析、员工激励、职业生涯管理、社会保障、人力资源会计、人力资源审计、人力资源经济学等。不论哪一个模块，都在企业发展和社会经济活动中发挥着重要作用，高校教学中除了让学生掌握人力资源管理理论知识，还必须把这些模块中的理论知识进行演习应用，只有这样才能发挥人力资源管理的作用，促进企业和社会经济的发展。

2. 国家大力推进地方本科高校向应用型转变从而满足地方经济对应用型人才的需求

地方本科高校在为地方经济社会发展提供服务时发挥着不可替代的作用，地方高校如何有效地为地方经济社会发展服务，目前成为我国高校和政府关注的热点问题。2014年6月《国务院关于加快发展现代职业教育的决定》发布，提出采取试点推动、示范引领等方式，引导一批普通本科高等学校向应用技术类型高等学校转型。2015年7月，教育部、国家发展和改革委员会、财政部联合发布《关于引导部分地方普通本科高校向应用型转变的指导意见》，地方普通本科高校向应用技术类型高校转型发展的趋势更加明显，也不可逆转。地方本科高校向应用型转变，就必须改变理论教学占绝对主导的现状；设置足够的实训课程，通过实训教学培养应用型人才，从而满足地方社会经济发展的需求。

3. 人力资源管理职业特点和社会实践容量有限导致在校实训变得特别必要

众所周知，人力资源管理专业由于自身职业特点和社会实践岗位容量极其有限，特别是人力资源管理活动的情境涉及面广而复杂并且难以复制，难以在实验室环境中通过硬件进行模拟，也很难在社会中找到对口的岗位实践，加上绝大多数高校教师没有企业实际工作经历以及高校理论教学的传统，虽然人力资源管理是一门应用性很强的专业，但一直以来高校人力资源管理专业很少设置实训课程。随着国家对应用型教育的不断重视，越来越多的地方本科院校纷纷开设人力资源管理实训课程。可是，大多数本科院校在实训教学中痴迷或困于人力资源管理实训软件而不能自拔。其中原因，除了大多数教

师没有在企业长期工作的经历，一些软件供应商为了盈利也误导广大在实训方面迷茫的教师。

人力资源管理软件操作、案例讨论、人才测评、播放视频等都是人力资源管理实训教学的方法，但这些只是人力资源管理实训初级 1.0 版。中级 2.0 版的操作方式是设计符合企事业单位工作要求和社会背景情境的人力资源管理项目和任务，由教师或企业导师引导、学生自己操作，在构建的仿真职场环境中运用人力资源管理技术，按企事业单位工作流程与社会行为规范演练和完成人力资源管理工作任务。高级 3.0 版的操作方式是真实情境和职场环境下的人力资源管理技术应用。

4. 综合实训是社会经济工作的逼真和战略应用，也是实训教学的高级阶段

我认为，人力资源管理实训教学分为课程实训和综合实训两类。课程实训也叫模块实训，是指针对人力资源管理工作的某个点，或针对人力资源管理工作的某个模块孤立地进行实训。比如招聘模块实训，只是针对招聘知识的某个点进行实训，而不会和与这个点相关的其他招聘知识整合进行实训，更不会和与招聘相关的其他模块（例如培训、绩效考核等模块）综合进行实训。所以课程实训是一种就事论事的短视实训、战术实训和低级阶段的实训，而现实中社会经济工作是千变万化、纵横交织在一起的，课程实训无法真正满足社会经济发展的需要。

人力资源管理综合实训是将人力资源管理理论零散的知识点串联、整合起来，通过设置各种工作情境和条件，按照企业人力资源管理工作流程和要求，综合各种知识、方法、情境并加以应用来解决实际、复杂和重大的人力资源管理问题。比如招聘综合实训，在运用招聘知识实训的同时，还考虑到在招聘过程中运用绩效考核知识，因为招聘选拔的过程实际上也在考核求职者的专业水平和以往的工作业绩，从而判断是否满足企业岗位的需要。招聘录用实训结束后，还要考虑入职过程中的签订合同、缴纳社保、解决新员工困难等相关员工关系管理工作；招聘入职后，还要考虑新员工的培训工作等。招聘的综合实训不仅涉及招聘这个模块的知识，还涉及绩效考核、员工关系管理和员工培训等多个模块的知识。所以综合实训打通了人力资源管理的“任督二脉”，是社会经济工作的逼真和战略应用，也是实训教学的高级阶段。

二、人力资源管理综合实训教材的作用

1. 以学生为主体，有效克服人力资源管理实训教学情境和氛围的瓶颈问题

本教材形成了“校企行政生”五方共同体应用型实训教学体系：从企业实际运作的角度、部门和岗位工作任务需要出发，结合人力资源管理行业标准和学生学习特点，由“校企行政生”五方协作形成团队竞技训练、角色扮演、数据调查分析、作品设计、体验式训练、技能竞赛、社会服务七大应用型实训教学方法。每种方法都能最大限度地再现人力资源管理活动的真实情境，有效克服人力资源管理实训教学“虚无”情境、缺乏

氛围的瓶颈问题。七大应用型实训教学方法在本教材各个实训项目活动中将会结合企业需求、行业标准和教学需要具体介绍。

2. 把企业需要、行业标准和政府规制融入实训课堂并搬进工作现场

高校特别是应用型本科院校通常会聘请企业、行业的职业经理人和政府官员作为本校的兼职教师，传授学生实践知识和技能，以便学生所学接近社会需求。本教材构建了高校实训课堂与企业现场课堂相融合的实训教学运作模式。教材中七大实训教学方法的运作模式有两大类：一是把企业需要、行业标准和政府规制融入实训课堂；二是把实训课堂搬进工作现场、人才市场和人社部门，并实现高校实训课堂与企业现场课堂的融会贯通。

企业、行业的职业经理人和政府官员由于本身具有繁重的工作任务并和高校有空间的距离，不太可能独立主讲一门课程，所以本校专任教师和企业、行业、政府兼职教师共同主讲同一门实训课程，实行把企业需要、行业标准和政府规制融入实训课堂的“多导师制”实训模式。兼职教师根据自身的特长，选择课程中自己擅长的内容进行实训，本校专任教师则负责讲授本课程的其他内容，弥补兼职教师在本课程上的理论缺陷。如果兼职教师工作繁忙或者距离学校较远，还可以请兼职教师集中某个时段，针对相关项目进行专题实训。还可以实行把实训课堂搬进工作现场的校企行政联合开发课程实训模式，根据现实条件，把实训课堂搬进工作现场，由高校教师单独授课；可以由高校教师负责前导理论部分的讲授，高校“企行（业）政（府）”培训师负责课程后续的实践操作指引和辅导，可根据需要交叉进行。教学场地根据课程的需要，可安排在“企行政”培训室或工作场地。

3. 多重角色交叉式成绩评估解决小组队员“搭便车”等不公平现象

本教材创建了分组应用型教学多重角色交叉式成绩评估体系，提供全套综合实训教学文件，并为教师提供应用型实训教学“硬情境”的设置方法，包括布置于教学场所当中、体现出职业环境、融入工作氛围并便于“做中学”的教学硬件设施的设置。在“硬情境”的氛围烘托下，本教材还向教师提供生动活泼、引领学生积极主动参加应用型实训活动的七大教学方法的“软情境”，每种实训教学方法都能提供一套评价学生实训成绩的考核表。教师和学生助教对各实训小组的表现进行整体得分的评定，为了避免小组队员“搭便车”和吃“大锅饭”，小组队长还要根据本组队员的分工和参与程度，对本组队员在每次实训活动中的贡献程度进行排名；教师根据排名在各组整体得分的基础上进行分数的上下调整，作为每个队员的平时成绩。本教材还引进了企业对实训成果的考核验收，期末时教师对各组的作品设计进行评分，再根据各小组队员对本组作品集设计的贡献排名进行分数的上下调节，作为每个队员的期末成绩。由此弥补了应用型实训教学评估的缺陷，突破了传统的期末考试范式。有关本课程不同实训项目的成绩评估方法，在本教材各个实训项目活动中将会结合企业需求、行业标准和教学需要具体介绍。

三、人力资源管理综合实训教学内容及结构

（一）本书的宏观结构

首先介绍实训准备工作和前导课程回顾，主要包括综合实训课程设置的目的及开课准备工作、实训室的基本配置和要求、人力资源管理知识框架和技能要点回顾、人力资源职业生涯发展不同阶段的典型工作任务；目的是在实训教学之前，让教师和学生对综合实训教学的重要性有深入的认识，同时让他们在实训设施、先导理论知识、开课预备工作上提前做好准备，把现今的实训教学与人力资源未来的职业发展紧密结合起来。

接着从企业人力资源管理的核心工作任务和行业标准入手，进行人力资源管理核心技能的培养和演习，设置相关的组织结构设计、岗位分类、人力资源日常事务管理、招聘、培训、绩效考核、薪酬、职业发展等实训教学内容。当然，作为实训项目不可能像理论知识那样面面俱到，我们只选取企业比较关注并对学生发展有较大帮助的人力资源管理核心内容进行综合实训，归纳起来包括组织结构设计和岗位分类综合实训范例展示、校内仿真招聘会综合实训范例展示、企业工作现场仿真招聘综合实训范例展示、人事结构分析报告综合实训演习、企业规章制度编写综合实训演习、培训组织技巧综合实训范例展示、未来培训师现场仿真培训范例展示、人事助理绩效考核指标设置综合实训演习、人事助理工资总额核算综合实训演习、高校户外拓展训练综合实训范例展示、职业生涯规划技能大赛综合实训范例展示等实训教学项目。

最后根据企业的需要、行业的标准，特别是结合学生未来职业生涯发展的需要设置人力资源管理者职业发展演习，包括人力资源管理者社交技术要点分析、户外拓展训练技术要点分析、高校户外拓展训练综合实训范例展示、职业生涯规划技能大赛综合实训范例展示、人力资源管理者职业发展综合实训演习等。人力资源管理专业的学生通过掌握人力资源管理从业者的社交途径和方法来解决自身的压力和工作难题，还能积蓄未来发展的能量、资源和人脉。通过户外拓展训练的体验式学习方式，不仅能进行思想的感悟和升华，而且能正确对自身和他人进行职业生涯的引导。通过职业生涯规划技能大赛不仅能展示或应用专业知识和技能，而且能深入理解知识的内涵和快速拓展知识的外延，更能通过竞赛获得足够的学习动力。

（二）本书的微观结构

从微观上讲，本书每章均包括相关模块专业知识的技术要点分析，然后根据分析的结果提供一项相应内容的综合实训范例并图文并茂地进行展示，最后是高校教师自己开展的综合实训演习。

技术要点分析主要从理论上对学生所要掌握的人力资源管理专业知识和技能进行分析，特别是着重分析必须掌握的核心技术。绝大多数高校教师没有在企业长期工作的实践经验，对实训教学没有什么经验可以借鉴。本书主编在中外企业从事人力资源管理实

践工作10年，从事高校人力资源管理教学和研究11年，总结出企业实践在高校实训教学中的应用，由此以综合实训范例的形式向高校教师展示实训教学的方法和程序，以供教师在实训教学中借鉴。本书根据技术要点的分析和综合实训范例的展示，为高校教师提供相关内容综合实训的演习建议，并为该演习的方法和程序提供必要的引导。

四、人力资源管理综合实训实训方法及对应的实训教学项目

前面我们谈到本书有11类实训教学项目，教师可以根据本校的课时状况、师资状况和学情状况选择其中的几种实训教学项目进行实训，当然也可以在此基础上增加其他实训教学内容，或者根据需要调整实训项目的先后顺序。这些实训教学项目都是根据企业需要、行业标准设置的，目的是让学生在校期间所学能够无限接近社会需求。这11类实训教学项目分别采用了团队竞技训练、角色扮演、数据调查分析、作品设计、体验式训练、技能竞赛、社会服务等七大类应用型实训教学方法，具体介绍如下。

（一）团队竞技训练实训方法及其对应的实训项目

团队竞技训练实训方法是指学生组成团队完成相关任务并进行讨论，然后团队代表上台表达观点从而与其他团队进行竞争性学习。这种方式打破了传统的教师说和学生听的固有模式，通过多方位协作、互动和竞争的方式，寓教于乐，让学生不知不觉中加深对人力资源管理知识的理解和应用。在本书第2章组织结构设计和岗位分类中“组织结构设计和岗位分类综合实训范例展示”就采用了团队竞技训练实训方法。

（二）角色扮演实训方法及其对应的实训项目

角色扮演实训方法是指要求学生扮演一些特定的管理角色，来处理人力资源管理事务。角色扮演可以应用于人力资源管理各个内容模块，参与性强，交流充分，实践效果好，让学生真正体验到所扮演角色的感受及行为，增强人力资源管理技术应用能力，提高管理反应能力，改正原先的态度与行为。在本书第3章工作现场仿真招聘中“校内仿真招聘会综合实训范例展示”“企业工作现场仿真招聘综合实训范例展示”，第5章未来培训师现场仿真培训中“未来培训师现场仿真培训范例展示”均采用了角色扮演实训方法。

（三）数据调查分析实训方法及其对应的实训项目

数据调查分析实训方法是指根据人力资源管理课程在企业实际应用的需要，对课程相关内容进行问卷调查分析并提出解决方案，对相关数据进行分析并提出解决方案，对相关数据进行计算和分析等。在本书第4章人力资源日常事务管理中“人事结构分析报告综合实训演习”、第7章岗位薪酬体系设计中“人事助理工资总额核算综合实训演习”均采用了数据调查分析实训方法。

（四）作品设计实训方法及其对应的实训项目

作品设计实训方法是指根据人力资源管理专业应用型教学需要，结合企业实际工作的要求，选择某个教学内容和企业工作项目，设定一些背景和要求，让学生编写和设计一些人力资源管理作品，包括人力资源规划、工作说明书、招聘广告、招聘试题、绩效考核指标和标准、薪酬结构、岗位评价体系、人力资源管理各模块内容的规章制度和执行方案等。以上编制和设计内容可以与不同的实训教学方法结合起来使用，也可单独使用。在本书第 4 章人力资源日常事务管理中“企业规章制度编写综合实训演习”、第 6 章关键绩效考核指标设置中“人事助理绩效考核指标设置综合实训演习”均采用了作品设计实训方法。

（五）体验式训练实训方法及其对应的实训项目

体验式训练实训方法强调“先行后知”或“边行边知”，通过设置或营造某种情境或氛围来感受并写出自己的心得，或者通过在活动中个人的充分参与来获得对所学知识的感性或顿悟体验；然后在教师的引导下，与其他参与者交流，分享个人体验，并针对自己的不足提出改善方案。体验式训练内容包括桌椅摆放、分小组、选队长、起队名、起队呼、培训游戏、培训寓言故事、培训音乐、户外拓展训练、领袖风采训练营等。在本书第 5 章未来培训师现场仿真培训中“培训组织技巧综合实训范例展示”、第 8 章人力资源管理者职业发展中“高校户外拓展训练综合实训范例展示”均采用了体验式训练实训方法。

（六）技能竞赛实训方法及其对应的实训项目

技能竞赛实训方法是指实训教师通过组织、辅导和带领本专业学生，利用人力资源管理知识和技能参加各级各类技能竞赛。通过本方法不仅能展示或应用专业知识和技能，而且能深入理解知识的内涵和快速拓展知识的外延，更能通过竞赛获得足够的学习动力。在本书第 8 章人力资源管理者职业发展中“职业生涯规划技能大赛综合实训范例展示”就采用了技能竞赛实训方法。

（七）社会服务实训方法及其对应的实训项目

社会服务实训方法是指实训教师组织和辅导学生利用自己所学人力资源管理知识和技术，为企业提供人力资源管理日常业务服务，为人才市场提供人才交流、人事代理和薪酬调查统计等服务，为培训咨询公司提供日常培训咨询项目管理服务，为政府人社部门提供人力资源数据收集、统计和分析等服务，为劳务公司和中介提供人才寻访、招募和流动管理等服务。在本书第 3 章工作现场仿真招聘中“人才市场实习范例展示”就采用了社会服务实训方法。

五、人力资源管理综合实训开课准备工作

1. 所有实训任务均采用分组应用型教学方式，须提前对学生进行分组

“以学生为主体进行动手操作并应用在实际业务当中”是本教材分组应用型教学的灵魂。所谓分组应用型教学，是指按照一定的任务要求和考核标准将学生分成若干组，教师统一讲解和规范相关实训项目后由学生以组为单位，合作收集整理资料、编写实施方案、集体讨论修改、分工协作实施，从而解决未来工作当中存在的问题或完成未来工作任务的实训教学方法。

为了节约课时，建议主讲教师在首次上课之前通过各种方式告知学习委员对学生进行分组。组数多少因学生数量和课时数量而定，如果学生超过 40 人或课时超过 70 课，建议将学生分成 4～6 组；人数和课时很少，建议分成 2～3 组；一般分 3～4 组，每组 8～15 人比较合适，以保证有一定的竞争动力，每个人都有上台表现的机会，同时又不至于占用太多课时。在高校实训时，分组时最好要求男女人数、成绩好坏、活跃程度、口才状况、班干多寡等情况在每组的比例差不多，以保证小组之间有一定程度的竞争氛围，也保证实训成绩不会相差太大。在企业培训时，分组的方式则可以很灵活。在分组时，要求每组选出队长、副队长，并为小组起一个与管理有关、能激发队员斗志的队名和口号，详见本书第 5 章中“培训组织技巧综合实训范例展示”。分组完成以后不允许调换小组队员，也尽量不要更换队长和副队长，因为本门课程的所有实训任务都是以小组为单位进行的，更换以后难以评价小组队员的成绩。

从人数较多的小组里选出 2～4 人作为教师的助教，1 人负责记录各小组上台讲解的时间，1 人负责照相或录像，其他人主要配合教师为各小组评分，计时和照相者也可协助评分。为保证公正性，助教可独立于各小组之外，其成绩由教师另计。

2. 所有实训任务均要安排各小组课外编写相应实训材料

由于综合实训是将以前所学人力资源管理理论零散知识点串联、整合起来，通过设置各种工作情境和条件，按照企业人力资源管理工作流程和要求加以应用并解决实际问题，所以可能需要学生复习之前的理论知识，还可能需要收集整理资料、编写实施方案、集体讨论修改、分工协作实施等。而这些实训任务的完成是需要比较长的时间来预先准备的，综合实训对于每项工作任务只是在课堂上简单回顾相关理论知识，主要讲解每项实训实施要求。所以，必须提前安排各小组课外去完成，有时甚至前一项实训任务还没完成，就必须安排小组去准备下一项实训任务，否则实训课堂上就会出现无法实训的空档期。

3. 根据课时、师资和学情状况灵活安排实训时间和实训内容

每所高校对人力资源管理综合实训的时间安排不尽相同，有的分散在每周 2～4 课时进行，有的是集中到若干周的全天进行。如果原计划是分散在每周进行，学生在课外准备的时间比较充分。但有的实训项目比如模拟招聘会必须连续不断地进行，2～4 课时是不可能完成的，如果等到下次再接着进行，效果会差很多，这时就要向教务处申请

把若干个分散的课时集中在一起实训，不需要集中的实训仍然可以按原计划分散进行。如果原计划是集中在某几个实践周内全天进行，学生在课外准备的时间就极其有限。前面我们也谈到实训任务的完成是需要比较长的时间来预先准备的，如果没有提前做准备，实训课堂上会出现无法实训的空档期。解决方法一是，前一项实训任务还没完成，就安排小组去准备下一项实训任务；解决方法二是，小组内分工同时进行两个实训项目的准备；解决方法三是，向教务处申请调课。

高校对于独立实训课时数量的安排也不同，据了解独立实训课时大部分在 20～80 课时；本教材设计的课时是 80 左右，课时如果足够当然实训效果好，课时不够的高校建议教师可根据课时数量和学情状况选用本教材的项目进行实训。如果高校课时不够，又想多点实训项目，建议给学生提前安排实训内容，让学生在课外按要求编写相关实训作品。如果有时间可以请学生将课外完成的作品在课堂上展示，没有时间就直接提交教师批改和评分。

4. 根据不同的实训项目及高校条件进行实训教学情境的设计和设置

实训教学情境包括教学“硬情境”和“软情境”，其中“硬情境”包括布置于教学场所当中、体现出职业环境、融入工作氛围、并便于“做中学”的教学硬件设施。在“硬情境”的氛围烘托下，教师再采取生动活泼、引领学生积极主动参加实训活动的教学方法，把课堂和舞台交给学生去施展和体验。每种实训教学方法均需要最大限度地再现人力资源管理的逼真环境，这就是实训教学的“软情境”。本教材的每个实训项目所采取的实训教学方法多数各不相同，所以每个实训项目所设置的情境、所需要的材料和设计的表格也不同，在本教材各个实训项目活动中将会结合企业需求、行业标准和教学需要具体介绍。

5. 期末根据企业实际工作需要设计人力资源管理综合实训作品集

课程编制和设计内容可以与不同的实训教学方法结合起来使用，也可以单独使用。特别提醒实训教师：在开课之初就要安排好各组人力资源管理综合实训作品集的编写工作，本课程平时的每个实训项目在实行过程中，都有可能要设计不同的作品；每次平时的实训项目结束后，教师还要针对实训作品水平进行点评，点评后要求各组将修改后的作品放进本组的作品集。期末教师对各组的作品设计进行评分，各组的人力资源管理综合实训作品集将在第 6 章中“综合实训课程作品集设计范例展示”详细介绍，有关本课程不同实训项目的成绩评估方法，除了将在各个实训项目活动中具体介绍，也将在第 7 章进行总结。

项目 2　人力资源管理综合实训室建设范例展示

教育部网站《2016 年全国高等学校名单》显示：全国有普通本科院校 1 236 所，除去 113 所国家部委所属高校，理论上有 1 123 所占本科院校约 91％的地方本科院校可能向应用技术类型高校转型。转型的根本目的是使高等教育培养的人才更加符合经济社会，特别是符合地方经济社会对应用型人才的需求。培养应用型本科人才是个伟大、系统的人才工程，其工作纷繁复杂和千头万绪；其中编写人力资源管理综合实训教材，并为实训教材的运用提供人力资源管理实训舞台是最基础、最重要的工作。

一、基于实训 2.0 版的人力资源管理综合实训室要点分析

理工科的实训教学对设备硬件的要求比较高，实训教学实施起来“有机有料”比较容易；相比较而言，人力资源管理专业对设备硬件的要求很低。人力资源管理综合实训是按照企业人力资源管理工作流程和要求，综合各种知识、方法、情境并加以应用来解决实际、复杂和重大的人力资源管理问题。因此人力资源管理实训室的建设，核心是着眼于实验室情境的设置和人际环境的烘托，而绝非设备硬件的高额投入。本章主要给大家提供基于实训 2.0 版的人力资源管理综合实训室建设，1.0 版的实训室建设因其只需要电脑房我们只顺带提及，3.0 版的实训室建设属于校外实训基础的范畴，不在本书讨论范围之内。

二、人力资源管理综合实训室建设目标

从企业、政府和事业单位人力资源管理实际运作的角度及部门工作需要和岗位任务需要出发，营造一个逼真的企业、政府、事业单位工作环境，设计一定的工作条件，让学生亲身感受、动手经营企业、政府、事业单位人力资源管理业务活动。人力资源管理综合实训室应同时容纳 60 人左右进行技能训练、仿真演习和经营模拟活动；主要针对人力资源管理、行政管理中初级岗位的实训要求进行设计，满足人力资源管理专业培养的要求。通过实训室提供的软硬设施，可对人力资源管理专业的学生进行团队竞技训练、角色扮演、数据调查分析、作品设计、体验式训练、技能竞赛、社会服务七大应用型 2.0 版实训教学，最大限度地再现人力资源管理活动的真实情境，还可以进行人力资源管理软件操作、案例讨论、人才测评、播放视频等 1.0 版的实训活动。

三、人力资源管理综合实训室介绍

具体内容如表 1—1 所示。

表 1—1　　人力资源管理综合实训室介绍

适用专业	人力资源管理、行政管理、工商企业管理、文秘等
适应岗位	人事助理、人事档案管理员、人力资源管理专员、人才交流和人才测评顾问、培训咨询顾问、公关文秘、前台文员、行政后勤专员、宿管员、文员、经理助理、安全/环保/健康管理员、劳动人事和社会保障办事员等
演习项目	组织结构设计和岗位分类、校内仿真招聘会、企业工作现场仿真招聘、人事结构分析报告、企业规章制度编写、培训组织技巧、未来培训师现场仿真培训、人事助理绩效考核指标设置、人事助理工资总额核算、高校户外拓展训练、职业生涯规划技能大赛等

系统平台	人力资源管理系统、人才测评系统软件
模拟经营	人力资源模拟公司、人力资源管理协会、企业管理模拟公司、“企业管理论坛”筹备活动、全校学生人才测评活动等
实训方法	团队竞技训练、角色扮演、数据调查分析、作品（集）设计、体验式训练、技能竞赛、社会服务
实训模式	从企业实际运作的角度和部门工作需要与岗位任务需要出发，把课堂交给学生去施展和体验；营造一个逼真的企业环境，设计一定的条件，让学生来亲身感受、参与相关的活动
实训规模	同时容纳60人进行仿真演习和10人进行经营模拟活动

四、广西民族师范学院人力资源管理综合实训室建设范例展示

（一）人力资源技能训练区布置要求

（1）图1—1人力资源管理综合实训室布置示意图中（下同）A墙投影幕布上方贴醒目标语——“互动情境企业化、仿真演习应用化”，标语用宝蓝色招牌字，字体为华文新魏，字体大小依据教室具体面积而定。

（2）人力资源管理流程图一幅，大幅浅蓝底喷画，边框为深绿色，字为深黑色，宋体字，粘贴于B墙；企业管理流程图粘贴于C墙，粘贴位置和大小依C墙具体面积而定。

（二）模拟公司经营活动区布置要求

（1）D墙悬挂小白板两块，一块用于书写通知，另一块用于书写模拟公司的工作任务。

（2）E墙装裱工作说明书16份，用学院实验室规格大小的框架（16个）装裱；小白板和岗位说明书布置位置依具体情况而定。

（3）F墙贴研究所和模拟公司组织结构图，大幅浅蓝底喷画，边框为深绿色，字为深黑色，宋体字。

（4）E墙和F墙之间的上方，贴标语“民师学子职业生涯第一站”，标语用宝蓝色招牌字，字体为华文新魏，字号大小依具体面积而定。

（5）研究所及公司名称（见图1—2）放置在G墙的整块玻璃上，玻璃长2.1米，高1.3米，字的大小和弧度根据玻璃大小设计；“企业管理研究所”为招牌字（凸出），字体为方正行楷简体；“人力资源（模拟）公司”为招牌字（凸出），字体为华文行楷；广西民族师范学院的LOGO置于中间，颜色不变，大小根据实际需要而定；公司名称和LOGO选用水晶字（或其他设计），颜色依学院统一规定设计。

（三）其他装饰物品

（1）两个挂钟，一个挂在人力资源技能训练区正前方，一个挂在模拟公司经营活动区D墙上方。

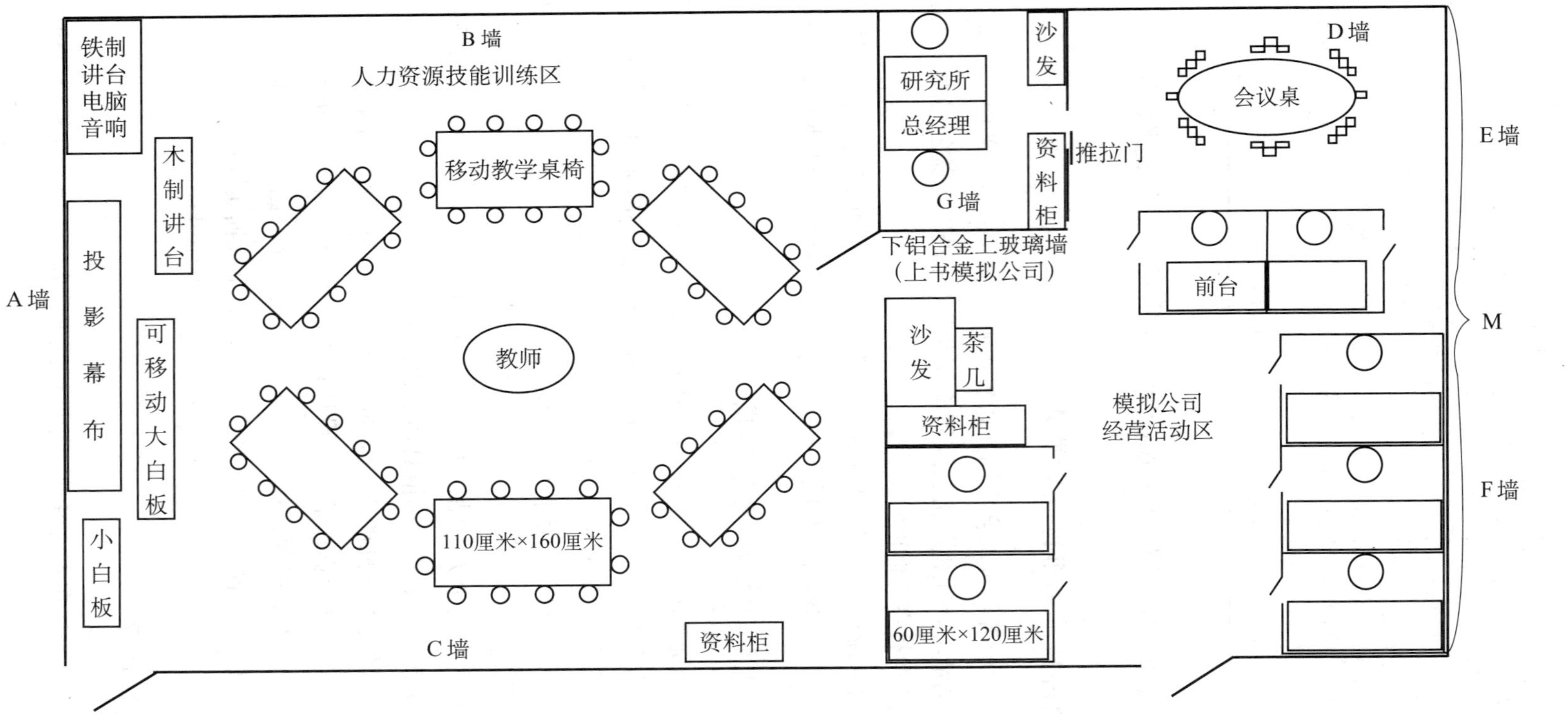

图1—1 人力资源管理综合实训室布置示意图

说明：人力资源管理综合实训室包括两部分：第一部分为人力资源技能训练区，主要用于人力资源管理及相关专业各类实训教学仿真演习场地、沙龙、讲座和交流；第二部分为模拟公司经营活动区，主要是模拟公司办公室、企业管理研究所办公室、人力资源管理协会办公室、人才测评服务区、校企合作及交流区。

（2）挂画 4 幅，用来布置多媒体教室。

（3）植物：

1）垂吊型植物，挂放在多媒体教室两边墙上。

2）大盆景，如富贵竹、发财树等，摆放在正对门 G 墙的下方。

3）小盆景，如吊兰、文竹等，摆放在茶几上。

（4）绢花盆景，摆放在多媒体教室的讲台上。

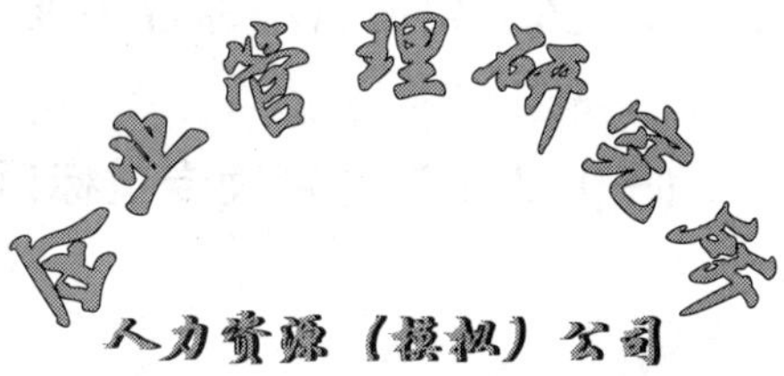

图 1—2　研究所和模拟公司标志示意图

（5）广西民族师范学院 LOGO 一幅，粘贴在多媒体教室讲台前部正中。

（四）企业管理研究所和模拟公司组织结构图

具体如图 1—3 所示。

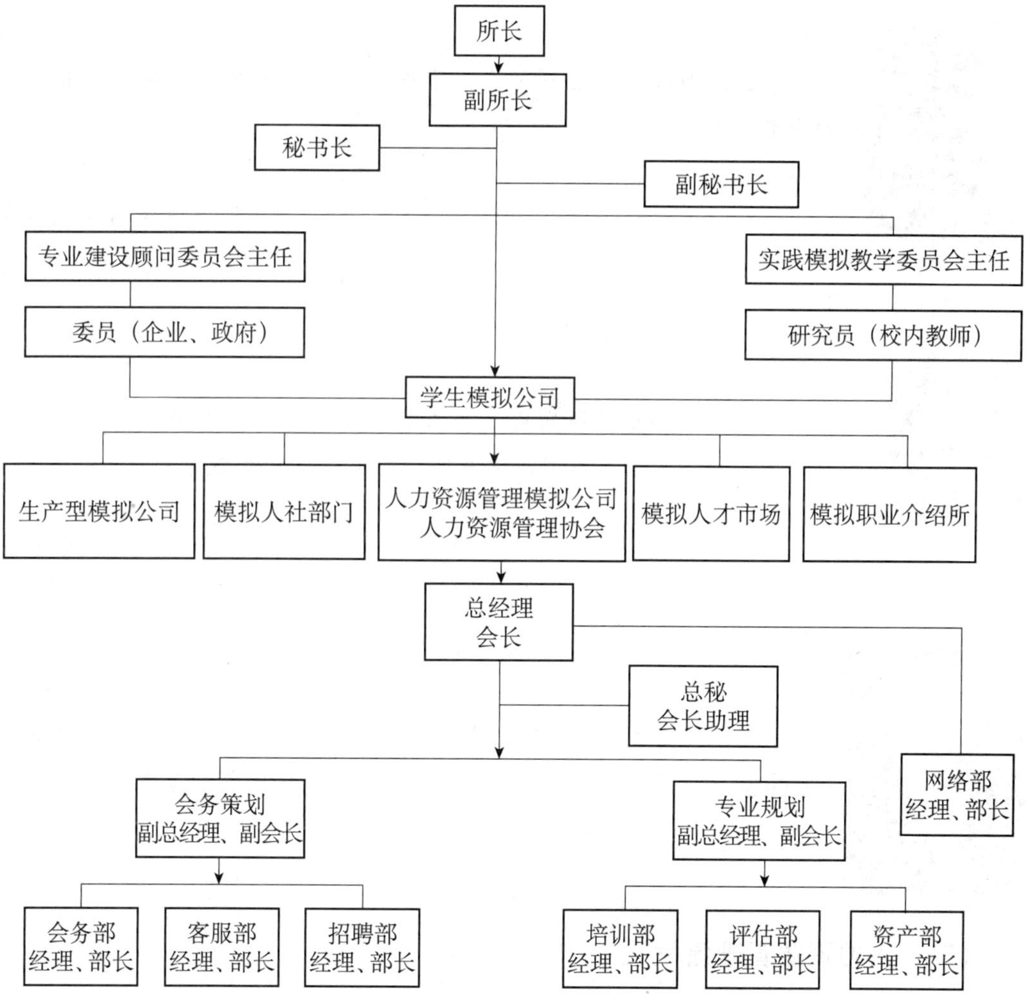

图 1—3　企业管理研究所和模拟公司组织结构图

五、人力资源管理综合实训室职业氛围设计范例展示

（一）人力资源管理专业标语

视其所以，观其所由，察其所安。
举直错诸枉，能使枉者直。

——孔子

所谓企业管理，最终就是人事管理。对人的管理，就是企业管理的代名词。

——彼得·德鲁克

是故智者不用其所短而用愚人之所长；不用其所拙而用愚人之所工；故不困也。言其有利者，从其所长也；言其有害者，避其所短也。

——鬼谷子

我最大的成就是发现人才，发现一大批人才，他们比绝大多数的首席执行官都要优秀，这些一流的人物在通用电气如鱼得水。

——杰克·韦尔奇

（二）人力资源管理流程图

（1）基于企业运作的招聘管理流程图（见图 1—4）。

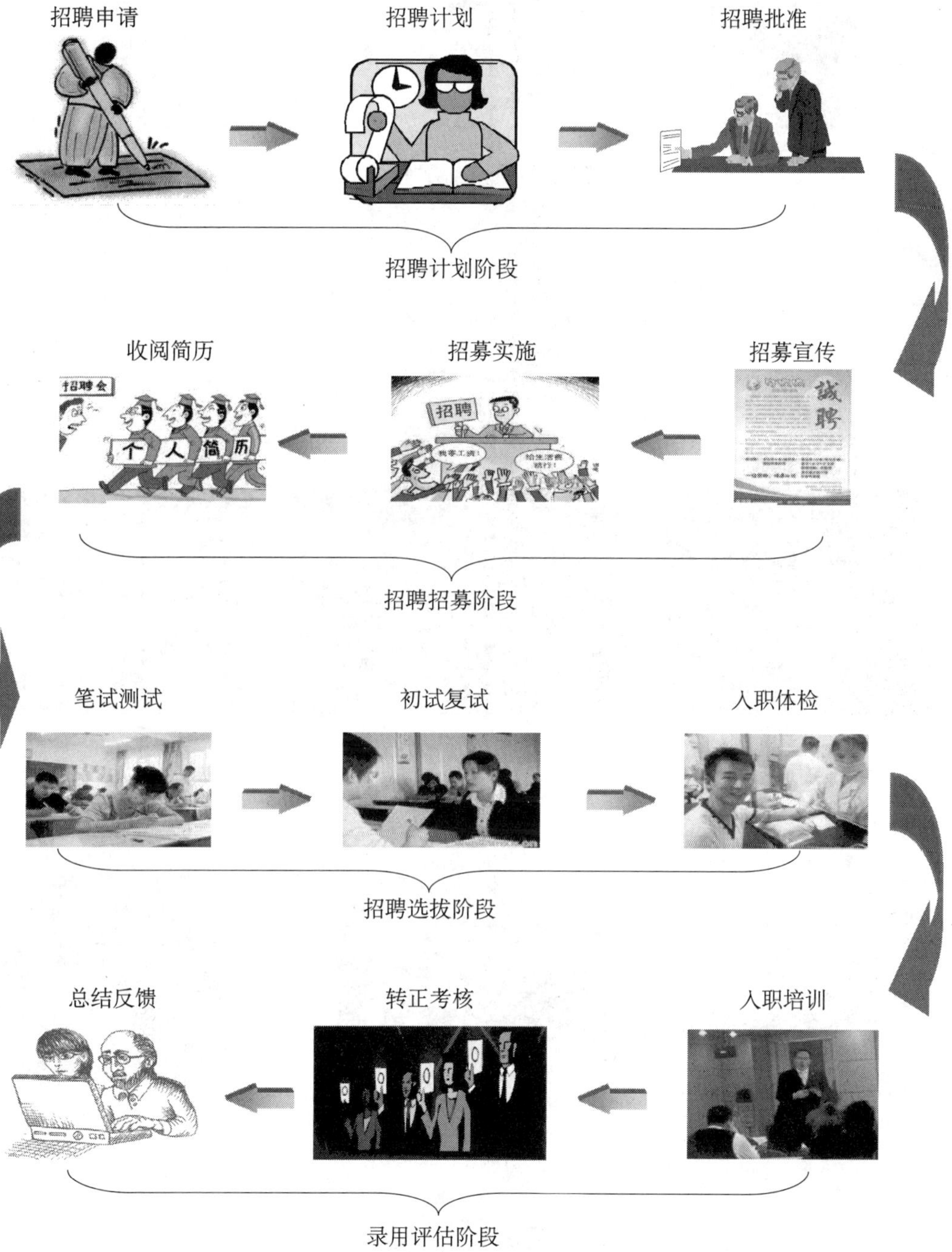

图 1—4　基于企业运作的招聘管理流程图

（2）基于企业运作的员工培训管理流程图（见图 1—5）。

图 1—5　基于企业运作的员工培训管理流程图

项目 3　人力资源管理知识框架和技能要点回顾

《人力资源管理综合实训》是一部人力资源管理或相关专业的综合实训教材，它的先导课程是人力资源管理概论及其他核心课程的理论内容，这些先导课程上完后才能上人力资源管理综合实训课程。概论课程一般安排在大学第一学期或第二学期，人力资源管理综合实训课程通常安排在第六学期或第七学期。由于时间相隔较长，加上概论及其他核心课程没有对人力资源管理专业知识进行整体梳理，因此在综合实训开课之前，有必要对之前开设的概论及其他核心课程的知识和技能进行简要回顾。这样既有利于教师引导学生过渡到后续实训课程的操练，又方便学生针对之前理论学习的不足加以课外补习。

一、人力资源管理基本知识框架

（一）知识目标回顾

从应用型教学角度讲，通过本课程的学习，使学生掌握人力资源管理过程所涉及的基本原理和基本应用方法，包括人力资源管理概述、组织设计及人力资源规划、工作分析与应用、招聘管理基本技术应用、人力资源日常事务管理应用、培训管理基本技能应用、绩效管理基本技能应用、薪酬与福利管理基本技能应用等。本课程的教学目的是使学生掌握并会应用现代化的科学方法，使其与一定物力相结合并根据企业需求、行业标准进行人力资源管理，使人与物始终保持最佳的配比和优化；同时，对人的思想、心理和行为进行恰当的引导、调控，从而充分发挥人的主观能动性，把合适的人放在合适的岗位上，使得人尽其才、才尽其用、事得其人、人事相宜，挖掘员工的潜能，最终实现组织目标。与此同时，培养学生爱岗敬业的精神，为毕业后走向社会参加企事业单位的经营与管理实践打下坚实基础。

（二）人力资源管理概论课程知识回顾

第一章　人力资源管理概述

项目 1　西方人力资源管理的应用

任务 1　总结雇佣劳工管理阶段的应用成果

任务 2　总结传统人事管理阶段的应用成果

任务 3　总结现代人力资源管理阶段的应用成果

项目 2　人事管理与人力资源管理的区别

任务 1　总结人力资源管理的基本任务
任务 2　总结人事管理与人力资源管理的区别
项目 3　中国人力资源管理的探索
任务 1　总结中国古代人才管理的进步性和局限性
任务 2　总结中国人力资源管理发展中断的原因
项目 4　中国人力资源管理现状及未来
任务 1　总结中国人力资源管理发展状况
任务 2　总结企业人力资源管理者的素质和技能要求
第二章　组织设计及人力资源规划
项目 1　组织结构设计
任务 1　阐述组织结构五种基本类型的优缺点
任务 2　根据管理幅度推算管理层级
任务 3　根据部门划分、岗位设置设计洁雅公司组织结构图
项目 2　人力资源规划
任务 1　大力集团公司人力资源需求预测
任务 2　编制一家公司的人力资源规划
第三章　工作分析与应用
项目 1　工作分析
任务 1　针对洁雅公司各岗位进行岗位分类
任务 2　洁雅公司模拟工作分析
项目 2　编写工作说明书
任务　编写洁雅公司人力资源部经理工作说明书
第四章　招聘管理基本技术应用
项目 1　招聘计划
任务　编制洁雅公司招聘计划
项目 2　员工招募
任务 1　编写洁雅公司招聘广告
任务 2　为洁雅公司选择合适的招募方式
项目 3　员工选拔
任务 1　编写个人简历
任务 2　洁雅公司模拟面试
项目 4　员工录用与招聘评估
任务　编制人事助理岗位保密协议书
第五章　人力资源日常事务管理应用
项目 1　人事异动管理

任务 1　办理人事调配手续
任务 2　办理离职手续
项目 2　员工考勤和人事报表管理
任务 1　员工考勤管理
任务 2　人事报表制作和分析
第六章　培训管理基本技能应用
项目 1　培训管理的预备工作
任务 1　洁雅公司培训需求模拟调查
任务 2　编制洁雅公司培训计划
项目 2　编制员工培训方案
任务 1　编制新员工培训方案
任务 2　编制内训方案
任务 3　编制外训方案
项目 3　培训执行及评估活动
任务 1　培训执行活动
任务 2　培训评估活动
项目 4　企业培训的组织技巧
任务　培训的组织技巧训练
第七章　绩效管理基本技能应用
项目 1　绩效管理流程与绩效考核方法
任务 1　绩效管理流程的解析
任务 2　绩效考核方法的应用
项目 2　关键绩效指标体系建立及绩效考核步骤
任务 1　关键绩效指标体系建立
任务 2　进行绩效考核
第八章　薪酬与福利管理基本技能应用
项目 1　薪酬调查
任务 1　企业薪酬结构分析
任务 2　薪酬调查
项目 2　岗位薪酬体系的设计
任务 1　岗位薪酬设计的准备工作
任务 2　进行岗位薪酬设计
项目 3　薪酬及福利制度
任务 1　企业薪酬制度解析
任务 2　员工福利管理

二、基于应用的人力资源管理核心课程技能要点

（一）人力资源规划课程技能要点

（1）人力资源规划的内容。
（2）人力资源战略与人力资源规划的关系。
（3）人力资源战略与企业战略的关系。
（4）人力资源规划与企业经营规划的关系。
（5）人力资源战略与规划的发展阶段。
（6）基于劳资双方利益平衡的人力资源管理发展趋势。
（7）人力资源内外部环境分析。
（8）PEST 宏观环境分析法。
（9）SWOT 分析法。
（10）一个好人力资源管理者应该是一个好的首席执行官。
（11）人力资源战略的理性规划法形成模式。
（12）人力资源战略的循序渐进法形成模式。
（13）人力资源管理的适应性和柔性。
（14）雇主品牌建设方案实训。
（15）最佳雇主调查和评选。
（16）中国最佳雇主调查服务商。
（17）企业运用人力资源战略获取竞争优势的对策。
（18）企业人力资源战略的编写。
（19）企业外部人力资源的数量与质量分析。
（20）企业外部人力资源的结构分析。
（21）企业内部人力资源数量、类型、年龄结构分析。
（22）人力资源需求预测方法。
（23）人力资源需求预测和企业战略的整合。
（24）企业人员流动率与内部劳动力供给。
（25）企业内部人力资源供给预测。
（26）企业外部人力资源供给预测。
（27）人力资源（总体）规划编写实训。
（28）人力资源业务计划编写。
（29）人力资源规划实施的步骤。
（30）人力资源规划的评价与控制。

（二）员工关系管理技能应用课程技能要点

（1）员工关系管理的范围和内容。

（2）追溯劳动法规产生的深刻原因。

（3）劳动关系、劳务关系、雇佣关系和员工关系辨析。

（4）员工离职的主要原因。

（5）中国劳动关系状况分析。

（6）总结员工关系管理的主要目的。

（7）人力资源部及其他部门的员工关系管理职责。

（8）《劳动法》的主要内容。

（9）构建劳动法律法规体系。

（10）常见的劳动保障政策、法规。

（11）《劳动合同法》风险提示和应对措施。

（12）《劳动合同法实施条例》潜在用工风险提示及应对措施。

（13）固定期限劳动合同用工的风险提示与对策。

（14）无固定期限劳动合同用工的风险提示与对策。

（15）任务期限劳动合同用工的风险提示与对策。

（16）非全日制劳动用工的风险提示与对策。

（17）劳务派遣用工的风险提示与对策。

（18）事实劳动关系如何举证。

（19）管理者如何获得员工的拥戴。

（20）如何有效地构建公司的规章制度。

（21）员工参与管理的表现形式。

（22）员工授权管理的有效办法。

（23）如何管理知识员工和问题员工。

（24）员工薪酬福利管理技能应用。

（25）员工工作时间管理技能应用。

（26）跳槽员工带薪年休假计算技能应用。

（27）员工安全健康保护技能应用。

（28）未成年工和女职工劳动保护。

（29）保密和竞业限制技能应用。

（30）职业道德管理与责任心培育应用。

（31）如何进行劳动纪律管理。

（32）如何合情合法地处理违纪员工。

（33）沟通的策略和方法。

（34）工作满意度调查问卷设计。
（35）员工压力和情绪管理。
（36）员工帮助计划。
（37）企业裁员管理技巧。
（38）员工离职面谈技巧应用。
（39）企业操纵工会的行为风险及应对措施。
（40）集体谈判及签订集体合同全程辅导训练。
（41）劳动争议调解和仲裁全程辅导训练。

（三）员工招聘技术应用课程技能要点

（1）招聘计划、招募、选拔、录用与评估之间的关系。
（2）招聘在人力资源管理中的地位与作用。
（3）影响招聘与选拔的因素。
（4）人力资源招聘的国别差异。
（5）企业招聘工作中常见的问题及对策。
（6）招聘渠道选择策略。
（7）招聘时间与地点选择策略。
（8）招聘工作的基本流程。
（9）组织内部招募的操作方法。
（10）组织外部招募的操作方法。
（11）知名企业独特的招聘方式。
（12）企业招聘方案设计实训。
（13）报纸招聘栏目和全国招聘网站调查报告实训。
（14）人员选拔与评价的注意事项。
（15）个性心理素质评价。
（16）知识与技能评价。
（17）工作经验评价。
（18）身体素质评价。
（19）古代中国人才选拔方法。
（20）工作申请表与简历的作用及其异同。
（21）人才测评技术的应用。
（22）初试、复试和加试等面试阶段。
（23）情境模拟技术的应用。
（24）诚实性测验技术。
（25）笔迹分析技术。

（26）背景调查。

（27）体检。

（28）面试的类型。

（29）面试的影响因素。

（30）面试的基本流程。

（31）情境问答式面试技术。

（32）情境模拟式面试技术。

（33）情境体验式面试技术。

（34）模拟招聘求职实训。

（35）招聘结果的成效评价。

（36）招聘方法的成效评估。

（37）招聘人员的工作评估。

（38）企业招聘制度的制定。

（四）员工培训管理技能应用课程技能要点

（1）人力资源部与其他部门的培训分工。

（2）企业文化对培训工作的影响。

（3）培训需求分析的程序和内容。

（4）培训需求信息收集的方法。

（5）培训需求调查问卷设计。

（6）培训需求的组织、任务和人员分析。

（7）培训目标的确定。

（8）新员工培训、内训和外训的分类及流程。

（9）年度和月度培训计划的制定。

（10）新员工培训、内训和外训的培训方案编写。

（11）培训经费预算。

（12）企业培训制度的编写。

（13）培训方法和组织形式。

（14）培训课程设计。

（15）培训机构和培训师的选择方法。

（16）内部培训师队伍的建设。

（17）培训师技能的训练。

（18）新员工培训模拟训练。

（19）内训模拟训练。

（20）培训档案的建立。

（21）培训效果评估信息的收集。
（22）培训一、二、三级评估。
（23）培训效果评估数据分析。
（24）培训效果评估报告的编写。
（25）培训成果的转化。
（26）培训管理体系的构建。

（五）绩效管理技能应用课程技能要点

（1）员工绩效管理的作用。
（2）绩效管理与其他人力资源管理模块的关系与互动。
（3）绩效管理的流程。
（4）绩效管理中各部门的职责分工。
（5）领导风格与绩效管理的关系。
（6）员工沟通与绩效管理的关系。
（7）组织的战略目标与绩效管理的关系。
（8）绩效考核的方法。
（9）鱼骨图在绩效管理中的应用。
（10）关键绩效指标的提取和分解。
（11）绩效考核指标标准和权重的设立。
（12）绩效计划的制定。
（13）绩效信息收集。
（14）绩效辅导与咨询。
（15）绩效考核表的编制。
（16）绩效考核的流程。
（17）绩效考核的误区及克服。
（18）绩效面谈。
（19）绩效诊断和改进。
（20）绩效考核结果的应用。
（21）绩效考核的负面效应及应对。
（22）绩效考核在招聘中的应用。
（23）绩效考核在培训中的应用。
（24）绩效薪酬的应用。
（25）企业绩效管理制度的制定。
（26）绩效管理信息系统。

（六）薪酬与福利设计课程技能要点

（1）薪酬与福利的类别。
（2）薪酬与福利的功能。
（3）薪酬与福利的影响因素。
（4）企业薪酬结构设计。
（5）岗位分类在企业的运用。
（6）岗位评价的内容及步骤。
（7）岗位评价的方法。
（8）薪酬福利结构和设计调查。
（9）薪酬满意度调查。
（10）岗位薪酬体系的设计。
（11）能力薪酬体系的设计。
（12）绩效薪酬体系的设计。
（13）宽带薪酬体系的设计。
（14）奖金体系的设计。
（15）企业薪酬福利体系的调整。
（16）企业高管年薪制与期权。
（17）法定福利与企业福利。
（18）薪酬和福利的法律法规。
（19）企业薪酬和福利的规章制度。

项目 4　人力资源管理者职业生涯发展不同阶段的典型工作任务

我们回顾人力资源管理知识框架和技能要点以后，还要思考几个问题：人力资源管理者职业生涯发展的不同阶段分别从事哪些岗位？每个岗位有哪些典型工作任务？每种工作任务分别有什么知识、素质和能力要求？分别对应哪些专业课程？只有把上述问题考虑清楚了，才能有针对性地进行综合实训的操练，有利于人力资源管理专业学生的职业生涯发展。

一、人力资源管理专业就业面向与职业岗位（群）任职要求

具体内容如表 1—2 所示。

表 1—2　　人力资源管理专业就业面向与职业岗位（群）任职要求

岗位		典型工作任务	知识、素质和能力要求
初次就业岗位	人事助理 员工关系助理	考勤统计、人事手续办理、人事档案管理、人事文书编写、人事报表制作，员工社保办理、劳动争议调查、劳动合同管理、员工沟通、员工帮助计划执行等	基本掌握人力资源管理专业知识，对人力资源日常管理技能掌握得较好，熟知人力资源统计知识，熟悉国家主要劳动人事法规政策；具有较好的书面写作和口头表达能力，具有较好的亲和力和沟通协调能力，学习能力较强；熟练运用 Office 及相关办公软件，熟练掌握人力资源管理信息系统和相关网络工具
	招聘助理 培训助理	招聘资料准备、招聘宣传、简历筛选、面试安排、招聘资料整理，培训需求调查、培训资源管理、培训安排、培训监督、培训档案管理等	基本掌握人力资源管理专业知识，对人员招聘和培训管理技能掌握得较好，熟知心理学和教育学知识，熟悉相关人才市场和培训市场的运作状况；具有良好的书面写作和口头表达能力，具有较好的活动组织能力和教材开发能力，学习能力较强；熟练运用 Office 及相关办公软件，熟练掌握人力资源管理信息系统和相关网络工具
	绩效助理 薪酬助理	考核表格发放回收、考核安排追踪、考核数据统计、考核结果上报，薪酬调查统计、工资表编制、员工奖励惩罚、福利发放、成本统计等	基本掌握人力资源管理专业知识，对绩效和薪酬管理技能掌握得较好，熟知人力资源统计知识，熟悉经济学知识；具有较好的书面写作和规划能力，具有较好的统计分析和市场调查能力，学习能力较强；熟练运用 Office 及相关办公软件，熟练掌握人力资源管理信息系统和相关网络工具
	行政助理 行政秘书	接待工作、话务工作、办公设备管理、文件管理、宿舍管理、文娱活动安排，文书写作、上传下达、信件收发、会议行程安排等	了解人力资源管理专业知识，基本掌握行政管理和企业管理知识，熟知办公室文化；具有良好的书面写作和沟通协调能力，工作效率高，条理性强，具有较强的应变能力和团队合作精神，学习能力较强；熟练运用 Office 及相关办公软件，熟练掌握人力资源管理信息系统和相关网络工具
发展岗位	人力资源专员、主管	人力资源配置、报表分析、制度建设、招聘计划制定、招聘制度制定、人才初选、培训制度制定、培训计划制定、培训课程设置、培训考核、绩效制度制定、绩效数据分析、考核异议处理、薪酬福利制度制定、薪酬调查、福利管理、劳动定额管理、劳动法律咨询、劳动争议处理	熟练掌握人力资源管理专业知识，了解管理学、心理学、营销学、生产管理等相关专业知识，具有三年以上人力资源管理工作经验，能够独立进行人力资源管理工作；有良好的书面和口头表达能力，熟悉各种文件和规章制度，熟练操作计算机办公软件及人力资源管理信息系统软件，具备较好的英文听、说、读、写能力；能够通过沟通交流更好、更快地完成工作，能够独立完成工作项目的规划并组织各部门实行，在完成本人工作的同时兼顾其他部门的工作，在大原则的前提下工作方式灵活多样，适应企业文化

续前表

岗位		典型工作任务	知识、素质和能力要求
发展岗位	人力资源部经理	制定人力资源规划并组织实施，优化工作流程，组织、协调、监督制度和流程的落实，负责基层管理人员的整合和调配，选拔录用基层管理人员，负责人力资源管理体系的建设，考核基层管理人员工作完成状况，负责建立企业畅通的沟通渠道和有效的激励方法	熟练掌握人力资源管理专业知识，熟悉管理学、心理学、营销学、生产管理等相关专业知识，能指导和培训相关人员进行人力资源管理，具有五年以上人力资源管理经验，能够保证企业的人力资源管理工作正常运转；具备较好的英文听、说、读、写能力，具有较广的国际视野；能全面准确把握劳动法律法规和政策，具有较强的沟通、协调能力，能从容应对员工关系的突发事件；思维敏捷、性格沉稳、善于沟通和决断、办事公正、心态平和、沉着理智；具有强烈的事业心和开拓创新意识，具备良好的管理理念，沉着、稳健、成熟，富有人格魅力，能承受巨大的心理压力
	人力资源总监、副总经理	制定公司人力资源战略，提出企业结构设置和岗位职责设计方案，负责中层管理人员的人力资源统筹配置及监管工作，选拔录用中层管理人员，控制人力资源部门预算的使用情况，组织实施中层考核工作，优化公司人力资源管理体系，代表公司与政府及其他单位对口部门沟通、协调，建设企业激励机制	精通人力资源管理专业知识，熟悉管理学、心理学、营销学、生产管理等相关专业知识，具有八年以上人力资源管理经验，能够根据企业生产销售和企业战略需要调整与设计人力资源管理系统；具备较好的英文听、说、读、写能力，具有一定的国际工作经验和国际人脉；熟悉国内及相关国家的劳动法规及政策，具有优秀的沟通、协调能力，能从容应对企业各类突发事件；具有战略、策略化思维，有能力建立、整合不同的工作团队；具备敏锐的洞察力，具有解决复杂问题的能力；具有很强的计划性和监督下属执行的能力，很强的激励、沟通、协调、团队领导能力；责任心、事业心强
	总经理	制定企业整体发展战略，负责企业各部门的协调、监督和管理，决定企业机构设置、人员编制，负责企业高层管理人员的配置，选拔录用高层管理人员，决定企业工资待遇和奖金分配方案，监督企业各项规章制度的建设和实施，建立国内外重要合作关系，创造和谐的内外环境，协调、激励各个部门的工作	了解人力资源管理、行政管理知识，通晓生产运作管理、品质管理、市场营销管理、财务管理、产品研发管理等企业管理知识；具有十年以上企业管理经验，能够根据企业生产销售和企业战略需要提出企业资源计划系统的整体要求；具备较好的英文听、说、读、写能力，具有一定的国际工作经验和国际人脉；具有很强的领导能力、判断决策能力、谈判能力、协调沟通能力、影响力、应变能力、创新开拓能力、客户服务能力；责任心、事业心强，善于激励本公司员工

二、人力资源管理典型工作任务分析与学习领域（专业课程）转换

根据人力资源管理专业毕业生的职业生涯发展阶段，经过人力资源助理系列岗位 35 个典型工作任务、人力资源专员或主管系列岗位 35 个典型工作任务、人力资源部经理岗位 7 个典型工作任务、人力资源总监或副总经理岗位 7 个典型工作任务和总经理岗位 7 个典型工作任务分析，归纳出 11 个学习领域，也就是对应的专业课程。典型工作任务与学习领域的对应关系如图 1—6 所示。

学习领域	职业生涯发展不同阶段的典型工作任务					学习领域
	人力资源助理	人力资源 专员、主管	人力资源 部经理	人力资源总监、 副总经理	总经理	
人力资源管理基本应用技术	A1 人事文员、助理 1.考勤统计 2.人事手续 3.档案管理 4.文书编写 5.报表制作	A2 人事专员、主管 1.人事系统 2.人事配置 3.报表分析 4.制度建设 5.人才管理	1.制定公司人力资源规划并组织实施	1.制定公司人力资源战略	1.制定企业整体发展战略	人力资源管理基本应用技术、企业管理
员工招聘技术应用	B1 招聘助理 6.资料准备 7.招聘宣传 8.简历筛选 9.面试安排 10.资料整理	B2 招聘专员、主管 6.招聘计划 7.招聘体系 8.招聘渠道 9.人才初选 10.人才测评	2.优化工作流程，组织、协调、监督制度和流程的落实	2.提出结构设置和岗位职责设计方案	2.决定企业机构设置、人员编制	人力资源管理基本应用技术、员工招聘技术应用
员工培训管理技能应用	C1 培训助理 11.培训调查 12.资源管理 13.培训安排 14.培训监督 15.培训档案	C2 培训专员、主管 11.培训体系 12.培训计划 13.课程设置 14.教材审核 15.培训考核	3.负责基层人员的整合和调配，招聘基层员工	3.负责中层管理人员的人力资源统筹及监管工作，招聘中层管理人员	3.负责集团及下属公司高层管理人员的配置，招聘高层管理人员	
绩效管理技能应用	D1 绩效助理 16.资料复印 17.表格发放 18.考核安排 19.数据统计 20.结果上报	D2 绩效专员、主管 16.绩效体系 17.考核管理 18.数据分析 19.核对结果 20.异议处理	4.制定薪资福利制度，考核基层员工工作完成状况	4.控制部门预算的使用情况，组织实施中层考核工作	4.决定工资待遇和奖金分配方案，负责高层考核工作	绩效管理技能应用、薪酬与福利设计
薪酬与福利设计	E1 薪酬助理 21.资料调查 22.工资表编制 23.奖励惩罚 24.福利发放 25.成本统计	E2 薪酬专员、主管 21.薪酬体系 22.薪酬调查 23.工资表审查 24.福利管理 25.定额管理	5.培训制度建设，组织各部门的培训工作	5.建设、优化公司的培训管理体系	5.推动各项管理规章、制度建设和完善	员工培训管理技能应用
员工关系管理技能应用	F1 员工关系助理 26.社保办理 27.合同管理 28.员工沟通 29.文娱安排 30.其他	F2 员工关系专员、主管 26.文化建设 27.关系规划 28.法律咨询 29.事故调查 30.争议处理	6.负责建立畅通的沟通渠道、有效的激励方法，推行员工帮助计划	6.代表公司与政府及其他单位对口部门沟通、协调，建设企业激励机制	6.建立国内外重要合作关系，创造和谐的内外环境，协调、激励各个部门的工作	员工关系管理技能应用、员工激励
秘书工作管理、应用写作	G1 行政文员、行政助理 31.接待工作 32.话务工作 33.办公设备 34.文件管理 35.宿舍管理	G2 行政专员、行政主管 31.制度建设 32.公司宣传 33.文控工作 34.安全工作 35.公关工作	7.把人力资源管理各模块业务在本部门整合推行从而降低成本	7.把人力资源管理各模块业务与其他部门联合推行从而提高效率	7.把人力资源管理各模块业务与客户需求融合从而提高效益	人力资源管理综合实训

图 1—6 典型工作任务与学习领域的对应关系

第2章
组织结构设计和岗位分类

技术要点分析

管理幅度的确定；管理层级的设定；部门划分；岗位设置；组织结构的基本类型；组织结构的实例分析

综合应用展示及演习

团队竞技训练实训；分小组；选队长；分组讨论；设计柏美公司组织结构图并进行岗位设置和岗位分类；小游戏循环相克令；魅力展示；上台分享本组作品；回答提问；学生助教点评

作为人力资源管理专业人员，除了要掌握人力资源管理专业技术，还必须首先熟悉人力资源的组织载体设计和定位，即熟悉组织结构设计、部门划分、岗位设置和分类。通过对企业组织结构设计、岗位分类进行应用技术要点分析和演习，使学生在未来的职业生涯中更好地进行战略人力资源管理和人岗匹配，挖掘人力资源的潜能，培育企业所需的人力资本。

项目1 组织结构设计和岗位分类应用技术要点分析

一、组织结构设计的流程及步骤

从企业实际运作的角度看，组织结构需要经过管理幅度的确定、管理层级的设定、部门划分和岗位设置四个主要流程进行设计。图2—1为组织结构设计的流程及步骤。

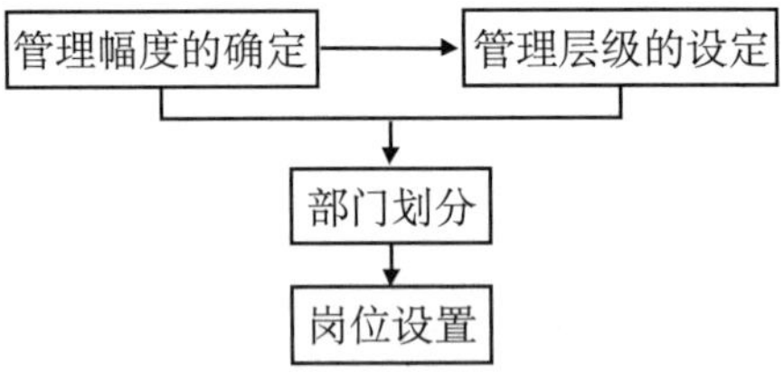

图2—1 组织结构设计的流程及步骤

（一）流程一：管理幅度的确定

1. 管理幅度的设计思路

管理层级和管理幅度是决定组织结构的两个重要参数，而且管理层级与管理幅度是密切相关的。一般而言企业都应是一种梯形结构，即上级指挥机构少，下级指挥机构多。根据管理的需要，企业从上到下通常设有若干指挥和管理层级，这些层级之间是一种隶属关系，从而形成职权上的等级链。管理幅度是指组织中的一个上级直接指挥的下级数量。显然，在组织规模一定的情况下，如果不考虑其他因素，管理幅度越大，管理层级就越少；否则，管理层级就越多。

2. 掌握影响管理幅度的因素

（1）主观方面的因素，即由领导者的素质决定的。在其他条件不变的情况下，领导者素质越高、越信任下属、越愿意在下属身上花时间，管理幅度越大；否则越小。

（2）客观方面的因素，即由客观环境和现实条件决定的。在其他条件不变的情况下，下属人员素质越高、条件越优越、环境越简单、职务越低，管理幅度越大；否则越小。

3. 确定管理幅度

目前，人们主要采取定性的方法来确定管理幅度。一般认为，上层的管理幅度应窄一些，5～10人为宜；下层的管理幅度应宽一些，15～20人为宜；中层的管理幅度应介于二者之间。这是因为上层的管理工作复杂，属于非结构化决策的问题较多。实际上，中层的管理幅度比上层还要窄，这是因为中层管理者担负着较多的承上启下的工作职能。必须说明的是，以上这些管理幅度的数值仅供参考，现实中还必须根据自身情况作调整。

（二）流程二：管理层级的设定

1. 按照企业的纵向职能分工确定基本的管理层级

（1）对于集中经营、集中管理的企业。如果企业的规模较小，采用的技术简单，通常只需要设置经营决策层、专业管理层和作业管理层，甚至可能去掉专业管理层；如果企业的规模较大，采用的技术较复杂，管理层级就要多一些。

（2）对于分散经营、分散管理的企业。总公司和分公司是两大管理层级，总公司和分公司中还分别存在各自的管理层级，如总公司的战略决策层、专业管理层，分公司的经营决策层、专业管理层和作业管理层。

2. 按照有效的管理幅度推算管理层级

假设某一企业的员工有 1 000 人，中高层的有效管理幅度为 5～8 人，基层的有效管理幅度为 10～15 人，则可以推算出该企业组织的管理层级为 3～4 层。

（1）若按较大的管理幅度计算，则第 1 个层级为 8 人，第 2 个层级为 8×8＝64 人，第 3 个层级为 64×15＝960 人，全部人员加起来为 8＋64＋960＝1 032 人，这 3 个层级已经包含组织的所有人员，故设 3 个组织层级即可。

（2）若按较小的管理幅度计算，则第 1 个层级为 5 人，第 2 个层级为 5×5＝25 人，第 3 个层级为 25×5＝125 人，第 4 个层级为 125×10＝1 250 人。由于前 3 个层级只包含 155 人，因此必须设置第 4 个层级才能包含所有组织成员。

（三）流程三：部门划分

所谓部门，是指企业组织结构中一个管理人员有权执行所规定活动的一个明确区分范围。划分部门就是确定这些范围。这些部门实际上是承担某些工作职能的组织机构，所以部门划分也可以称为组织机构的设置。一个部门通常是由若干个工作岗位组成的。

划分业务部门的具体方法通常有按职能划分、按地域划分、按产品划分、按业务环节划分等。各企业可以根据自己的特点选择采用其中的一种，也可以同时采用几种方法。我们以一家中型股份制中外合资企业为例进行部门划分。

1. 公司介绍

柏美国际（清远）化妆品制造有限公司（简称柏美公司），是由广州兰炫美斯化妆品有限公司联合德国柏美（香港）生物科技有限公司共同组建的股份制公司，是目前国内规模最大、生产能力最强的美容美发制造销售企业之一。柏美公司的工厂占地总面积 19 万平方米。从德国引入 22 条现代化全智能自动生产线，日产量 90 万件，目前有员工 3 000 多人。生产厂房完全按照国际优良制造标准建造，整个生产流程严格按照 ISO 9001：2000 质量体系规范管理，生产环境遵照 ISO 14001 环境管理体系设计。柏美公司的产品完全符合美国食品与药品监督管理局药品管理条例、欧洲药监局药品管理规定及中国药品生产质量管理规范。

柏美公司研究生产的“日本皇室奶疗”“兰炫美斯”“凯乐斯”“伊索”“纽约时尚”“锋型烁彩”等众多品牌以奇迹般的速度红遍大江南北，在激烈的化妆品市场竞争中异军突起，独占鳌头，名气及美誉度与日俱增，形成了一股独有的“满足需求，奉献美丽”美丽事业文化。目前已建立起庞大完善的全国性专业分销网络，产品市场占有率在国内遥遥领先。

公司生产的专业美发产品主要有姜黄金洗发水、老姜王洗发水、牛奶生态洗发水、姜黄金发膜、高能修复发膜、高倍补充水疗素、幻影魔方弹力精华、经典弹力水吧、优质弹力素、弹簧素、瞬间烫、香水烫、韩国蜡疗酸性烫、日式梨花烫、黑发传奇染发套组、秀发劲夏防晒套组、大桶洗发水、大桶沐浴露等。公司可为有需要的个人用户或团体用户提供量身定做的生产和制作方案，洗发水、沐浴露、弹簧素、弹力素、啫喱水、护发素、烫发水、黑油、染膏以及焗油倒膜原始设备制造商或原始设计制造商模式均可。

柏美公司的营销企业广州兰炫美斯化妆品有限公司是一个充满生机和蓬勃发展的企业，秉承“以人为本、塑造美丽”的企业宗旨，倡导“团结开拓、勇于创新”的企业精神，坚持“成就品牌、走向世界”的企业目标，遵循“员工至亲、客户至尊”的企业行为，努力实现“组织系统化、决策科学化、管理规范化、工作程序化、效率标准化”的集团化发展目标。公司坚信，只要以市场为导向，以创新为动力，以质量求生存，以发展求壮大，就一定会赢得更美好的明天！

2. 柏美公司部门划分操作

柏美公司的部门按其管理风格和业务性质可以划分为生产运作部门、供销运营部门、人财管理部门三大类管理部门类别。必须说明的是，这三大类并不是真正意义上的职能部门，而是企业为了管理方便将关联性较强的职能部门归为一类，然后将其划归某一个副总经理进行管理，这样也能发挥副总经理的管理强项并节约成本。真正意义上的职能部门是这三大类管理部门所包括的部门：第一大类为生产运作部门，包括技术部（下设标准科、实验科、工艺科）、生产部（下设计划科、乳化车间、灌装车间、包装车间、辅助车间）、品质部（下设质检科、品保科）、工程部（下设能源科、机电科、环保科）；第二大类为供销运营部门，包括营销部（下设销售科、市场科、客服科）、物流部（下设采购科、仓管科、运输科、统计科）；第三大类为人财管理部门，包括人力资源部（下设人事科、行政科、总务科）、财务部（下设核算科、出纳科、统计科）。另外，在董事会下设秘书室。在外地则按地域设置部门，如营销部还设立了北京、上海、广州、武汉、成都等销售分公司。

3. 柏美公司部门划分思路

（1）以上部门以业务和职能类似为依据进行划分和归类。

（2）公司的各部门按其业务性质和关联性划分为生产运作部门、供销运营部门、人财管理部门三大类管理部门类别，相同类别的部门经理向同一副总经理负责。

（3）北京、上海、广州、武汉、成都等销售分公司向营销部负责。

（四）流程四：岗位设置

工作岗位是根据专业化分工原则，按工作职能划分而成的工作职位。工作岗位是构成企业组织结构的基本单位。根据亚当·斯密的分工理论可知，专业化分工有利于提高技术水平，缩短作业时间，减少培训费用，提高机械化程度，降低成本，提高工作效率和经济效益。但是，如果分工过细，一方面会使工作人员感到工作单调而厌烦；另一方面会增加内部调节的工作量，使交往成本上升。因此，进行工作岗位设计时，既要进行合理分工，又要适当扩展工作内容，使工作人员感到内容丰富充实，具有一定的挑战性。

1. 岗位设置要求

不同类型的企业可以根据自身经营业务特点和企业内部条件，或把岗位分得更细，或设计出具有综合性的工作岗位。必须强调的是，工作岗位是根据企业经营目标的需要来设计的，不能设计出与经营目标无关的岗位。

2. 柏美公司岗位设置操作

柏美公司三大类部门设立好以后，我们再看如何在其部门内设置岗位。柏美公司根据实际情况和未来需要，设置了如下岗位。必须说明的是，下列岗位是企业满员状态的设置，是否有必要按如下岗位进行设置，要视企业战略、规模和效益而定。

（1）董事长、董事、监事会主席、监事；总经理、总经理秘书。按公司业务性质和关联性划分为生产运作部门、供销运营部门、人财管理部门三大类管理部门类别，每个类别设置一位副总经理。

（2）生产运作部门副总经理；技术部经理、标准科主管（科长）、实验科主管（科长）、工艺科主管（科长）、工艺师、实验员、文员等；生产部经理、计划科主管（科长）、乳化车间主管（主任）、灌装车间主管（主任）、包装车间主管（主任）、辅助车间主管（主任）、计划专员、文员、组长、班长、配料员、乳化工、灌装工、包装工、辅料转运工、洗消工、杂工等；品质部经理、质检科主管（科长）、品保科主管（科长）、ISO 推行专员、质检员、测试员、文员等；工程部经理、能源科主管（科长）、机电科主管（科长）、环保科主管（科长）、能源统计管理员、设备管理员、环保员、锅炉组长、维修组长、电工、机修工、锅炉工、焊工、钳工、水质检验员等。

（3）供销运营部门副总经理；营销部经理、销售科主管（科长）、市场科主管（科长）、客服科主管（科长）、平面设计师、市场代表、销售代表、客户代表、文员等；销售分公司经理、销售主管、会计、出纳、销售代表等；物流部经理、采购科主管（科长）、仓管科主管（科长）、运输科主管（科长）、统计科主管（科长）、采购员、仓管组长、仓管员、车队队长、司机、装卸工、统计员等。

（4）人财管理部门副总经理；人力资源部经理、人事科主管（科长）、行政科主管

(科长)、总务科主管(科长)、法律顾问、专员、高级文秘、网络工程师、保安队长、司务长、人事助理、行政文员、前台文员、总务文员、护士、保安、司机、厨师、厨工、园艺工、清洁工等;财务部经理、核算科主管(科长)、出纳科主管(科长)、统计科主管(科长)、会计、出纳等。

3. 柏美公司岗位设置思路

(1)尽量将相同或相似的工作内容和任务设置为一个岗位。

(2)使一些工作量比较小的不同工作由一个岗位负责,但选择具有不同工作经验的人来做。

(3)由于企业还在发展,有些岗位设置了但不一定安排专职人员,可以根据某个人员的个人特长兼任一些重要岗位,如人力资源部经理兼任人事科主管(科长)。

(4)北京、上海、广州、武汉、成都等销售分公司的会计和出纳行政上受分公司经理管理,但业务上受总部财务部经理指导并向其负责。

二、组织结构的基本类型

企业的组织结构是指企业内部的机构设置和权力的分配方式,基本类型主要有直线制、职能制、直线职能制(垂直功能型)、事业部制、矩阵制。

(一)直线制

直线制组织结构是一种实行直线领导、不设职能机构的管理组织形式。这种组织形式中,各层领导机构都是综合性的,由厂长(总经理)实行没有职能机构的集中管理,厂长(总经理)融直线指挥与职能管理于一身。

1. 表现形式

直线制组织结构如图2—2所示。

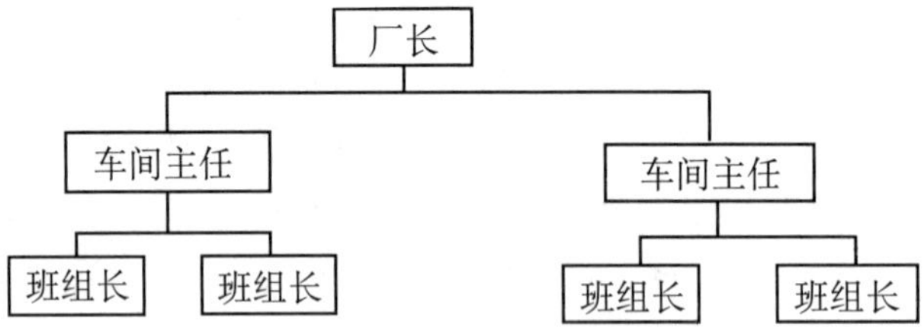

图2—2 直线制组织结构图

2. 优点

简单,权力集中,指挥统一,决策迅速。

3. 缺点

(1)由于直线指挥与职能管理不分,因此对领导者的知识和能力要求较高。

(2) 领导机构实行综合管理，无专业化分工，不容易提高专业管理水平。

(3) 横向联系差，无助于管理者解决重大问题。

这种组织结构由于受领导者能力的限制，管理幅度不可能过宽，因而企业的规模不可能太大，只适用于小微企业。

(二) 职能制

职能制组织结构是在直线制组织结构的基础上，为领导设置职能机构和人员的一种形式。各职能机构和人员既协助领导的指挥工作，又在各自管理的范围内有权指挥下级机构的人员；而下级机构既要听从上级的指挥，又要听从各职能机构的指挥。

1. 表现形式

职能制组织结构如图 2—3 所示。

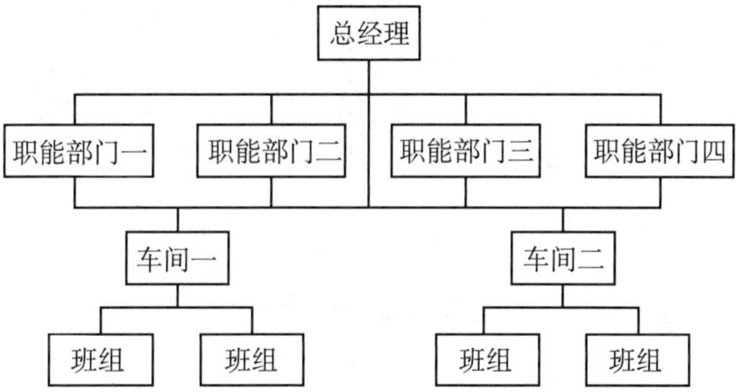

图 2—3　职能制组织结构图

2. 优点

能发挥管理分工的作用，减轻领导者的工作负担。

3. 缺点

容易造成多头指挥，职权不明，从而使下属无所适从。

(三) 直线职能制（垂直功能型）

直线职能制组织结构是直线制组织结构和职能制组织结构的综合应用，按经营活动的功能划分职能部门。一类是直线部门，其拥有对下级的直接指挥权力；另一类是参谋部门，其担当直线部门的参谋，只能对下级实行指导而无权发布命令。企业按功能划分的部门通常是研发、生产、营销、财务、行政、人事等职能部门，各部门经理直接受高层管理人员领导，并直接向总经理负责，部门的经营决策必须有高层管理人员的介入才能做出。

1. 表现形式

直线职能制组织结构如图 2—4 所示。

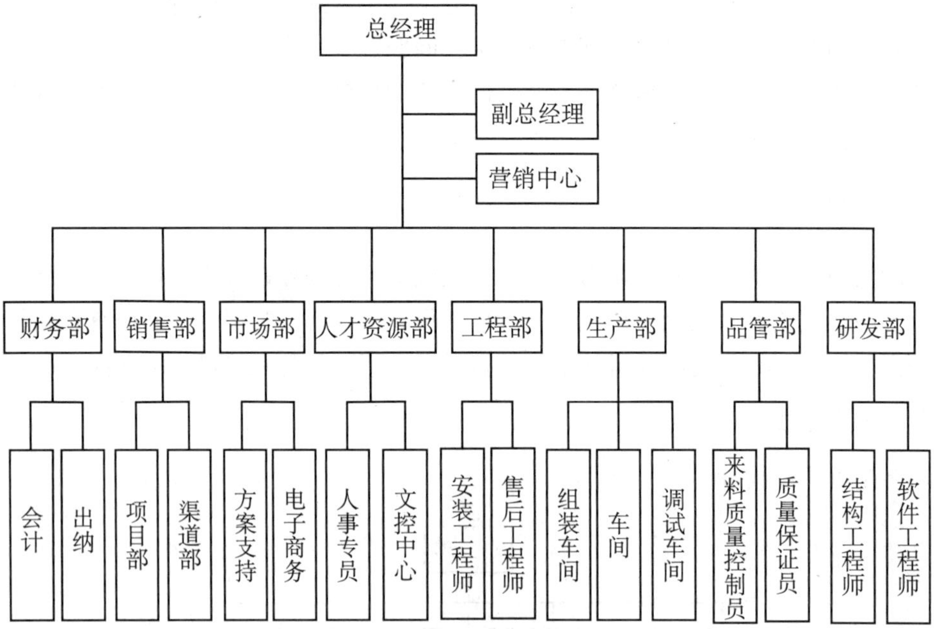

图 2—4 直线职能制组织结构图

2. 优点

（1）既能够保证统一指挥，又可以发挥职能部门的参谋指导作用。

（2）效率较高。

3. 缺点

（1）按功能划分部门容易导致有关人员重视方法和手段而忽视目的和成果。

（2）集权式管理增加了高层管理人员的协调工作量，不能很好地发挥中层管理者的积极性。

（3）大型企业横向联系和协调将变得非常困难，高层管理人员会无暇顾及企业面临的重大问题。

（四）事业部制

事业部制组织结构也称 M 型结构（multidivisional structure），是一种在大型企业中实行分权式的多分支单位的组织结构形式，即在总经理的领导下，按地区、市场或商品设立事业部，各事业部有相对独立的责任和权利。事业部内部通常又是一个 U 型结构。事业部具有 3 个特征：（1）具有独立的产品和市场，是产品责任或市场责任单位；（2）具有独立的利益，实行独立的财务核算，是一个利益责任单位；（3）是一个分权单位，具有一定的经营自主权。①

① 汪建坤．工商经济学（经典案例评析）．北京：中国对外翻译出版公司，2000.

事业部与总部的关系为：把政策制定与行政管理分开，政策管制集权化（总部集中决策），业务运营分权化（事业部独立经营），即所谓“集中决策，分散经营”。由于企业具体条件不同，集权与分权的程度各有大小，事业部的性质也就有所区别。从我国企业的现实情况看，大体分为两种情况：一是事业部没有法人资格，受到总公司较多的控制；二是事业部具备法人资格，享有高度的经营自主权。

1. 表现形式

事业部制组织结构如图 2—5 所示。

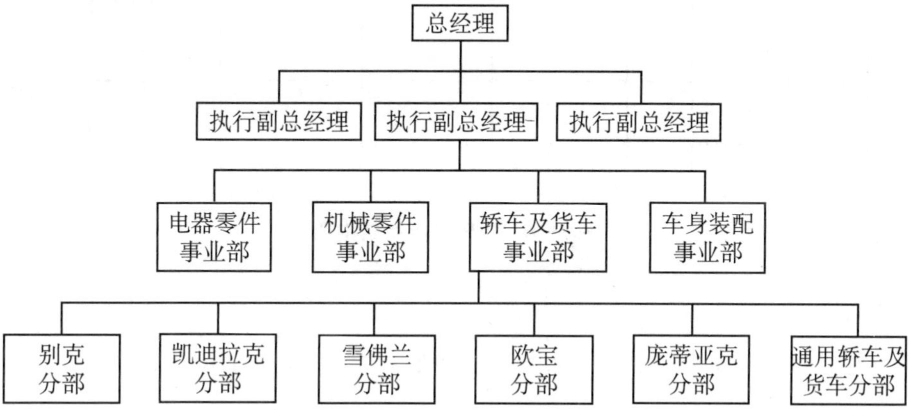

图 2—5 事业部制组织结构图

2. 优点

事业部制组织结构使统一管理和专业化分工更好地结合起来，集中决策和分散经营使高层领导者摆脱了日常经营管理事务，同时调动了各经营部门的积极性。

3. 缺点

集权与分权的程度有时难以掌握，处理不好会削弱统一性，协调难度大。

（五）矩阵制

上述四种组织结构形式还有两个共同的弱点：横向信息沟通比较困难，缺乏弹性。为了减少这些弊端，在企业中根据产品项目或某些专门任务成立跨部门的专门机构，这样形成的组织结构即为矩阵制。专门小组的成员由各部门抽调，在项目活动期间小组成员在业务上由直属项目组经理领导，但在行政和组织关系上还隶属原部门管理。多数矩阵制机构是临时设置的，任务完成后即撤销。

1. 表现形式

矩阵制组织结构如图 2—6 所示。

2. 优点

有弹性，适应性好，横向信息沟通容易，协调配合好。

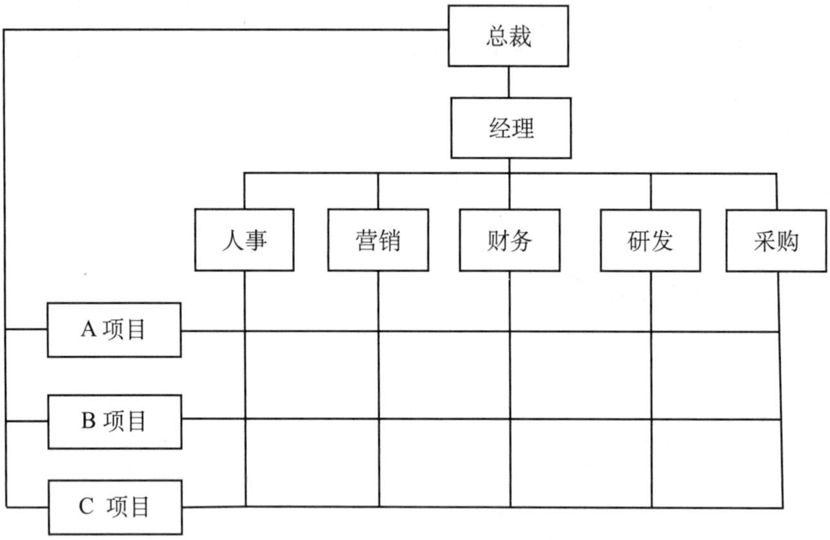

图 2—6 矩阵制组织结构图

3. 缺点

缺乏稳定性，双重领导的结构容易产生矛盾。

项目 2 组织结构设计和岗位分类综合实训范例展示

一、团队竞技训练实训任务：柏美公司组织结构设计和岗位分类演习

（一）实训目标

（1）将学生分成 3～6 组，请各小组学生根据自己的理解，结合相关专业知识及柏美公司的具体情况，为柏美公司设计组织结构图，并进行岗位设置和岗位分类；设计完成后，各小组进行讨论和完善，将小组审核通过的结果画在大白纸上或做成 PPT 文档，每组选出 1～2 位代表上台说明设计的思路、结果及理由，并接受其他人的提问。

（2）教师针对各小组的设计思路、理由及结果，进行点评和评分。

（二）团队竞技训练实训方法和程序

团队竞技训练实训方法是指学生组成团队完成相关任务并进行讨论，然后团队代表上台表达观点，与其他团队进行竞争性学习。这种方式打破了传统的教师说和学生听的固有模式，通过多方位协作、互动和竞争的方式，寓教于乐，让学生不知不觉中加深对人力资源管理知识的理解和应用。

1. 团队竞技训练实训方法桌椅摆放要求

具体内容如图 2—7 所示。

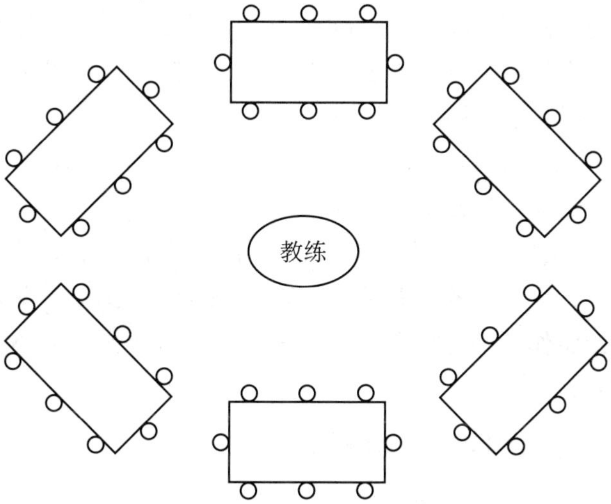

图 2—7　团队竞技训练桌椅摆放图

2. 团队竞技训练实训演习程序

（1）分小组（队）：操练总人数以 20～60 人为宜，分为 2～6 组，一般分 3～4 组，每组人数以 8～15 人为宜。如果人数太少，可以合班进行；人多则可拆班进行，或安排部分学生做助教。小组分好以后，在后面所有实训项目中均不能随意调动，因为后面的实训都是按这次分组进行的，以免影响小组队员评分的公正性。

（2）选队长：采用万众归一法。（课外完成，见第 5 章的选队长方法）

（3）布置课外作业：由队长组织本组队员设计柏美公司组织结构图，并进行岗位设置和岗位分类。作品必须注明本组队员的分工和参与情况，如总体设计者、内容执笔者、讲解者、补充讲解者、资料收集者、作品制作者、服务者等，并对本组队员的贡献度按先后顺序进行排名，从而在评分时拉开距离，避免“搭便车”和吃“大锅饭”。（课外完成）

（4）从人数较多的小组里选出 2～4 人作为教师的助教，一人负责记录各小组上台讲解的时间，一人负责照相或录像，其他人主要配合教师为各小组评分，计时和照相者也可协助评分。为保证公正性，助教可独立于各小组之外，其成绩由教师另计。（课外完成）

（5）队长组织队员，为自己的小组起一个队名，并写出口号。（课外完成）

（6）由队长组织队员进行实训前的课堂讨论和修改，讨论和修改的主题是：设计柏美公司组织结构图，并进行岗位设置和岗位分类。各小组一边修改，一边将组织结构图和岗位分类表分别画在大白纸上或修改预先做好的 PPT 文档。（20 分钟完成，也可课外完成）

（7）上台顺序的确定：由小游戏循环相克令的结果而定。（5 分钟完成，见第 5 章的培训游戏组织技巧）

（8）魅力展示：各组在上台讲解作品之前高呼口号，并摆出独具个性的姿势，为本组上台讲解者“壮行”和“助威”。（5 分钟完成，但要求各小组提前课外排练）

（9）每组选出一人根据本组设计好的作品，上台讲解设计的思路、理由及结果，另选一人补充讲解。（每组 20 分钟完成）

（10）每组完成讲解后，其他人针对讲解者的内容进行提问，主要由讲解者负责现场解答，也可由本组其他队员补充解答。

（11）问答环节结束后，每组将本组作品交给教师课后进行评分；学生助教主要针对操练过程的表现进行点评，教师主要针对作品水平进行点评，点评可现场或者隔天进行；点评后要求各组将作品进行修改，并将修改后的内容放进本组的作品集，小组队员合作编写一本作品集。

3. 团队竞技训练实训方法评分标准

小组绩效评分表如表 2—1 所示。

表 2—1　　组织结构设计和岗位分类综合实训小组绩效评分表

考核指标 ／ 得分 ／ 队名		____队	____队	____队
出席率（2 分）				
队名、口号、魅力展示状况（6 分）				
队员参与程度、精神面貌等综合表现情况（随时观察）（6 分）				
上台讲解表现（25 分）	时间控制（15～20 分钟）（3 分）			
	口齿清晰且表达流畅（7 分）			
	讲解方法适宜、多样（4 分）			
	脱稿程度（7 分）			
	动作、表情、是否幽默风趣（4 分）			
问答表现（15 分）	主动提问（5 分）			
	回答问题态度（3 分）			
	回答问题水平（3 分）			
	本组协助回答状况（4 分）			
作品水平（40 分）	完整性（10 分）			
	正确性（10 分）			
	独创性（5 分）			
	美观性（5 分）			
	参与性（10 分）			
其他（6 分）				
合计				

____队 评语	

____队 评语	
____队 评语	
说明	（1）作品水平由教师操练结束后评分，其他考核指标由教师和学生助教在操练现场评分。作品水平评分后，统计本表合计得分作为各组基础分。 （2）每组作品上必须注明本组队员在本次操练中的分工和参与情况，并对本组队员在本次操练中的贡献度按先后顺序进行排名；教师根据排名在各组基础分的基础上进行分数的上下调节，作为每个队员的平时成绩。 （3）学生助教主要针对操练过程的表现进行点评，教师主要针对作品水平进行点评，点评后要求各组将修改后的内容放进本组的作品集；期末教师对各组作品集进行评分，再根据各组队员对本组作品集的贡献排名进行分数的上下调节，作为每个队员的期末成绩。

二、团队竞技训练实训范例展示：广西民族师范学院组织结构设计和岗位分类实训

（一）组织结构设计和岗位分类实训过程情境展示

人力资源管理专业组织结构设计实训现场

队长组织队员进行课堂讨论并修改作品

确定上台顺序的小游戏循环相克令

魅力展示为本组上台讲解者“壮行”和“助威”

梦之队代表上台讲解设计的思路、理由及结果

自信一族队讲解者接受提问并现场解答

鲍立刚老师和学生助教在实训现场评分

学生助教代表在操练结束后进行点评

（二）组织结构设计实训结果参考答案

柏美公司是一家拥有 3 000 多人的中型股份制公司，而直线制适合小型企业，事业部制适合产品类别差别很大的大型企业，矩阵制适合特别注重内部横向信息沟通的企业。因此，柏美公司采用直线职能制比较合适，实际上大多数公司都是如此。考虑到柏美公司是一家股份制公司，所以要设立董事会和监事会，由此画出柏美公司组织结构图（见图 2—8）。

（三）岗位分类实训结果参考答案

在组织结构设计和岗位设置的基础上，根据柏美公司的规模大小和实际需要划分出岗位系列，从而为企业的岗位管理、岗位评价、工作分析和工作说明书的编写打下良好基础。一般来讲，企业岗位系列分成 2～4 类为宜，其中以 3 类的划分居多。表 2—2 是作者以前工作过的柏美公司岗位系列及员工职等对应表（岗位分类表），供各位参考。

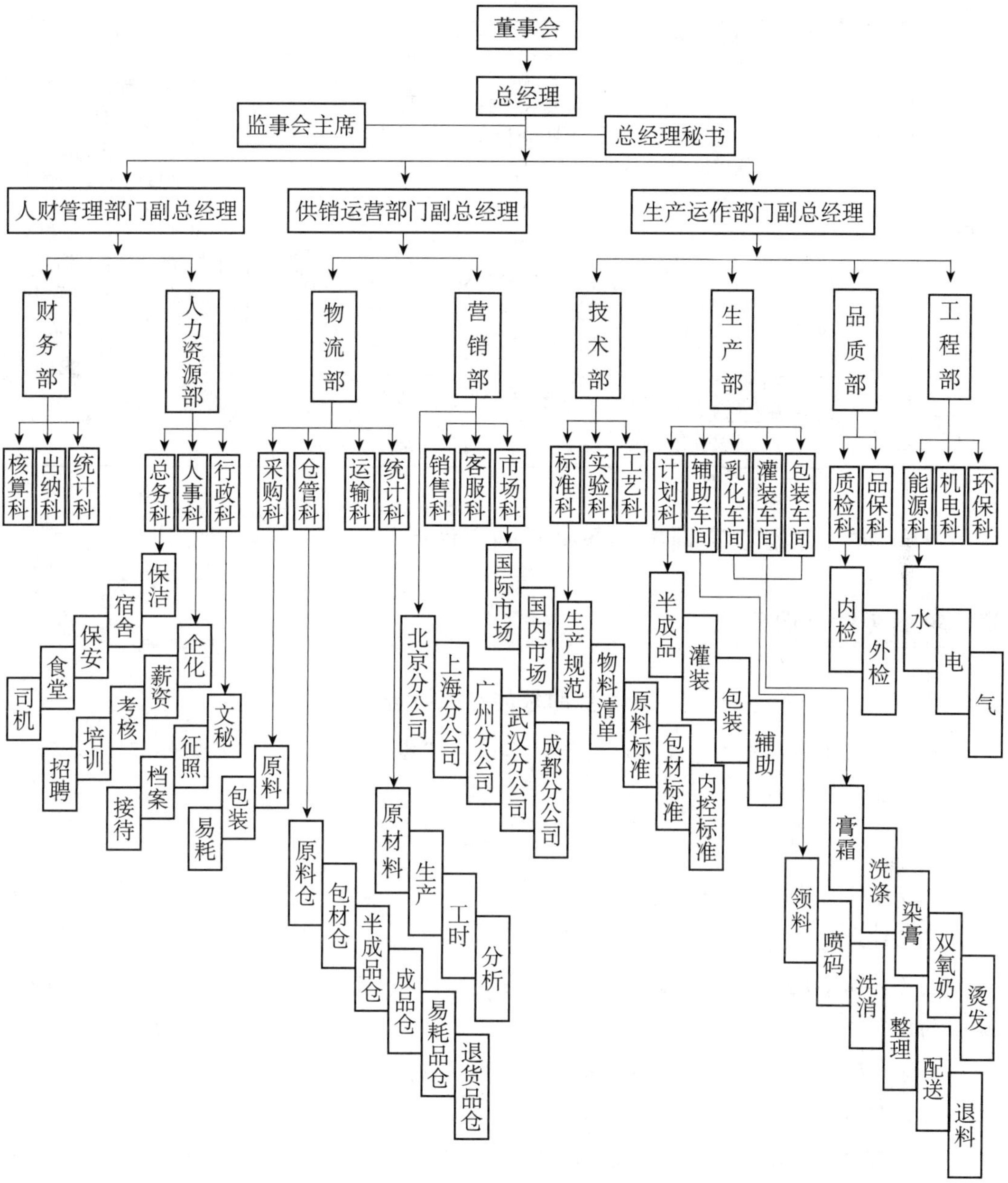

图 2—8　柏美公司组织结构图

表 2—2　　柏美公司岗位系列及员工职等对应表（岗位分类表）

职等类型		管理类	职员类	技术类
高层管理人员	一等职系	总经理	特级职员（董事长助理）	总工程师、总会计师
	二等职系	经理	高级职员（厂办主任）	高级工程师、注册会计师
中层管理人员	三等职系	主管、分公司经理	中级职员（高级专员、会计主办、法律顾问、医生）	工程师、工艺师、平面设计师

续前表

职等类型		管理类	职员类	技术类
基层管理人员	四等职系	分公司主管、组长、保安队长	普通职员（专员、采购员、会计、高级文秘、计划分析员、能源统计管理员、设备管理员、护师）	助理工程师、网络管理员、测试员、实验员、标准员、锅炉组长、维修组长
	五等职系	班长、司务长	初级职员（助理、出纳、文员、统计员、仓管员、宿舍管理员、保安、环保员、储备干部、品保员、护士、市场代表、销售代表、客户代表）	电工、机修工、锅炉工、焊工、钳工、司机、厨师、乳化工、园艺师、品检员、水质检验员
普通员工	六等职系	灌装工、包装工、辅料转运工、洗消工、保安		
		装卸工、园艺工、厨工、清洁工、杂工、临时工		

（四）学生助教在实训中对各小组的点评报告

实训文件范例 2—1

学生助教的点评报告

对于本次实训，总体来说可以概括为八个字“各有千秋，略有瑕疵”。下面分别对各组进行简单的点评。

精英队

● 口号为“精英队，聚精英，精益求精石变金”。这个口号体现了追求完美、严谨认真的管理理论，突出了人才和管理的特点。口号中的“精英”“精益求精”“石变金”这些词浑厚而形成一体，读起来有韵味且朗朗上口，气势恢宏。“石变金”表现出他们强烈的决心与信心。

● 魅力展示方面：组织水平略显不足，口号喊得不够大声、整齐，队伍和动作略显不一致，但服装做到了统一整齐。

● 授课方面：时间控制得比较好，主讲讲解时间为 8 分钟，提问与解释时间为 6 分 10 秒，表达流畅，口齿清晰，但在肢体动作、表情与幽默风趣上略有欠缺。PPT 制作清楚明了，但讲授方式单一，不能完全脱稿。主讲对内容比较熟悉，但对其他人所提出问题的解释稍有欠缺。在实训任务完成过程中，队员参与度较高。在其他组授课时认真听讲，态度友好，队员参与度高，气氛非常活跃。

梦之队

● 口号为“团队铸梦想，梦想聚团队”。这个口号中体现了建设团队、依靠团队力量的团队管理思想，读起来很有气势，但似乎犯了逻辑颠倒的错误。

● 魅力展示方面：该组展现出了极高的组织水平，队形与动作整齐有序，口号喊得非常响亮，有振聋发聩之势！

● 授课方面：时间控制得不够好，主讲讲解时间为 7 分 38 秒，不到要求的时间，提问与解释时间为 9 分钟，略显长。表达清晰流畅，注意礼节，不过在肢体动作、表情、幽默风趣方面略显欠缺。PPT 字体较小，且内容比较密集，讲授方式单一，不能完全脱稿。主讲对内容较熟悉，但在职等定位问题上还不够明确。在其他组授课时态度友好，队员也积极问答。

自信一族队

● 口号为“因为相信，所以成功”。这个口号体现了“自信影响成功”的成功学理论，采用因果句式，独树一帜，但缺乏一定的韵味与深度。

● 魅力展示方面：组织水平很不错，口号也喊得很响亮、整齐、铿锵有力，队伍排得很整齐，就如队名一样，表现出自信与活力。

● 授课方面：时间控制得不够好，主讲讲解时间为 5 分 14 秒，与要求的时间相差较大，提问与解释时间为 10 分 19 秒，比较长。在表述方面清晰流畅，且表现出了一定的幽默风趣与独特个性。但主讲对内容不够了解，不能及时回答提出的问题，组织结构图也存在较多疑问。讲授方式比较单一，不能完全脱稿。对其他组提出的问题能积极应对，也积极提出问题，比较活跃。

以上所有点评内容，仅代表学生助教个人的观点，同学们可能会有其他不同的看法，希望在将来的学习中与大家一起共同努力进步。

学生助教：刘高才
唐艳娇
田丽芳
2016 年 12 月 18 日

项目 3　组织结构设计和岗位分类综合实训演习

在“组织结构设计和岗位分类综合实训范例展示”中，我们以柏美公司为例，利用团队竞技训练实训方法进行了柏美公司组织结构设计和岗位分类的综合实训范例展示，相信大家对此实训项目的方法已经掌握，下一步就是利用团队竞技训练实训方法，进行如下杜邦应用面材公司组织结构设计和岗位分类演习。当然，演习的背景不一定要用该公司，可以是其他公司，甚至也不一定演习组织结构设计和岗位分类的内容，可以演习本教材所没有涉及的人力资源规划、工作分析、员工激励和员工关系等内容。不管所演习的背景和内容是什么，都可以采用团队竞技训练实训方法进行。下面以杜邦应用面材公司为背景，简单引导大家进行组织结构设计和岗位分类综合实训演习，具体方法详见“组织结构设计和岗位分类综合实训范例展示”。

一、团队竞技训练实训任务建议：杜邦应用面材公司组织结构设计和岗位分类演习

（一）实训背景材料

杜邦应用面材公司是杜邦公司（实体面材发明者）全资所属的在中国从事实体面材产品生产的企业，目前公司有员工 2 000 人左右，出品的实体面材产品完全符合国际级安全、健康、环保等方面的生产制造标准。杜邦应用面材公司拥有国内最先进的全封闭、连续性板材成型生产线，拥有自己的生产及研发基地，有专门的面材流行色彩研究人员，各种系列的产品也远销海内外市场，并且获得消费者的广泛好评。

蒙特利®是杜邦™实体面材旗下的品牌之一。蒙特利系列产品秉承了杜邦实体面材的先进技术，是中国市场最具美誉度和活力的实体面材领导品牌。蒙特利品牌下现在有北欧印象™系列和蒙特利米兰®系列产品，以及蒙特利星盆®产品。杜邦蒙特利实体面材拥有一般传统建筑材料所没有的耐冷热、抗冲击的特点，作为一种有上乘质感、丰富色彩的装饰材料，不仅可以美化室内外装饰，满足设计上的多样化需求，更能为建筑师和设计师提供广阔的发挥空间，表达一种超自然的感受。可以通过热弯、浇注、无缝拼接、倒模等多种方法，制成各种各样的奇特造型，且色泽匀润，质量上乘，给人以尊贵、高档的视觉冲击。

（二）实训任务目标

本次实训任务以团队竞技训练的实训方法进行。将学生分成 3～6 组，请各小组学生根据自己的理解，结合相关专业知识及杜邦应用面材公司的具体情况，为杜邦应用面材公司设计组织结构图，并进行岗位设置和岗位分类。在设计过程中，如果对杜邦应用面材公司相关情况不明，可进行合理想象。设计完成后，各小组进行讨论和完善，将小组审核通过的结果画在大白纸上或做成 PPT 文档，每组选出 1～2 位代表上台说明设计的思路、理由及结果，并接受其他人的提问。

教师针对各小组的设计思路、理由及结果，进行点评和评分。

二、实训参考程序和方法

（一）桌椅摆放要求

具体参见图 2—7。

（二）操练程序

见“组织结构设计和岗位分类综合实训范例展示”。

（三）评分标准

同上。

（四）组织结构设计实训结果参考答案

学生在设计杜邦应用面材公司组织结构图时，可参考“组织结构设计和岗位分类综合实训范例展示”的相关内容，同时应与百度和图书馆藏书资料进行有效结合，不能照搬本教材的相关内容，否则扣分处理。

（五）岗位分类实训结果参考答案

同上。

（六）学生助教的点评报告

略。

第3章 工作现场仿真招聘

技术要点分析 ▼

简历筛选；证件检验；笔试和测试；面试；评价中心；背景调查；体检；情境问答式面试的设计思路；情境问答式面试技术开发与应用；情境模拟式面试的设计思路；情境模拟式面试模拟试题的设计要求；情境体验式面试的设计思路；情境体验式面试试题的应用类别

综合应用展示及演习 ▼

情境问答式面试试题的应用类别例举；情境模拟式面试技术应用操作方法；情境体验式面试技术应用操作方法；校内仿真招聘会综合实训范例展示；企业工作现场仿真招聘综合实训范例展示；人才市场实习范例展示；工作现场仿真招聘综合实训演习

项目1 员工选拔应用技术要点分析

通过人力资源管理理论知识的学习，我们知道：招聘从狭义上讲，包括招募、选拔和录用三个阶段；从广义上讲，包括计划、招募、选拔、录用和评估五个阶段。在招聘的这些阶段当中，选拔阶段是最重要、最关键，也是最有技术含量的阶段。对于人力资源管理综合实训内容来讲，不可能面面俱到，只能选择招聘环节中最重要、最关键的选拔应用技术加以分析和演习。在全部招聘阶段中，有三种选拔模式：

一是补偿式选拔：每个求职者对于选拔过程中的所有环节都要经历，每个环节的评估结果都是录用的参考依据。

二是淘汰式选拔：求职者必须通过上个环节的评估才有资格进入下个环节的选拔活动，所以对于每个求职者来讲，他们所经历的选拔过程不一定一样。

三是混合式选拔：它是以上两种选拔模式的结合。

从上述三种选拔模式的分析中可以得知：不同企业、不同岗位、不同选拔模式，其选拔过程不可能完全相同；企业的选拔过程根据现实需要可繁可简、可增可减。本书总结企业招聘选拔的基本运作规律，得出企业招聘选拔的基本操作步骤（见图 3—1），供读者参考。

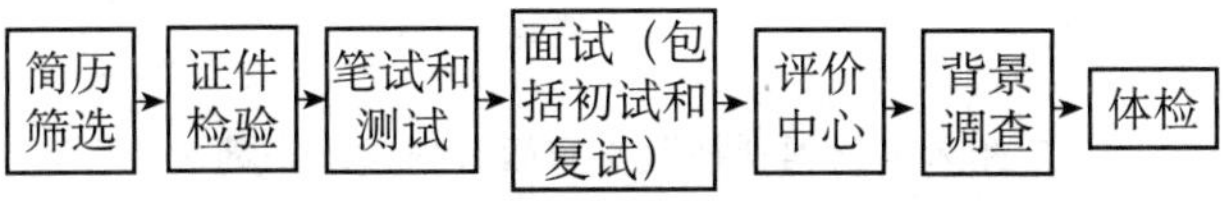

图 3—1 企业招聘选拔的基本操作步骤

一、员工选拔步骤一：简历筛选

（一）预审简历

对于媒体发布招聘广告、职业介绍所或就业服务中心推荐、网络招聘等招募方式来讲，双方在招募阶段从来没有见过面，简历是求职者的第一次自我介绍。招聘会、校园招聘虽然在招募阶段见过面，但是在见面时由于招聘现场人太多，考官很难在短时间内对求职者做出判断。在大部分情况下，考官还是会将他们的简历带回公司，然后考虑是否通知他们前来面试，求职者众多的时候更是如此。至于员工推荐外部人员来应聘，一般情况下公司也是要求他将简历提交到人力资源部，审查简历后，如果合适再通知其面试。内聘的几种方式（职位公告、技能档案法、重新聘用法、推荐内部员工和员工毛遂自荐法）虽然针对的是公司的员工，但一般情况下，人力资源部也是先看简历再决定谁参加面试。

综上所述，无论哪一种招募方式，大部分情况下都是先进行简历预审。只有在招聘会、校园招聘中发现个别优秀人才时，才会直接通知其前来公司面试；其他情况都是先预审其简历，从中筛选出比较适合的人，然后通知面试。在招募阶段，企业人力资源部通过各种招募方式获得大量求职简历。

招募者面对大堆简历时，要使用两步法来处理：第一次筛选，淘汰那些连最起码的工作要求都不符合的求职者；第二次筛选，在基本合格的求职者中辨别细微的差别，然后选出比较适合企业要求的求职者，并通知他们前来公司面试。

（二）评价求职申请表

1. 填写求职申请表

为了便于对招聘资料进行整理分析和对求职者进行比较评价，公司会要求求职者在面试前填写求职申请表。一般情况下，通过简历预审的求职者会得到公司的通知，要求他们前来公司面试，而求职申请表是求职者来公司之后在面试之前填写的。也有部分公司为了提高选拔的效率，会让求职者在来公司面试之前到其网站下载求职申请表或者通过邮件、QQ、微信等方式发给求职者，并要求其填好后再来公司面试。

2. 求职申请表的作用

预先确定表中内容的权重，迅速排除不合格者，预测求职者的性格和未来。求职申请表样表如表 3—1 所示。

表 3—1　　广州××材料科技股份有限公司求职申请表

编号：________　　　　填表日期：　年　月　日

应聘	应聘职位	1.	2.	
	月薪要求		预计上班日期	

我保证以下情况全部属实。若有不实，我愿承担一切责任。同时授权公司对本人工作相关信息的真实性进行背景调查。

签名：　　　年　月　日

姓名		性别		出生年月		婚姻状况	
户口所在地						籍贯	
身份证号码				健康状况			
计算机能力				英语能力			
联系地址					联系电话		

所受教育培训	起止时间	院校及专业	学历	学校电话

最近工作经历		单位 1	单位 2	单位 3
	起止时间			
	单位名称			
	主营产品			
	公司人数			
	汇报上级			
	公司电话			
	本人职务			
	工作内容			
	离职原因			

资料来源：由广州蒙特利材料科技股份有限公司人力资源部提供。

二、员工选拔步骤二：证件检验

在武汉举行的“中国武汉人才市场交流大会”上，一位来自福建省的某人才市场高级人才工作部负责人说，在他们接待的约 300 名求职者中，1/6 的人出示的大专文凭是假的。在几次全国人口普查中，填写具有大专以上学历的人数比国家实际培养的人数多出近百万，所以证件的检验非常必要。学历的鉴别方法如下：

（1）外观法：根据证书封皮、证书芯、证书内容、院校长签名、学校钢印、学校印章、证书编号以及印刷质量或其他防伪标志等外观或物理性状，凭经验进行鉴别。

（2）询问法：利用招聘现场、面试、办理录用手续等能够与求职者面对面的场合，凭借自己较宽泛的专业知识面和掌握心理活动的优势，对求职者的专业和相关方面进行询问和了解，最后得出判断。

（3）网络查询法：2001 年以后毕业的高等院校毕业生的学历，可到中国高等教育学生信息网（www.chsi.com.cn）进行学历查询。

（4）其他查询法：包括电话查询、派员查询等。

三、员工选拔步骤三：笔试和测试

（一）笔试

1. 笔试的重要性

笔试是人才选拔中较常用也是最基础的技术之一。即使在现代人才测评技术日益发展的情况下，笔试的方法和技术也仍然受到世界各国的重视，并发挥着重要作用。企业的笔试一般包括一般知识考试和专业知识考试。

2. 一般知识考试

一般知识考试的内容包括社会文化知识、语言理解能力、数字能力、推理能力、记忆力、外语能力、文艺等方面，目的主要是了解求职者对基本知识的了解程度。

3. 专业知识考试

专业知识考试又称深度考试，内容主要是和应聘职位有直接关系的专业知识，目的是了解求职者掌握相关专业知识的程度与范围。

（二）测试（测评）

测试（测评）主要是借助一定的工具对人的技能、兴趣、个性和心理进行测量。企业的测试一般包括工作样本测试、智力测试、职业兴趣测试、个性测试（性向测试）、情商（EQ）测试等形式。

1. 工作样本测试

工作样本测试是使用实际工作中的图表、文件和案例，由求职者在设定的条件下进行处理。

2. 智力测试

智力测试主要是通过一些设定的常识、数字、空间、逻辑、图片、词汇等题项，测试人的抽象思维、判断理解、逻辑推理等能力。

3. 职业兴趣测试

职业兴趣测试根据个人的兴趣爱好来测定其未来的职业发展方向，企业一般通过人才测评系统来进行。

4. 个性测试（性向测试）

个性测试（性向测试）根据个人的个性特点与工作行为的关系来测定其未来的职业发展方向，企业一般通过人才测评系统来进行。

5. 情商测试

情商测试根据个人对自我情绪的认知、控制以及对外界的适应能力来测定其未来的职业发展方向，企业一般通过人才测评系统来进行。

（三）笔试和测试的优劣

1. 笔试和测试的优点

笔试和测试具有公平、费用低、迅速、简便的优点。

2. 笔试和测试的缺点

笔试和测试也存在缺点：过分强调记忆力，检测结果有较大的片面性；不能全面考察应试者的工作态度、潜在能力、品德修养、管理能力、口头与操作能力；对于熟悉测评技术的人来说，可能会迎合测试结果而做题，不能达到测试的目的。

3. 笔试和测试与其他测评技术的比较

区别于其他人才测评技术，笔试技术主要评估人才的智力、知识、能力和发展倾向，因此人才的兴趣、个性测试虽然不乏笔试的形式，但并不属于笔试技术的范畴。从这个意义上讲，笔试的内容和方式是笔试技术区别于其他人才测评技术最显著的特点。笔试技术在形式上表现为用笔在试卷或问卷上回答，对此一般称为纸笔作答。纸笔作答也不宜仅仅理解为传统论述题型，而应包括现代人才测评中选择、判断是非、简述、案例分析、改错、计算、写作、匹配、题组、论述等丰富多样的笔试题型。笔试技术由于进行了长期、深入的研究和提高，科学化、规范化的水平普遍高于其他测评技术，特别适合大面积、大规模的人才测评，可以公平竞争，择优汰劣；考生、用人单位和社会对笔试结果比较信服，较少质疑。所以，笔试这种古老的基础评估技术与现代人才测评技术相结合，焕发出越来越强盛的生命力，体现了其特有的优越性。

四、员工选拔步骤四：面试（包括初试和复试）

（一）面试的组织安排

1. 面试的准备工作

面试的准备工作包括：确定面试的考官；确定面试的人选；确定面试的方式；准备一个安静的面试场所，以确保面试过程不被干扰；设计面试提纲；制作面试评价表（见表 3—2）等。

表 3—2　　**面试评价表**

填表日期：

姓名		应聘部门		应聘岗位	
面试项目评价					
评价项目	评价记录				说明
教育背景	佳	较好	一般	较差	
专业相关性	对口	较对口	相关	无关	
业务能力	很强	较强	一般	较差	
工作经历	吻合	较吻合	相关	无关	
学习能力	很强	较强	一般	较差	
形象谈吐	佳	较好	一般	较差	
英语水平	六级＋	六级	四级	四级－	
理解能力	很强	较强	一般	较差	
反应能力	敏锐	灵活	正常	迟钝	
承受能力	很强	较强	一般	较差	
领导潜力	很强	较强	一般	较差	
合作性	很强	较强	一般	较差	
价值观	吻合	较吻合	认同	抵触	
面试综合评价					
初试综合评价	考官签名：				
初试结论	□建议录用，岗位：________　□建议复试　□放入人才库　□不予考虑				
复试综合评价	考官签名：				
复试结论	□建议录用，岗位：________　□建议加试　□放入人才库　□不予考虑				
加试综合评价	考官签名：				
加试结论	□建议录用，岗位：________　□放入人才库　□不予考虑				

2. 面试的实施

面试开始时，主考官可以问一些轻松的问题以分散求职者的注意力，使其放松；面试的重点是通过与求职者的讨论以及使用事先设计的情境问题，来发现求职者的工作能力、求职者与未来工作岗位的吻合程度、求职者的工作兴趣与职业目标等，从而对求职者的工作意愿和工作能力做出评价。

3. 面试的结果处理

面试结束后，要立即整理面试记录，核对评价资料，汇总求职者的总体形象分值，以决定合格与否。不管录用与否，都应有答复。当招聘一个重要职位或难以确定人选时，可以在初试的基础上进行下一轮复试，甚至进行第三轮加试。

（二）面试的内容

1. 仪表风度

这是指求职者的体格外貌、穿着举止以及精神状态等。在企业组织中，对一般员工的招聘录用，仪表风度并不是一项重点面试内容，但对于管理阶层及销售、公关人员等，对仪表风度则应非常重视，一般应具备五官端正、衣着整洁、举止文明、精力充沛、身体健康等条件。这一方面可给人以外在的好感，树立公司形象；另一方面，这几类人员工作高度紧张、繁忙，只有精力充沛、身体健康才能承受较大工作量的压力。同时，五官端正、衣着整洁、举止文明的人一般具有较高修养，做事有规律，注意自我约束，责任心较强。

2. 求职动机与工作期望

这是指通过了解求职者为何希望来本单位工作、对哪种职位最感兴趣、在工作中追求什么等，判断本单位所能提供的职位或工作条件能否满足其工作要求和期望。

3. 专业知识与特长

这是指通过了解求职者掌握专业知识的深度和广度、其专业知识与特长是否符合所要录用职位的专业要求等，作为对专业知识笔试的补充。面试中对专业知识的考察要更具灵活性和深度，所提问题也要更接近岗位对专业知识的需求。

4. 工作经验

这是面试过程中所要考察的重要内容。此面试内容是通过了解求职者的工作经历，来查询其过去工作的有关情况，以考察其所具有的胜任能力和程度。通过考察工作经历，考官还可以考察出求职者的责任感、主动精神、思维能力以及遇到紧急情况的理智状况。

5. 工作态度

这有两层含义：一是了解求职者过去对工作、学习的态度；二是了解求职者对所应聘职位的态度。在过去的工作或学习中态度不认真，做什么、做好做坏都无所谓的人，在新的岗位上也很难做到勤勤恳恳、认真负责。从应聘态度还可以看出其应聘求职动机、更换工作的动机是什么。

6. 事业进取心

事业进取心强烈的人，一般都树立事业的奋斗目标，并为之而积极努力。其表现在工作上就是兢兢业业，执着追求，不安于现状，努力把工作做好，工作中常有创新。事业进取心不强或没有什么事业进取心的人，无所事事，安于现状，不求有功，但求无过，因此对什么事都不热心。

7. 语言表达能力

这是指面试中求职者是否能够将自己的思想、观点、意见或建议顺畅地用语言表达出来。语言表达能力将影响工作上与他人的沟通。

8. 综合分析能力

这是指面试中求职者是否能对考官所提的问题通过分析，抓住本质，并且说理透彻、分析全面、条理清晰。

9. 反应能力

反应能力是指头脑的机敏程度。面试时，对考官所提的问题能否迅速、准确地理解并尽快做出相应的回答，而且答案简练、贴切，反映出求职者头脑的机敏程度。考官借此来判断其在将来的工作中能否迅速准确地理解上级的指令和意图，以及准确地判断求职者在面临问题时，恰当地处理突发事件的能力水平。

10. 自我控制能力

在面试中，对管理层人才的考察中，自我控制能力也是一项重要内容。一方面，在遇到上级批评、指责、工作有压力或是个人利益受到冲击时，要能够克制、容忍、理智地对待，不致因情绪的波动而影响工作；另一方面，干工作要有耐心和韧劲。

11. 人际交往倾向及与人相处的技巧

在面试中，通过询问求职者经常参与哪些社团活动、喜欢和什么类型的人打交道、在各种社交场合扮演的角色等，可以了解其人际交往倾向及与人相处的技巧。

12. 精力和活力

在面试中，通过了解求职者喜欢什么运动、每天的运动量等，可以考察其精力和活力。

13. 兴趣与爱好

在面试中，通过询问求职者在休闲时间爱好从事哪种活动、喜欢阅读哪些书籍、喜欢什么样的电视节目、有什么样的嗜好等，可以了解一个人的兴趣与爱好，这对录用后的职位安排同样是有益的。

当然，在每一次面试中并不是都要涉及上述内容，应根据需要有所侧重地选择以上面试内容。对于同一岗位的求职者，最好面试的内容类似，这样便于比较优劣。

（三）面试的一般表现形式

1. 结构化面试

结构化面试是指在面试之前已经有一个固定的框架或问题清单，面试官根据框架控制整个面试的过程，按照设计好的问题和有关细节对每个求职者逐一发问，包括题目、过程、评定方式的结构化。

（1）结构化面试的优点：标准统一，可以提供结构与形式相同的信息，便于分析、比较，减少主观性，同时有利于提高面试的效率。

（2）结构化面试的缺点：谈话方式过于程式化，难以随机应变，所收集的信息范围受到限制。

2. 非结构化和半结构化面试

非结构化面试无固定模式，随意发问。面试考官只需掌握组织、职位的基本情况，面试中所用的问题是非标准化的问题，对应聘同一岗位的同一位求职者，不同的考官会提不同的问题。半结构化面试是介于结构化面试和非结构化面试之间的面试类型。

3. 压力面试

压力面试往往是在面试开始时，给求职者以意想不到的一击，通常是充满敌意或具有攻击性，以此考察求职者的反应，了解其承受压力、情绪调节以及解决紧急问题的反应能力。压力面试一般用于招聘销售人员、公关人员和高级管理人员。

4. 行为描述面试

行为描述面试（behavior description interview）又称 BD 面试，是基于行为的连贯性原理发展而来的，通过求职者对其某一行为的描述来获得信息的面试方法。行为描述面试是近年来的研究成果，面试官通过行为描述面试要了解两方面的信息：一是求职者过去的工作经历，判断其选择本组织发展的原因，预测其未来在本组织中发展所采取的行为模式；二是了解求职者对特定行为所采取的行为模式，并将其行为模式与空缺职位所期望的行为模式进行比较分析。在面试过程中，面试官往往要求求职者对其某一行为的过程进行描述。如面试官会提问："请你谈谈你上次向公司辞职的经过。""请谈谈过去你经历的最难处理的工作，以及你是如何处理的。"等等。

五、员工选拔步骤五：评价中心

（一）评价中心概述

1. 评价中心的概念

它是根据求职者应聘的职位，编制一套与该职位实际情况相似的题目，将求职者安排在模拟的、逼真的工作环境中，要求求职者处理可能出现的各种问题，用多种方法来测试其心理素质、潜在能力和综合能力的一种评估方法。

2. 评价中心的主要内容

包括公文处理、无领导小组讨论、角色扮演、管理游戏、即席演讲等。

3. 评价中心的组织方式

组团评估，时间根据情况而定，最后综合评价决定录用与否。

4. 评价中心的适用对象

中高级的管理人员筛选。

（二）内容一：公文处理

1. 公文处理的具体操作方法

给定一些公文资料，让求职者在一定条件下进行处理。公文资料一般由文件、信件、备忘录、上级指示的电话记录、报告等组成。求职者根据自己的经验、知识、能力、性格、风格，对 5～10 份文件做出处理，例如做出决定、撰写回信和报告、制定计划、组织和安排工作等。

2. 公文处理的测评目的

用于测试求职者的组织与规划能力、分析能力、判断能力和决策能力等。

（三）内容二：无领导小组讨论

1. 无领导小组讨论的具体操作方法

组建一个无领导小组，通过观察求职者在讨论一个真实的管理问题过程中的表现，了解求职者的心理素质和潜在能力，如权力欲望、主动性、表达力、自信心、说服力、分析力等。最后，还可以要求求职者写一份讨论记录。

2. 无领导小组讨论的测评目的

用于分析求职者的领导能力、表达能力、归纳能力、综合分析决策能力、时间控制能力、容忍力、自信心等。

（四）内容三：角色扮演

1. 角色扮演的具体操作方法

设置一系列尖锐的人际矛盾、冲突和一些工作场景，要求求职者扮演某一角色，去处理各种问题和矛盾。

2. 角色扮演的测评目的

考察求职者的角色意识、应变能力、人际沟通能力和人际影响力等。

（五）内容四：管理游戏

1. 管理游戏的具体操作方法

设置一个喜闻乐见的游戏场景，让求职者进行竞争或共同努力达到目标，感悟道理。

2. 管理游戏的测评目的

考察求职者的管理技巧、合作能力、团队精神、归纳总结能力等。

（六）内容五：即席演讲

1. 即席演讲的具体操作方法

求职者根据给出的主题，在规定的时间内通过语言、表情、姿态表达自己的观点，从而达到既定的目的。

2. 即席演讲的测评目的

考察求职者的表达能力、综合分析能力、应变能力、驾驭能力等。

六、员工选拔步骤六：背景调查

（一）背景调查适用范围

（1）在面试过程中对难以识别的求职者的品质、价值观等方面，可以通过背景调查来了解。

（2）背景调查适用于对求职者诚信度要求较高的岗位，如财务人员、采购人员等。

（3）在面试过程中对所怀疑的问题，需要寻求有效证据时，可作背景调查，如文凭真伪、离职原因等。

（4）重要岗位的求职者也需要调查，如主管级以上职位的求职者，掌握公司各种机密文件、客户资料的求职者和生产、工艺、技术岗位的求职者。

（二）背景调查的咨询对象以及相关调查内容

1. 人事部门

了解离职原因、工作时间、是否有违规行为记录、薪酬福利等。

2. 部门主管

了解工作表现、胜任程度、团队合作、工作潜力等。

3. 部门同事（本部门或接口部门）

了解工作表现、服务意识、团队合作情况等。

七、员工选拔步骤七：体检

（一）体检的类别

普通类型的体检，以传染病为重点；特殊行业的体检，以行业需要为重点。

（二）体检的误区

对乙型肝炎患者的误解和歧视；企业与医院合伙谋利；经办人员个人谋利。

项目 2　企业三种情境面试应用技术要点分析

面试是企业在人员招聘中广泛使用的人才选拔方式，然而在传统的面试方法中，考官仅仅凭借经验和主观判断来主导面试过程，很容易陷入首因效应、晕轮效应和与我相似效应等心理学效应的沼泽而不能自拔，从而导致人才测评的准确性下降、企业需要与人才的配置错位、人才流失的加剧。随着人力资源管理技术不断成熟，情境面试逐渐成为企业招聘中一项重要且有效的人才选拔技术，并逐渐受到企业的推崇。

一、情境面试的动因和三大表现形式

情境面试（situational interview）1950 年由加里·莱瑟姆（Gary Latham）和他的同事提出，其理论源于库尔特·勒温（Kurt Lewin）的心理学场论（field theory）体系。德裔美国心理学家勒温用心理学场论体系来解释人的心理与行为，并用公式 $B=f(P\times E)$ 来定义个人与其环境的交互关系：一个人的行为（behavior）是其人格或个性（personality）与其当时所处情境（cnvironment）的函数（function），即求职者面试时的表现是由他们自身的素质和当时所处的情境共同决定的。如果考官能够恰当地选择情境并保证情境对不同求职者保持一致，不仅可以诱发求职者的相应行为，而且能够说明求职者行为的不同是由其素质不同所致，进而能够为组织选拔合适的人才。

情境面试强调求职者未来的行为表现，通过向求职者提供一些工作中的典型场景或条件，对求职者进行询问或要求其模拟或体验特定情境下的行为，从而考察求职者对未来岗位的胜任程度。情境面试有三大表现形式：情境问答式面试、情境模拟式面试和情境体验式面试。情境面试技术与其他面试技术最大的不同在于：强调在实际情境中考察求职者，关注求职者在情境中思考和处理问题的方式，从而使人才选拔不再受到受求职者口才、外表和考官主观、偏见等无关因素的消极影响。

二、情境问答式面试技术开发与应用

（一）情境问答式面试的设计思路

情境问答式面试（situation ask-answer interview）又称假设性问题面试，企业事先设计未来的某种情境，这个情境是针对招聘岗位的相关能力需要而设定的。可以根据需要解决问题的不同，以及需要测试求职者各种能力的不同而设计出不同的情境；然后，考官提问求职者在某种情境下处理某项工作任务的方法和思路，从而考察求职者的应变能力、计划能力、组织能力、协调能力、情绪稳定性等方面，也可以间接验证求职者的专业技能和实践经验。

与情境模拟式面试相比，情境问答式面试仅仅是一种语言的模拟，前提是假定求职者的回答基本上反映了他在将来工作情境中可能的思路与做法。

（二）情境问答式面试技术的开发程序

要提高情境问答式面试的信度和效度，必须从设计到实施都要标准化。情境问答式面试技术通常是通过设计一些工作中有代表性的典型行为，然后基于这些典型行为编写结构化面试试题来询问求职者。情境问答式面试技术的开发程序如下。

1. 利用关键事件等方法对招聘岗位进行工作分析

通过该岗位的曾经任职者及主管，利用访谈法和问卷调查法收集该岗位的关键事件发生的环境、事件本身及其结果。工作分析要识别和定义工作的任务和有效完成工作所需要的知识、技术和能力等胜任素质。然后将每个关键事件归纳出若干个该岗位的胜任素质，每个胜任素质都用一小段话来定义。

2. 根据由关键事件提取的代表性胜任素质编写情境问答试题

胜任素质确定后，再从收集到的关键事件中为该岗位代表性的胜任素质编写若干个情境问答试题。通常对选定的事件先要简要描述环境，然后询问一些问题。例如，某企业为客服代表岗位的沟通能力胜任素质编写了如下情境问答试题：一位顾客如约来到电脑修理店，因为她在五天前就被告知来提取手提电脑，当她准备提货时却发现手提电脑仍然在修理厂。因此，这位顾客对你大发脾气。请问你该如何处理？

3. 事先预测求职者可能的回答情况，并设计预计得分档次

根据代表性的胜任素质编写情境问答试题后，预测求职者可能的回答情况；然后根据胜任素质的等级要求，将求职者可能的回答情况归类成预计得分档次：低分、中等分和高分。继续以上述客服代表岗位沟通能力胜任素质情境问答试题为例。得高分的回答为：首先致歉并安慰顾客，接着马上打电话给修理厂派人送来手提电脑，或马上派人去修理厂取。得分中等的回答为：首先致歉，接着告知顾客将对此进行调查，并在两天内向她反馈调查结果。得分低的回答为：告诉顾客修理厂未将手提电脑送来，责任不在自己，让顾客两天以后再来取。

（三）情境问答式面试试题的应用类别例举

在情境问答式面试中，考官最好先用轻松简单的问题进入面试环节，使求职者身心放松，并建立融洽的面试氛围，然后逐渐深入地发问。情境问答式试题有如下应用类别

例举。

1. 诚实测试类试题

你的孩子出生不到三个月，偶感风寒而高烧不退；而你的妻子比较虚弱，并且你无法找到亲戚朋友帮忙送医并照顾他们，但四小时后就是你上班的时间。你会如何处理？

2. 灵活应变能力类试题

你有位同事张三生病在家，你带着营养品前去看望他，碰巧在楼道里遇见了领导的爱人；对方以为你是来看领导的，顺手接下礼物并连连道谢。这时你该如何处理才能不伤对方的面子？

3. 人际交往能力类试题

如果你在公司工作，表现比较突出，经常得到领导的肯定。同时你也发现同事们联合孤立你。你怎么看待此事？打算如何处理？

4. 团队合作类试题

工作分析是一项基础性管理工作，涉及面广，人力资源部在推行时常常会遇到较大阻力。如果人力资源部安排你来具体负责推行该工作，你会用什么方法解决这个难题？

5. 客户导向类试题

一位顾客要求你给她几件牛仔裤试穿，由于顾客太多，忙乱中你拿错了尺寸，该顾客在大庭广众之下对你大发雷霆。你会如何处理？

三、情境模拟式面试技术开发与应用

（一）情境模拟式面试的设计思路

情境模拟式面试（situation simulation interview）是指根据求职者申请的岗位，编制一套与该岗位实际情况类似的情境面试方案，然后将求职者安排在模拟的甚至是真实的工作环境中，处理各种与求职岗位相关的工作事务和问题。考官对求职者在情境中所表现出来的行为，进行观察、记录和评分，以测评其素质潜能，判断其是否能适应或胜任所求职的岗位。情境模拟式面试主要考察求职者的技能应用能力、冲突处理能力、组织协调能力、人际关系处理能力、语言表达能力、思维敏捷程度等。

与情境问答式面试相比，情境模拟式面试的特点，主要表现在针对性、真实性和多样性等方面。针对性是指情境模拟的目标全部针对招聘岗位对求职者胜任能力的实际要求。真实性是指求职者在情境模拟中所面临的职场环境、工作内容，与招聘岗位的真实业务紧密相关。多样性是指情境模拟的手段多种多样、内容生动活泼，求职者在一个可以灵活自主甚至即兴发挥的舞台上展示自己。

情境模拟式面试突破了常规面试中你问我答的传统模式，引入了角色扮演、团队竞技、商业游戏、培训游戏、公文筐处理、无领导小组讨论、与人谈话、即席发言、系统仿真等人员选拔方法。面试的方法灵活多样，面试的模拟性和逼真性强，求职者的才华能得到更充分的展现，考官对求职者的素质也能做出更全面、更深入、更准确的评价。

（二）情境模拟式面试模拟试题的设计要求

情境模拟式面试虽然表现形式和操作方法不同，但其模拟试题的设计要求可以从模拟试题内容设计和模拟场景设置两个方面界定。

1. 模拟试题内容设计必须满足一定条件

（1）模拟试题必须是求职岗位的关键业务。情境模拟式面试所模拟的内容必须是求职者未来工作中重要并经常要做的关键工作，为了便于集中并综合考察求职者对求职岗位的胜任能力，求职者所模拟的工作还应该是该岗位多种工作任务的集成模块，而不是该岗位原始而单一的工作任务片断。

（2）模拟试题是求职岗位的逼真性工作任务。情境模拟式面试要求模拟环境或条件逼真，更重要的是要求求职者完成任务也要逼真。逼真并非要求做到与实际一模一样，而是要求情境模拟的内容应当符合求职岗位的工作规律和发展趋势。

（3）模拟试题以考核求职岗位的核心胜任能力为主。情境模拟活动往往是企业事务中的系列片断组合，而模拟的目的是考核求职者的各项胜任能力，所以要根据招聘选拔目的有选择地加工这些片断，并找出一条贯穿各片断的主线，以测评核心胜任能力为主，其他胜任能力为辅。

2. 模拟场景设置必须有职场感

模拟的场景就是求职者的考场，它是情境模拟式面试试题的一部分，能对求职者起到进入工作角色、模拟操作平台及心理承受能力展示的作用。模拟场景的设置必须有职场感，做到有情节有氛围、有声音有色调、场景逼真实际，使求职者进入模拟场景后能够很快进入模拟的角色，激发其各类胜任能力的发挥。

通过模拟场景设置的职场感，企业可以提前向求职者生动、逼真地展示其未来工作的环境、专业技能要求等，使考官能够更准确地判断求职者应聘的岗位是否适合企业的需要和技能的要求。情境模拟式面试所设置的逼真场景，有利于人岗匹配和人尽其才的人力资源管理理想落地。

（三）情境模拟式面试技术应用操作方法

1. 角色扮演

先由考官根据需要提供繁简不同的背景情况和角色说明，然后要求求职者扮演某一角色，模拟实际工作情境中的一些活动，去处理各种问题和矛盾。主要有四种形式：（1）情境剧：要求求职者在职场大背景下，扮演特定的管理角色，与同一背景下的其他员工一起协作交流，来处理求职岗位所要面对的工作事务。(2) 工作剧：让求职者表演某个工作任务的片段。(3) 空椅子技术：求职者轮换扮演几个不同的角色时，与之打交道的另一个角色则用空椅子代替。(4) 哑剧表演：让求职者不用言语，而是用表情和动作表演出某项工作活动。

2. 团队竞技

由求职者组成团队就某一个工作任务进行小组讨论，接着分工协作完成；然后团队代表上台表达本组观点或展示本组作品，从而与其他团队进行技操评比。为了更好地判断求职者的团队协作能力和激励手段，上台之前要求每个团队进行魅力展示，摆出团队的姿势并高呼口号。

3. 商业游戏

先由考官提供一定的商业背景情况和任务说明，然后将求职者分为若干个模拟公司，接着由模拟公司推选负责人，再由负责人分配成员的角色和任务，每个模拟公司都要在激烈的模拟市场竞争中与其他公司进行各种形式的博弈和交易。

4. 培训游戏

先由考官设计某个游戏情境，让求职者参与其中，共同完成某项任务；游戏完成后，再要求参加游戏的求职者分享游戏所涉及的体会，这种体会一般跟所求职的岗位有关。常见的培训游戏有破冰游戏、团队游戏、沟通游戏、创造力游戏、领导力游戏、心理游戏、思维游戏、信任游戏、图形游戏、智力游戏等。

四、情境体验式面试技术开发与应用

(一) 情境体验式面试的设计思路

企业的员工招聘往往局限于“审判式”的面谈，在求职者准备充分的情况下，企业往往很难判断其实际能力和未来潜力，最终导致招聘失败和员工流失率增加。通过各种方法让求职者在应聘过程中，对企业及求职岗位进行多视角、多维度、多层次的深入体验，更有利于招聘双方共同的理性判断和恰当的双向选择，进而提升企业招聘的有效性，把握好求职者职业发展的方向。

受企业对顾客体验式服务以及体验式培训的启发，企业招聘管理中出现了情境体验式面试的新思路。所谓情境体验式面试 (circumstance experiencing interview)，是指求职者现场亲身体验企业文化和环境，亲自动手操作现场工作，亲身参与体验式培训；企业从中观察求职者即时的言行举止，评价求职者动手操作现场工作的能力和绩效，从而判断求职者的胜任素质、发展潜力是否符合企业的需要，也可以判断求职者对于企业文化、工作条件和工作要求是否认同和接纳。

与情境模拟式面试相比，情境体验式面试具有情境现场化、操作真实化和体验全程化等特点。情境现场化是指求职者的面试场地是在未来工作的真实现场内进行，操作真实化是指求职者在真实的工作现场亲自动手操作来完成某一真实的工作任务，体验全程化是指求职者从面试前到试用期结束都在真实的工作情境中进行全程的体验。

（二）情境体验式面试技术应用操作方法

情境体验式面试过程包括求职者在面试前的参观实习体验、面试中的实际操作情境体验和面试后的体验式培训的完整体验过程，是企业人才招聘中观察与判断求职者是否适应所求职岗位的关键，也是人岗匹配和人事相宜的有效方法。

1. 面试前的参观实习体验

求职者在面试前，可以提前对公司的基本情况和基本要求进行情境体验，包括求职者参观企业和临近毕业的在校学生实习体验两种形式。

为预防求职者成功面试进入企业后，因为对企业的认识落差较大或不适应企业环境，造成新员工大批离职的情况出现，有必要在面试之前专车专人接送求职者到企业进行全面的参观。参观的重点为：求职者未来工作岗位的场所环境、工作条件、工作内容、工作团队等；公司住宿条件、饮食条件、娱乐设施等。

企业根据未来工作需要，接纳相关院校专业对口的在校学生到本公司进行实习体验；实习体验包括参观企业、工作技能学习和顶岗实习三个模块。参观企业内容与上述求职者参观企业相似。工作技能学习是指在校学生实习期间，在企业开设专业岗位所需的岗位技能和业务知识培训，培训与实习交叉进行。顶岗实习是指在校学生实习期间，在相应岗位上深入了解企业文化和企业运营并进行技能操作。

2. 面试中的实际操作情境体验

面试前的参观实习体验结束后，求职者进入实际操作情境体验的面试环节。为了真实了解求职者的工作技能和胜任程度，企业可以把参加面试的求职者置身于其未来工作的岗位，让其在应聘的岗位中真实地工作一段时间。求职者在应聘岗位真实工作的体验过程中，考官安排该岗位的直接上级、下属和相关同事分别按真实工作的需要与求职者进行业务的接洽，求职者则按真实工作的需要不断解决和处理相关问题，考官近距离跟随求职者全程进行观察和记录。为保证实际操作情境体验的真实结果，考官在安排求职者真实工作之前，必须把工作的必要背景和资料提前交代清楚，并告知应聘岗位的直接上级、下属和相关同事配合求职者开展工作。

3. 面试后的体验式培训

求职者面试和录用通过后，进入新员工试用期；同时也面临新员工培训，其中就包括体验式培训。体验式培训是指新员工通过在真实或模拟环境中的具体活动，获得新的知识、技能和态度，并将其应用到工作中的过程。体验式培训强调“先行后知”，通过在活动中新员工的充分参与来获得对所学知识的感性体验；然后与其他参与者交流，分享个人体验。通过观察新员工在试用期内的体验式培训表现，来判断其职业素养和未来的发展潜力，从而决定其是否通过试用期的考核。

体验式培训包括培训游戏、户外拓展训练、领袖风采训练营等方式。在培训过程中，适当穿插培训游戏，不但可以激发新员工的培训热情，还可以让新员工在欢声笑语中体验管理上的道理、汲取知识的养分。以体验、经验分享为培训形式的户外拓展训练打破了传统的培训模式，将大部分培训课程放在户外，精心设置了一系列新颖、刺激的情境，让新员工主动思考和解决问题，然后进行经验分享。领袖风采训练营根据设定的各类情境让新员工彼此打开心扉，并对新员工的内心世界进行震撼、职业生涯进行激励、感恩之心进行引导、潜能进行开发、团队精神进行塑造。

（三）情境体验式面试试题的应用类别

情境体验式面试试题从内容应用上分为发言任务、交流任务、作业任务、应急任务和组织任务五类。五类任务都是基于真实情境的氛围、现实工作的需要，由求职者以应聘岗位的任职者身份在工作现场中直接完成相关任务。

发言任务是指跟应聘岗位工作内容相关的即兴发言，发言的场合有工作现场、会议现场、媒体访问、业务接洽等。交流任务是指同该岗位的上下级或同级进行交流，消除分歧，增进共识；如果条件允许，求职者还要与前来洽谈业务、反映情况的其他人员展开交流。作业任务是指先提供给求职者相关的数据和资料，要求在规定的时间内编制计划、设计图表、撰写报告、起草公文、组织实施活动、计算结果和动手操作等。应急任务是指提供一个跟求职岗位相关联的真实突发状况或矛盾冲突，要求应对危机、控制场面和解决问题。组织任务是指求职者组织调动相关部门人员，甚至调动上级完成跟应聘岗位工作相关联的工作任务。

作为情境面试的三种表现形式，情境问答式面试、情境模拟式面试和情境体验式面试能多视角、多维度、多层次地考察求职者的岗位胜任程度，有利于招聘双方共同的理性判断和恰当的双向选择，还可以给考官提供丰富的解决问题的思路和方案；最大限度地减少因面试测评误差、应聘期望值过高等因素导致的员工流失，实现企业招聘质量的大幅提升。但是情境面试的管理成本很高，主要招聘的对象是管理类、技术类员工，企业需要投入大量的人力、物力、财力、时间和精力，特别是构建面试所需的情境和方案难度非常大，求职者为应对情境面试也必须投入大量的时间和精力进行演练。

项目 3　校内仿真招聘会综合实训范例展示

一、角色扮演实训任务：校内仿真招聘会演习

（一）操练背景材料及目标

广州蒙特利材料科技股份有限公司是一家由留美博士回国创办的集产品开发、生产

销售为一体的高新技术复合材料专业厂家，产品主要有蒙特利实体面材和星盆。公司总部设在广州市芳村区茶窖工业园，在广州、河南和湖北分别设有生产基地，在世界各地设有 12 家分支经营机构。

公司的蒙特利实体面材产品是一种新型的建筑装饰材料，兼容了木材的可塑性与天然石材的坚硬性，可做到无缝拼接，结构细密而无毛细孔，其弯曲和异型加工特性超越了任何其他材料，可以满足设计师的丰富想象力，使搭配随心所欲。在商业服务柜台（银行、酒店等）、厨房料理台、浴室洗手台、茶几、餐桌、墙壁、圆柱、楼梯扶手、工艺品等许多应用方面可以取代传统的木材、石材、塑料、不锈钢等。1999 年 12 月，公司获评“农业部全面质量管理达标单位”；2000 年 6 月初，公司一次性顺利通过 ISO 9001 国际质量管理体系认证，在国内同行业中属首家通过该认证的企业。

公司计划在 5 年内建成一个占地面积超过 25 000 平方米、国内领先的蒙特利新材料研究开发中心，并发展成为全球最大的实体面材原始设备制造商生产基地和国内最具实力的高性能复合材料研发生产基地。

请根据背景材料中的公司简介，以及相关的人事助理和行政文员岗位说明书的内容、招聘的专业知识，分三组进行招聘人事助理和行政文员的人才招聘会模拟活动。三组分别扮演人才市场、招聘企业和求职者。以下为校内仿真人才招聘会演习的参考程序和方法，其中时间的安排和评分的权重请根据实际情况自定。

（二）校内仿真招聘会实训方法和程序

角色扮演实训方法是指要求学生扮演一些特定的管理角色，来处理人力资源管理事务。角色扮演可以应用于人力资源管理各个内容模块，参与性强，交流充分，实践效果强好，使参与者真正体验到所扮演角色的感受及行为，增强人力资源管理技术应用能力，提高管理反应能力，改正原先自己的态度与行为。角色扮演实训方法和程序如下。

1. 校内仿真招聘会演习准备工作

（1）分工安排：提前一周通知学生开展准备活动，将学生分为三组，一组扮演招聘企业，一组扮演招聘会组织者人才市场，一组扮演求职者，每组选出一名队长和一名副队长。

（2）人才市场队的准备工作如下：对招聘会的组织工作进行分工安排，参照人才市场的要求安排布置教室，为人才市场起名，进行人才市场氛围的渲染，摆放桌椅，设计招聘海报和宣传资料等。

（3）招聘企业队的准备工作如下：编写招聘广告、面试流程及人员分工、招聘试题、面试提纲、各种招聘表格等。

（4）求职队的准备工作如下：应聘职务为人事助理或行政文员，每种招聘职务要求 8 人准备求职简历，通过邮件发送求职信息，参加模拟面试。

2. 校内仿真招聘会桌椅摆放要求

具体内容如图 3—2 所示。

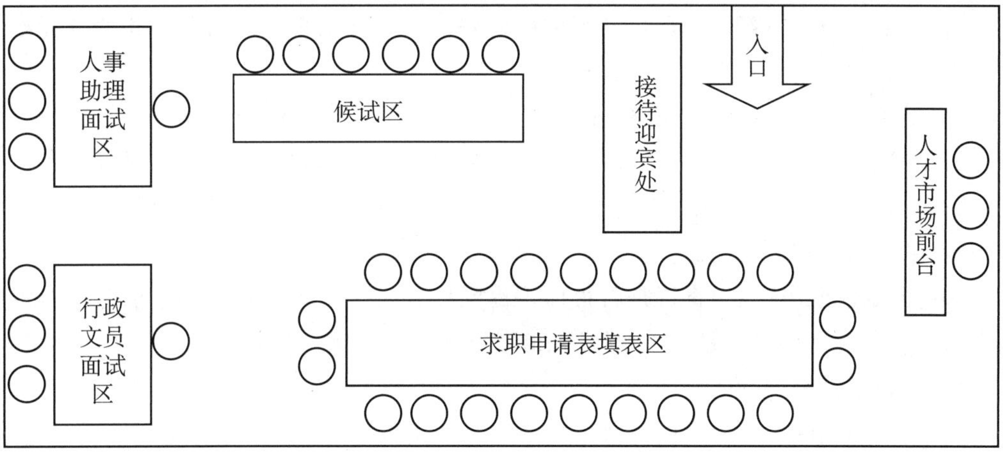

图 3—2　校内仿真招聘会桌椅摆放图

3. 校内仿真招聘会实训演习程序

（1）人才市场队现场工作：在招聘网站发布招聘信息，进行招聘现场安排，张贴招聘海报，接待招聘企业和求职者，现场服务和管理，现场卫生清理等。这个招聘网站可以由教师和学生的个人网站、QQ 空间、博客、微博等改造而成。

（2）招聘企业队现场工作：分两个小组进行简历审核，每种招聘职务筛选出五名求职者进行考试（课外进行开卷考试）；之后每种招聘职务选拔出三名求职者，分成两个小组同时进行面试，最后录用一名人事助理和一名行政文员。

（3）模拟招聘工作总结：人才市场队进行现场服务和管理总结，招聘企业队进行招聘工作总结，求职队进行胜选和败选分析。

4. 校内仿真招聘会实训评分标准

（1）人才市场队评分标准：

1）人才市场设计：氛围是否专业、到位，标志是否明显、正确，人才市场名称是否合理，招聘海报设计是否专业、合理。

2）人才市场安排：接待人员分工是否合理，桌椅摆放是否合理，广告张贴是否适宜。

3）招聘接待工作：招聘接待工作是否完整、周到、满意度高，现场秩序和卫生是否维护得好。

（2）招聘企业队评分标准：

1）招聘计划编写：招聘需求信息、招聘时间、招聘渠道、招聘区域、招聘人员分工、招聘预算、招聘流程安排、选拔方案、新员工上岗时间等内容是否齐全。

2）招聘广告：是否简洁明了，是否重点突出，是否符合劳动法规，是否内容齐全

（包括标题、公司简介、招聘岗位、任职资格、相关福利政策、联系方式、面试安排）等。

3）简历筛选：根据招聘广告的要求筛选是否恰当。

4）试题编写：内容是否符合招聘职位的要求，难度是否恰当，结构和评分标准是否合理。

5）招聘资料：内容是否完整，面试提纲是否恰当，表格是否合理。

6）面试内容：是否完整，面试官是否能通过适当提问和细心观察，对求职者的情况进行较为充分的了解，比如对外表、性情、反应、表达能力、求职动机、专业知识、工作经验等进行综合考察。

7）面试技巧：仪表、言行是否得体，提问形式是否多样，是否善于引导，态度是否友善，气氛是否融洽，是否善于倾听和观察。

（3）求职队评分标准：

1）简历：篇幅是否短小而完善，字体是否工整而正确，设计是否有个性而不花哨，优势是否凸显而适宜，文字表达是否谦虚但不失自信和自尊。

2）外表：衣着是否符合职业需要，是否冷静自信，笑容是否灿烂。

3）性情：是否理性而不乏个性，是否敏感而不失默契，是否平和而非呆板。

4）反应：是否敏锐，是否理解力强，是否应答自然，是否善于提问，是否礼貌而不失尊严。

5）表达：是否有说服力而不咄咄逼人，用词是否准确而富有逻辑，是否幽默而不做作，口齿是否清晰且表达流畅。

6）求职动机：是否符合现实要求，工作稳定性是否较高，是否积极踏实。

7）专业：笔试成绩是否较好，回答问题是否专业。

二、角色扮演实训范例展示：广西民族师范学院校内仿真招聘会演习

（一）校内仿真招聘会演习准备工作

校内仿真招聘会实训现场布置

鲍立刚老师宣布校内仿真招聘会注意事项

（二）校内仿真招聘会演习过程情境展示

模拟明阳人才市场总经理致招聘会开幕词

校内仿真招聘会接待处

校内仿真招聘会明阳人才市场前台

校内仿真招聘会演习整体情况

校内仿真招聘会填表区

校内仿真招聘会人事助理面试区

校内仿真招聘会演习获奖学生发表感言

校内仿真招聘会演习教师与学生合影

项目 4 企业工作现场仿真招聘综合实训范例展示

一、角色扮演实训任务：企业工作现场仿真招聘演习

（一）操练背景材料

广西农垦明阳生化集团股份有限公司始建于 1958 年，是广西农垦集团控股的国有股份制跨国企业，是农业产业化国家重点龙头企业、国家扶贫龙头企业、高新技术企业，现有职工 2 000 人。

公司主要从事木薯资源开发及其深加工综合利用，经营的产业和产品有：木薯良种培育与推广种植、木薯基地建设、变性淀粉、药用淀粉、酒精、环保包装材料、有机肥料、机械制造、国际贸易和物流等。公司拥有全资子公司 7 家、分厂 5 家，主要生产销售变性淀粉、酒精两大产品，现有变性淀粉产能 35 万吨/年、酒精产能 15 万吨/年，是国内最大的木薯变性淀粉生产企业。公司拥有一个国家级非粮生物质酶解重点实验室、一个省级淀粉技术研究中心、一个省级生物能源研究中心，以变性淀粉和生物质能源的研究为主。公司建设有自己的木薯原料基地，目前已建成 60 多万亩，带动 20 多万户农户增收，年实现农业种植产值超过 5 亿元。多年来，公司充分发挥自身技术优势，以木薯深加工综合利用为核心，不断开发延伸产品，形成了“吃干榨尽”的木薯生态循环产业链，为可持续发展打下了坚实基础。

集团目标为近期实现年产变性淀粉 50 万吨、酒精及其深加工产品 50 万吨、年经营收入 50 亿元，成为具有国际影响力的淀粉化工企业。2020 年实现经营总收入 100 亿元，成为具有国际影响力的生物化工产业龙头企业。

（二）企业工作现场仿真招聘演习整体思路

人力资源管理专业明阳生化公司现场仿真招聘演练由广西民族师范学院鲍立刚老师

策划、组织和指导。企业工作现场仿真招聘演习相关招聘资料由人力资源管理专业全体学生草拟，整个演习过程由学生操作完成，初试环节由学生独立完成；明阳生化公司人力资源部经理李梅、招聘专员吴志艳和另一位人事专员担当企业工作现场仿真招聘演习复试环节主考官、考官，初试的三位学生主考官也作为复试的考官与企业主考官、考官一起参加复试和录用。

由于人力资源管理专业人数较多，拆成两大组分班进行本课程实训，以明阳生化公司为假想招聘单位，模拟招聘的地点就在明阳生化公司内，把实训课堂搬进企业。人力资源管理专业第一大组分成四个小组，其中三个小组模拟招聘单位的考官，他们都是明阳生化公司人力资源部的员工，在企业人才辨别、高校技能应用和招聘管理的目的指引下，为明阳生化公司招聘人事助理、行政助理、销售助理各一名。第一大组的另外一个小组中，五人考核模拟招聘单位的三个小组，一人全程跟随一个考官小组进行固定考核，另外两人和第二大组的两个助教流动对比考核三个小组的考官。人力资源管理专业第二大组分成四个小组，其中三个小组模拟求职者，到明阳生化公司应聘人事助理、行政助理、销售助理，他们将在一个真实的企业环境里，在求职竞争、接受挑选的压力下进行求职。第二大组的另外一个小组中，七人考核模拟求职者的三个小组，两人全程跟随一个小组进行固定考核，另外一人和第一大组的两个助教流动对比考核三个小组的求职者。

二、明阳生化公司工作现场仿真招聘演习方案

（一）企业工作现场仿真招聘演习分工安排

1. 第一大组面试工作和第二大组助教工作安排

招聘岗位	人事助理	行政助理	销售助理
所属队别	传奇队	翻山越岭队	逆行队
主考官	卢彩霞	林　婷	卜富英
考官	苏婉婷 廖芸芸 熊琪琳 刘　慧	蔡　静 罗慧君 潘德成 梁秋蓉	郑方圆 廖金玲 莫妹晴 甘秋盈
工作人员	黄婷婷（面试服务员） 张汉飞（面试服务员）	潘柳艳（录像或照相） 闭祖婷（填表）	苏世深（大门接待员） 覃锦运（中门接待员） 蒋雯娟（大厅接待员）

第二大组助教：刘业东负责所有录像和照相的工作安排，组织第二大组队员制作横幅两条，组织人员打印或书写奖状，负责检查第二大组所有工作。（说明：为公正起见，第二大组助教流动考核第一大组的面试工作，以下安排类似。）

陈雯（不同考官表现对比考核）、陈少妹（不同考官表现对比考核）协助刘业东检

查工作。

2. 第二大组求职工作和第一大组助教工作安排

求职岗位	人事助理	行政助理	销售助理
所属队别	飓风队	前锋队	敢死队
求职者	胡汉丽 廖小云 郑海林 梁　团 谭菁之 刘　婕 莫增颖	薛丽英 谢秋蓉 黄新情 陈　娜 袁敏菊 姚小平 韦芳舒	黄永兴 莫　娟 唐美芳 覃胜珍 李　燕 杨振迪 黄钰凤
工作人员	周敏（录像或照相）		

第一大组助教：郑旋（录像或照相）、刘海娟（不同求职者面试表现对比考核）、唐瑜梦（不同求职者面试表现对比考核）协助班忠毅检查工作。

（二）企业工作现场仿真招聘演习考核工作安排

1. 第一大组乾队主要负责考核考官表现

罗永盼、黄群、黄晓霞固定考核如下考官面试工作的表现：传奇队考官、翻山越岭队考官、逆行队考官，三人合作设计考官表现考核表。邝凡、杨靓流动考核以上三队考官面试工作优劣对比的表现，两人合作设计不同考官表现对比考核表。要求两类评分表的内容及顺序一样，格式上有所区别，五位学生需要讨论后修改。班忠毅协助鲍立刚老师负责招聘和求职整个过程、所有工作的全面粗线条考核和管理，有权纠正招聘过程的不当行为，负责检查第一大组所有工作。班忠毅设计招聘过程管理考核表，评分表包括五大内容：服务接待工作、大门登记报到、培训室填表、招聘整体工作、求职整体工作。林海源负责求职者的报名和报到工作，需要编写面试通知单（初试和复试）和面试报到表。考核人员不但要检查考核对象设计的表格和资料，还要考核面试工作台前幕后的表现情况。相关考核表样表详见本书第6章中“综合实训课程成绩评价范例展示”。

2. 第二大组越芽队主要负责考核求职者表现

六个考核人员分别考核三组求职者的表现，两人固定考核一组；考核人员不但要检查求职者设计的简历和资料，还要考核求职者面试过程的台前幕后表现。六个人需要合作编写求职者面试表现考核表。郑程介流动考核三组求职者面试表现，编写不同求职者面试表现对比考核表，两类表的内容及顺序一样，格式上有所区别，七个人需讨论决定。

（三）企业工作现场仿真招聘演习面试流程安排

具体内容如图3—3所示。

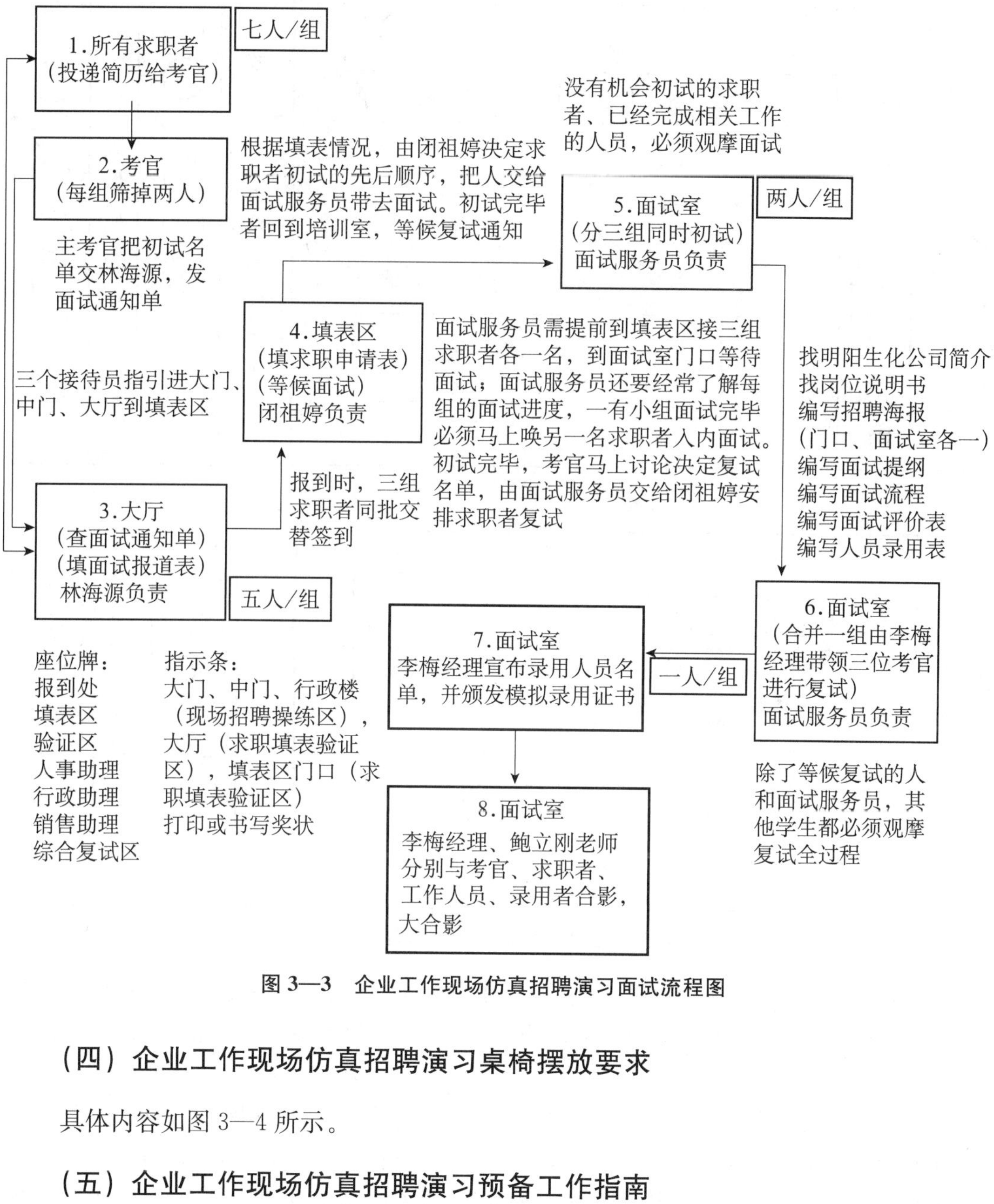

图3—3　企业工作现场仿真招聘演习面试流程图

（四）企业工作现场仿真招聘演习桌椅摆放要求

具体内容如图3—4所示。

（五）企业工作现场仿真招聘演习预备工作指南

第三周，鲍立刚老师对明阳生化公司现场仿真招聘演练进行总体布置、活动筹备辅导及草拟训练方案，各小组队长带领队员分工协作草拟与训练相关的表格和资料，求职者编写简历。第四周，鲍立刚老师指导各小组队员讨论各类草拟方案、招聘表格和资料，并发动大家提出修改意见。第四周星期六之前，各小组修改完成招聘活动所有表格

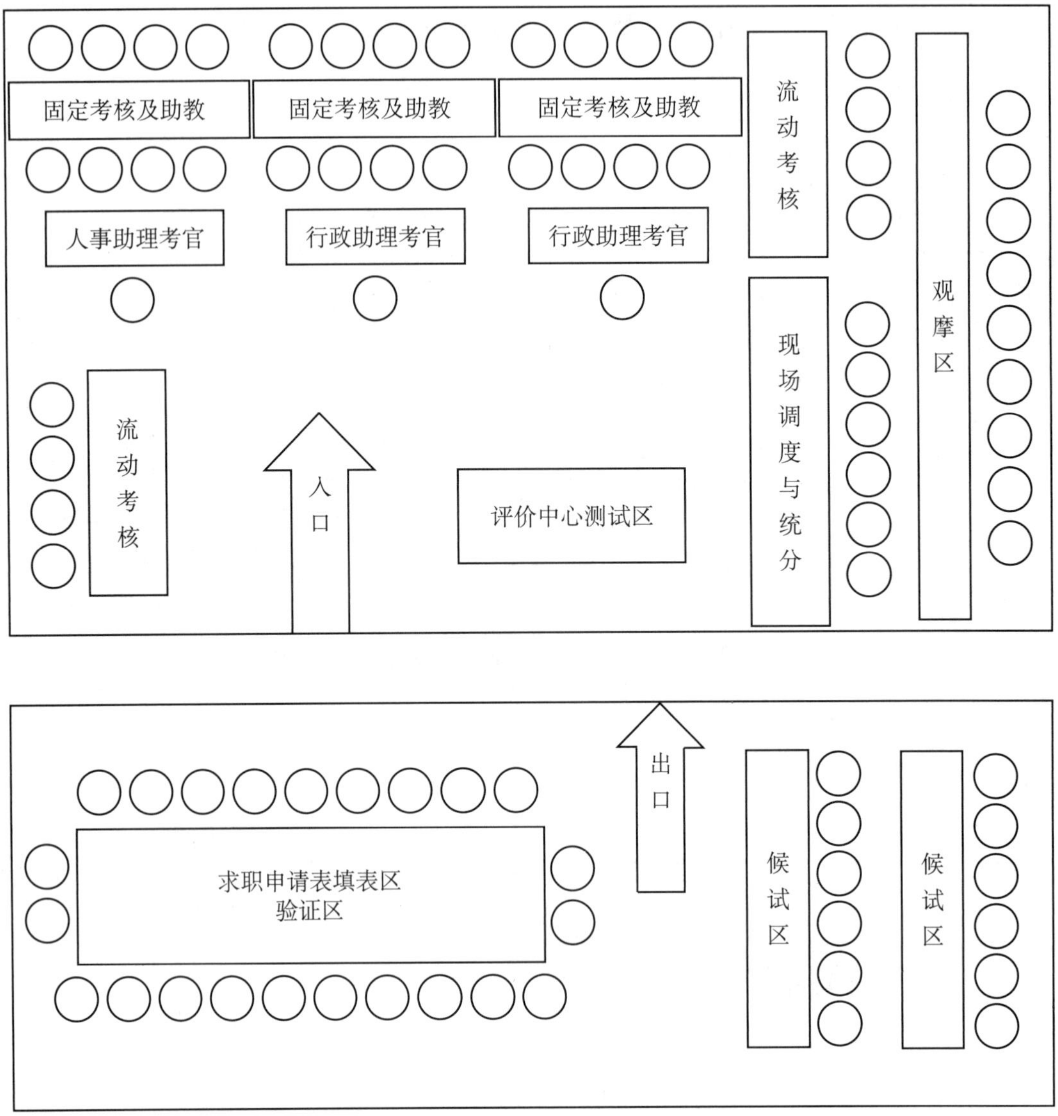

图 3—4　企业工作现场仿真招聘桌椅摆放图

和资料，队长检查本小组所有队员的工作进展和资料完成情况。各小组将定稿后的所有表格、资料发到鲍立刚老师 QQ 邮箱。鲍立刚老师带领班忠毅和刘业东去明阳生化公司勘察现场，并与企业沟通。

第五周星期四之前，第一大组用白板笔、彩笔设计书写完成招聘海报两份，用白板笔书写设计指示条。刘业东组织人员提前书写奖状（提前盖校企印章），组织第二大组制作横幅两条“民师院人力资源管理专业明阳生化公司现场仿真招聘演练”。鲍立刚老师打印全套招聘资料和座位牌。第六周，鲍立刚老师带领人力资源管理专业全体学生参加演练。第四周学校放假三天，第五周放假三天，第六周放假五天，很多学生要回家。请各小组队长安排监督好本组队员在规定的时间之前完成全部工作，刘业东和助教督查第二大组所有工作，班忠毅和助教督查第一大组所有工作。

（六）企业工作现场仿真招聘演习时间安排

1. 绩效考核

按训练方案的要求，考核小组随时随地检查工作的进展，并记录评分。

2. 公布招聘信息

9 月 25 日前，考官向求职者公布招聘信息和相关要求。

3. 简历投递

9 月 27 日前，求职者把简历交给相应的考官小组筛选，交考核小组评分。

4. 面试通知

10 月 8 日前，林海源将面试通知单交给初试者，在不参加初试的六个求职者当中，由刘业东选取一人负责录像或照相，并传达培训录像或照相要求。

5. 场地布置

10 月 9 日下午 5：00，鲍立刚老师、班忠毅、刘业东及录像照相人员、八个小组队长、林海源、闭祖婷、第一大组三个接待员和两个面试服务员到明阳生化公司布置现场：悬挂一条横幅在面试室（另一条横幅做好挂在填表室的准备，但是暂时不挂），张贴两张招聘海报，确定报到、填表和面试地点，按招聘演练的要求摆放桌椅和座位牌。

6. 演练时间

第六周 10 月 10 日 7：40—12：00，14：30—17：40。

7. 大厅报到时间

7：40—8：20 全体在大厅门口举行开幕式并大合影，合影时手牵横幅；合影后，由刘业东组织不参加初试的五个求职者悬挂横幅，到填表区、大门提供接待员流动服务。8：20—8：50 报到（为了面试按时进行，第一批报到时，让人事助理、行政助理和销售助理求职者各一人优先报到，三人报到后马上去填写求职申请表；第二批同样如此，其后求职者没有先后顺序的要求）。

8. 验证和填表时间

8：25—9：30（为了面试按时进行，第一、二批不同职位的三个人免验证，直接填求职申请表；其后人员必须验证，由刘业东安排中门接待员验证）。

（七）企业工作现场仿真招聘演习初试、复试时间安排

1. 初试时间

三个初试小组 8：40 同时开始，10：50 必须结束。

第一个初试者：8：40—8：55 初试问答，8：55—9：00 考官评分。

第二个初试者：9：00—9：15 初试问答，9：15—9：20 考官评分。

第三个初试者：9：20—9：35 初试问答，9：35—9：40 考官评分。

第四个初试者：9：40—9：55 初试问答，9：55—10：00 考官评分。

第五个初试者：10：00—10：15 初试问答，10：15—10：20 考官评分。

初试分数讨论及复试通知：10：20—10：50。讨论分数的同时，面试服务员安排人员做好复试的准备，复试通知单由考官交给面试服务员，再交给闭祖婷安排人员复试。合并三个初试小组，由明阳生化公司李梅经理带领公司两位专员和三位学生主考官进行复试。

2. 第一个岗位复试时间

10：50 开始，12：00 结束。

人事助理第一个复试者：10：50—11：05 进行评价中心测试（评价及问答顺序可变），11：05—11：20 复试问答，11：20—11：25 考官评分。

人事助理第二个复试者：11：25—11：40 进行评价中心测试（评价及问答顺序可变），11：40—11：55 复试问答，11：55—12：00 考官评分。

12：00 上午活动结束，保留面试室所有的复试用品，收回其他地方的物品（包括撕掉其他地方张贴的指示条，谁使用谁收回），准备下午的复试设备和资料。

3. 第二个岗位复试时间

14：30 开始，15：40 结束。

行政助理第一个复试者：14：30—14：45 进行评价中心测试（评价及问答顺序可变），14：45—15：00 复试问答，15：00—15：05 考官评分。

行政助理第二个复试者：15：05—15：20 进行评价中心测试（评价及问答顺序可变），15：20—15：35 复试问答，15：35—15：40 考官评分。

4. 第三个岗位复试时间

15：40 开始，17：10 结束。

销售助理第一个复试者：15：40—15：55 进行评价中心测试（评价及问答顺序可变），15：55—16：10 复试问答，16：10—16：15 考官评分。

销售助理第二个复试者：16：15—16：30 进行评价中心测试（评价及问答顺序可变），16：30—16：45 复试问答，16：45—16：50 考官评分。

5. 复试分数讨论及填写奖状

16：50—17：00。讨论分数的同时，刘业东提前安排人员填写奖状，交鲍立刚老师核对。

（八）企业工作现场仿真招聘演习颁奖和感言

1. 颁奖合影时间

17：10 开始，17：20 结束（班忠毅、刘业东组织合影）。

李梅经理在面试室宣布模拟录用人员获奖名单，并颁发模拟录用通知；鲍立刚老师宣布考官、工作人员的获奖名单，并颁发模拟招聘优秀组织奖（共 18 张奖状）。颁奖过程中分别合影，最后大合影。

2. 各类代表感言时间

17：20 开始，18：00 结束。

被录用者、未录用者、考官、考核者、学生组织者、教师组织者、企业组织者等代表，就现场仿真招聘演练发言。

3. 企业工作现场仿真招聘演习奖状

内容示例如下：

奖　状

同学：

在校企合作课程“人力资源管理综合实训”项目“民师院人力资源管理专业明阳生化公司工作现场仿真招聘演习”中，模拟“人事助理”求职者，荣获冠（亚）军。

特发此状！

明阳生化公司总评委：

广西民族师范学院经管学院教练：

二〇一六年十月

人事助理　求职者冠军一张、亚军一张

行政助理　求职者冠军一张、亚军一张

销售助理　求职者冠军一张、亚军一张

奖　状

同学：

在校企合作课程“人力资源管理综合实训”项目“民师院人力资源管理专业明阳生化公司工作现场仿真招聘演习”中，模拟“人事助理”考官，荣获冠军。

特发此状！

明阳生化公司总评委：

广西民族师范学院经管学院教练：

二〇一六年十月

人事助理　考官冠军一张

行政助理　考官冠军一张

销售助理　考官冠军一张

奖　状

同学：

在校企合作课程“人力资源管理综合实训”项目“民师院人力资源管理专业明阳生化公司工作现场仿真招聘演习”中，荣获组织管理贡献奖。

特发此状！

明阳生化公司总评委：

广西民族师范学院经管学院教练：

二〇一六年十月

奖　状

同学：

在校企合作课程“人力资源管理综合实训”项目“民师院人力资源管理专业明阳生化公司工作现场仿真招聘演习”中，荣获活动考核评委奖。

特发此状！

明阳生化公司总评委：

广西民族师范学院经管学院教练：

二〇一六年十月

两人单独署名贡献奖两张：班忠毅、刘业东

三人共同署名贡献奖一张：唐瑜梦、刘海娟、郑旋

两人共同署名贡献奖一张：陈雯、陈少妹

四人共同署名评委奖一张：黄晓霞、罗永盼、黄群、邝凡

四人共同署名评委奖一张：欧春林、梁建平、甘春洁、钟振琼

四人共同署名评委奖一张：毛丽敏、蒙小冬、郑程介、杨靓

奖　状

闭祖婷、林海源、黄婷婷、张汉飞同学：

在校企合作课程“人力资源管理综合实训”项目“民师院人力资源管理专业明阳生化公司工作现场仿真招聘演习”中，荣获组织活动服务奖。

特发此状！

明阳生化公司总评委：

广西民族师范学院经管学院教练：

二〇一六年十月

奖　状

潘柳艳、周敏、苏世深、覃锦运、蒋雯娟同学：

在校企合作课程“人力资源管理综合实训”项目“民师院人力资源管理专业明阳生化公司工作现场仿真招聘演习”中，荣获组织活动服务奖。

特发此状！

明阳生化公司总评委：

广西民族师范学院经管学院教练：

二〇一六年十月

（九）企业工作现场仿真招聘演习录像和照相要求

（1）录像机两块电池，必须在训练当天的前两个晚上分别充电一整晚，10 月 8 日晚上充一块电池，10 月 9 日晚上充另一块电池。照相机 10 月 9 日晚上充电一整晚，10 月 10 日中午一回宿舍就接着充电，还必须带上两板备用干电池。

（2）不同的训练岗位、不同的训练内容、不同的镜头必须全程录像，并且要从不同的角度、不同的高度（可站在桌椅或制高点上）、不同的远近进行录像和照相。

（3）类似岗位、类似内容、类似情境可以录一半时间，然后转镜头；可以中途停止录像镜头，转向其他正在进行的训练内容持续时间很短或者很重要的镜头，如果有必要再转回原来的镜头。对于照相而言，类似岗位、类似内容、类似情境可以拍两张，重要的可以拍多张，以免单张效果不好。

（4）在录像和照相过程中，应把明阳生化公司标志性的东西、悬挂的横幅、招聘设施、招聘海报、招聘的情境放进镜头。

（5）录像师、照相师可以交换操作，应为每一个录像师和照相师留下录像和照片。

（6）在不影响实训录像和照相的前提下，可以应私人要求留下录像和照相的镜头，但是不要太多，以免录像机内存不够、照相机电力不足。

(十) 招聘仿真演练预算

(1) 制作横幅两条(外借红布)150 元。

(2) 电话、路费、绳子、电池等 50 元。

(3) 饮用水和一次性水杯由明阳生化公司免费提供，但请学生在杯上写上自己的姓名，循环使用一天，以体现节约和环保的理念。

三、角色扮演实训范例展示：明阳生化公司工作现场仿真招聘演习风采

(一) 工作现场仿真招聘演习准备工作

在明阳生化公司布置仿真招聘演习现场

鲍立刚老师在仿真招聘演习前进行指导

(二) 工作现场仿真招聘演习过程情境展示

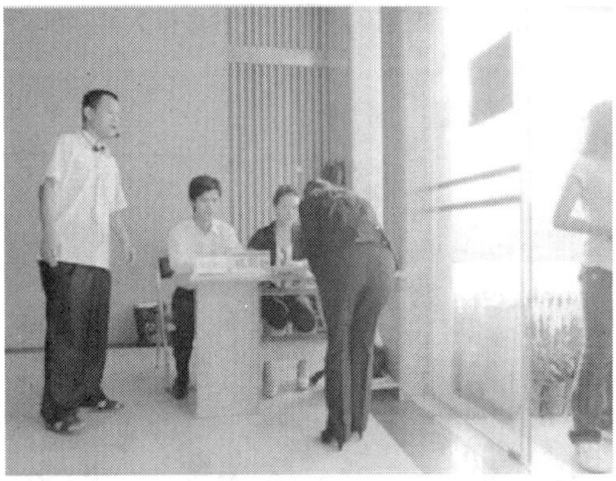

工作现场仿真招聘演习报到

仿真招聘现场填写求职申请表和验证

现场仿真招聘演习三组同时分别初试

现场仿真招聘演习学生考官和求职者初试

学生助教对初试考官和求职者的表现进行评分

在复试之前应用评价中心技术进行人才测评

企业考官与学生考官联合进行模拟复试

仿真招聘演习鲍立刚老师现场调度及评委统分

人事助理求职冠军刘婕与李梅经理、
鲍立刚老师合影

学生考官、求职获奖者与企业考官、
鲍立刚老师合影

项目 5 人才市场实习范例展示

一、社会服务实训任务：广西人才市场实习计划范例

社会服务是指实训教师组织和辅导学生利用自己所学人力资源管理知识和技术，为企业提供人力资源管理日常业务服务，为人才市场提供人才交流、人事代理和薪酬调查统计等服务，为培训咨询公司提供日常培训咨询项目管理服务，为政府人社部门提供人力资源数据收集、统计和分析等服务，为劳务公司和中介提供人才寻访、招募和流动管理等服务。下面就以广西人才市场为例，进行人才市场实习范例展示。

实训文件范例 3—1

人力资源管理专业人才市场实习计划

按照教学计划安排，人力资源管理专业学生需要在第五学期进行为期一周的校外实训实习，经过与广西人才市场联系，拟做出实习计划如下。

一、实习目的

通过实习，进一步检验和加深学生在校所学的基础理论、专业知识以及专业技能，加强学生的感性认识，锻炼学生发现问题、调查问题、分析问题、解决问题的能力，培养学生独立工作的能力，为学生择业、就业做好准备。

通过本阶段实习，可以实现：(1) 加深对招聘知识的理解，提高实际操作水平；(2) 积累应聘的经验和技巧；(3) 增加与招聘单位人力资源经理或主管的接触机会，扩大就业的机会。

二、实习方式

采取分组分批、每周安排两天实习的方式，这样既不影响校内正常教学，又可充分利用每周两天休息日。

由于广西人才市场的招聘会只安排在每周五、六举办，故学生的实习拟安排在周五和周六两天，周五和周日的课程对调。

三、教师指导

(1) 校内实习指导教师负责制。每个小组指定一名教师作为学生实习的指导教师，实习期间，随学生小组前往实习地点，负责联系、检查、指导。

(2) 校外实习单位指导教师负责制。由院系选聘实习单位指导教师，实习单位指导教师负责对学生实习过程进行具体安排和指导。

四、实习要求

(一) 实习前的准备

(1) 实习前必须做好充分准备。实习前召开一次全班学生动员会，并与每组指导教师见面，接受指导。

(2) 人力资源管理专业学生共 67 人，分为三个小组，每组选出认真负责的学生骨干：组长一名，副组长一名。

(二) 实习过程中的要求

(1) 学生要与指导教师经常保持联系。

(2) 学生要尊敬实习单位的员工，以礼待人，积极主动参加实习单位安排的各项活动。

(3) 学生要做到遵纪守法，确保人身和财物安全。

(4) 学生实习期间要严格要求自己，遵守实习单位的规章制度，认真完成实习单位布置的各项任务，不怕苦、不怕累、任劳任怨、诚实肯干、脚踏实地、虚心请教，不能做与实习无关的事情。实习期间，如有违法乱纪现象将按学籍管理等有关规定从严处理。

(5) 往返乘车要准时。

五、实习时间安排

(1) 实习时间为本学期第八周到第十六周，每周安排周五和周六两天。

(2) 人力资源管理专业学生 67 人，分为三个小组，每个小组安排三周共六天实习时间，具体安排为：第一组，第八、第九、第十四周；第二组，第十、第十一、第十五周；第三组，第十二、第十三、第十六周。

六、实习考核

根据实习单位的鉴定意见和指导教师的评议等方面进行综合考核。

七、其他

（1）学生实习往返：由校车负责接送，早上 8：00 出发，下午 4：30 从南宁返回。

（2）建议院系落实好带队教师工作量申报。

（3）校外人才市场指导教师的指导费用，计划为每人每天 50 元，共计 2 人×50 元/人/天×18 天＝1 800 元。

资料来源：由广西职业技术学院管理系谢伟宁老师提供。

二、社会服务实训范例展示：广西人才市场实习

（一）广西人才市场实习过程情境展示

人力资源管理专业学生广西人才市场实习合影

广西人才市场姜经理给学生分配工作

鲍立刚老师到实习现场指导学生实习

鲍立刚老师与广西人才市场探讨如何指导学生

(二) 广西人才市场实习内容及状况

苏媛同学在广西人才市场进行薪酬调查实习

张令波同学在广西人才市场前台进行服务咨询实习

陈庆芳同学在广西人才市场进行人事代理实习

部分学生在广西人才市场进行人才交流服务实习

部分学生在广西人才市场应聘进行招聘技巧实习

部分学生在广西人才市场进行调查统计实习

三、人才市场实习报告参考答案展示

实训文件范例3—2

广西人才市场实习报告

作者　邓林

在市场经济迅猛发展的今天，随着“以人为本”管理理念的提出，人力资源管理越来越受到人们的重视，从而人们也更加关注自己的切身利益，并进行自我管理。如何善待自己的档案就是自我管理中首先要解决的问题。

一、广西人才市场的基本情况

广西人才市场是国家人力资源和社会保障部批准广西壮族自治区人民政府建立的区域性、综合性国家级人才市场。它立足广西、辐射全国、连接东盟、面向世界，特别致力于中国—东盟自由贸易区的人力资源开发和人才服务，是广西壮族自治区人民政府公共人事服务窗口，是市场配置人才资源的重要阵地和人才人事工作对外开放的重要形象代表，是广西规模最大、服务最完善的人才服务机构，同时是区域性人才资源市场化配置中心、社会化服务中心、科学化评价中心、现代化培训中心和远程教育网络中心。

广西人才市场位于广西南宁市琅西金洲路33号，总建筑面积17 399平方米，其中人才交流大厅2 195平方米，是广西最大的人才服务超市，下属五个部门，分别是：

综合部：负责广西人才市场内部的综合协调管理、公共关系和对外宣传工作。

人才交流部：为各类用人单位提供现场招聘、网上招聘、委托招聘和猎头服务；为各类人才提供现场求职、网上求职、委托推荐、择业指导和人才测评服务。

人事代理部：为用人单位和各类人才提供人事档案（关系）管理、户籍关系代管、考评职称事务代理、转正定级、人才出国（境）政审、代办社会保险以及接受大中专毕业生档案等人事代理业务。

培训部：提供国内外职业（执业）资格认证考试培训、专业技术人员继续教育培训、人才实用技能培训、紧缺人才培训等。

开发部：提供人才租赁、区（境）外人才（劳务）中介、自费出国留学中介和其他市场所需的人才服务。

二、我的经历和工作范围

10月中旬，经过人力资源管理教研室老师与广西人才市场人才交流部的联系和沟通，我们得到了一次外出实训的机会。根据课程安排和人才市场的实际情况，我们班被分成三个小组，每个小组外出实训三周，共六天，即每个星期的星期五和星期六。具体的工作由人才交流部的负责人安排。我被分在第二组。

11月8日，也就是第一组的第二次外出实训时，带队教师接到通知：人才市场的人事代理部需要几个我们专业的学生帮忙，因为具体工作涉及档案，所以要求必须是党员，于是我和其他三位预备党员与第一组一起去了人才市场。人事代理部的人力资源部经理助理给我们安排了工作：我跟另一位同学在一楼的代理部，剩下两位在五楼的档案室，他们负责接收档案的补充材料和整理旧档案，而我们则负责代理单位的托管档案业务，包括档案的整理、审核和录入工作。人事代理项目包括人事（组织）关系及档案的接转和管理；按有关规定和要求办理落户南宁的手续；应届、历届毕业生的身份确认、转正定级、工龄计算、档案工资的调整等；出具档案记载的相关证明材料；专业技术职务评定；托管人员党（团）组织关系的管理；社会保险费的代缴。由于我们跟人才交流部的工作内容不同，上班时间也不同，我们是五个工作日，而他们只是星期四到星期六上班，所以我们已经不归属原来所在的部门，而是独立分开了。即便是这样，我也为自己能参与到与本专业基本对口的实际工作中而感到幸运，这样才能进一步学习，加强自己理论联系实际的能力。

我实习的部门设在大厅一楼 104～107 室。带我的是杨主管和杨子钰。虽然是第一天工作，但是她们教我们的一些基本工作我们接受得很快。9 日早上，我的工作是整理档案，就是将近期的所有档案按是否有档案号、是否交清费用进行分类整理。下午 1：30 上班后，我的工作是查找档案号和核查、更新个人和单位托管的档案信息。我在使用人事管理查询系统时发现了一个问题，就是输入姓名或档案号时，不能直接按 Enter 键，而是要用鼠标点击确认按钮，我觉得这样浪费了很多时间，大大降低了工作效率。

12 月 14 日早上，办公室新来了一位广西工学院的实习生和一位广西大学的实习生。她们星期一到星期五都能到代理部实习，而我们几乎是一周才能去一天，时间和工作都连接不上，所以我们原来做的工作让这两位实习生做了。我和另一位同学则做些其他零散和临时的工作。早上，我速印了 250 份文件，之后开始整理“白单”和“红单”。其实这两种单子的内容是一样的，只是颜色不同。这种单子是广西人才市场人事代理部的交费单，红色的是收费处开出的，而白色的则由人事代理部存根留档。我的工作就是将 11 月到 12 月初这段时间的所有单子按颜色、日期、经办人进行分类归档，估计有 700～800 张。不过我们动作还算麻利，用了三个小时，也就是在上午的工作时间完成了，完成后的单子还要拿到档案柜存放。这样，如果想找以前的存根，就会十分方便。下午 1：30 上班后，我接到一项艰巨的任务——调出东方外语职业技术学院和广西医科大学第一附属医院共 120 人 2007 年各个月份所有的交费单，俗称“找白单”。在档案柜里，当年 4 月到 12 月的“白单”有整整 3 个抽屉，估计超过 1 000 张。虽然有日期、有姓名，但是要一扎扎、一张张地找，还是比较麻烦的。我从 1：45 开始，一直找到 3：45，整整两个小时，才找到了 42 个人。这真是一项枯燥的任务，不过仔细想想，以后工作时可能要面对的就是每天都要重复的、很烦琐的工作。所以，也许习惯就好。

12 月 15 日，星期六，我的工作任务是协助中国农业大学的访问学者进行《人才流动现状与趋势》的社会问卷调查。凡是参与问卷调查的求职者都可免费获得招聘会现场的入场券一张（平时进入招聘会现场要凭票，3 元/张）。今天到广西人才市场求职的人很多，加上免费赠送门票，所以我们 550 份的问卷调查活动只用 1 小时 10 分钟就完成了。在此次调查过程中我注意到一个问题，就是在回答应聘职务这个问题时，大多数人选择的是营销类和总务类，理想待遇是600～2 000元。这说明对广西这个就业市场来说，大多数人才集中在销售、物流、公关之类的岗位上，而工资普遍在800～1 500元。调查活动结束后，我抓紧时间向他们了解了关于这个课题的其他情况。由于主要负责人是日本人，存在语言障碍，所以我只能和郑女士简单聊了几句。据郑女士说，广西人才市场已经是他们的第十九站，之前他们还去过沈阳、天津、石家庄、广州、常州、上海等城市。关于如何选择进行调查活动的地点，他们有自己的一套安排：先联系国家级的人才市场，不行就联系市级的，再不行就到区级的，如果人才市场都不行，就到国有或民营企业进行。项目负责人柳泽和也先生是神奈川大学经济学博士。2012年4月到中国农业大学做访问学者，并进行《人才流动现状与趋势》的课题研究。他们从4月中旬开始问卷调查活动，已历时8个月、走了19个城市，下一站是成都，在此期间偶尔也会回北京稍作休息，统计一下数据，然后继续进行问卷调查。由此可见，想要清晰地认清一个现象的本质，仅靠一些理论的东西是远远不够的，只有自己参与一些实地调查，然后根据实际数据进行分析，得出的结论才是最有说服力的。

以下是问卷调查表的样本。

求职者调查问卷

请在相应内容前画钩或填写。

1. 性别：□男　□女

2. 年龄：________周岁

3. 学历（含准毕业）：□初中毕业　□中专毕业　□高中毕业　□大专毕业　□大学本科毕业　□硕士毕业　□博士毕业　□博士后

4. 出生地：________省·自治区·直辖市________地区·地级市·自治州·盟________区·县级市·县·旗

5. 户口所在地：________省·自治区·直辖市________地区·地级市·自治州·盟________区·县级市·县·旗

6. 户口：□非农业户　□农业户口

7. 您是从何处知道此次招聘的（可作多项选择）？

□电视　□报纸杂志　□互联网　□亲戚、朋友　□学校　□路过　□广告牌　□其他

8. 您是因就读本地大中专等院校而在此应聘吗？

□是　□否

9. 在职情况

□20××年6月毕业，在找工作　□20××年6月毕业，但无工作经历（不含实习）　□在岗　□下岗　□失业

10. 来此应聘是

□第一次 □第二次 □第三次 □第四次 □第五次 □六次以上九次以下 □十次以上（第________次）

11. 应聘职务（可作多项选择）

营销类（□销售 □采购 □市场营销）

总务类（□法务 □人事 □公关 □文书 □报关 □统计）

财务类（□会计 □审计）

教育类（□教育 □培训）

技术类（□工程师 □技工 □装配 □质量管理 □平面设计 □翻译 □咨询）

一般类（□仓库 □物流货运 □前台 □收银 □烹调 □跑堂 □警卫、保安 □清洁 □导游、驾驶）

其他：____________________

12. 理想待遇

(1) 月工资：□600 元 □800 元 □1 000 元 □1 200 元 □1 400 元 □1 600 元 □1 800 元 □2 000 元 □2 200 元 □2 400 元 □2 600 元 □2 800 元 □3 000 元 □3 200 元 □3 400 元 □3 600 元 □3 800 元 □4 000 元 □其他________元

(2) 五险一金（社会保险等）：□需要 □无须

资料来源：由广西人才市场人才交流部提供。

这份问卷所提的问题虽然不多，但是可以比较详细地了解调查者所需的信息，设计还是很合理的。

三、人事代理部的基本流程

人事代理是政府人事部门所属人才交流机构接受用人单位或个人的委托，为其提供一系列人事管理服务，既负责保管人事关系档案、办理转正定级、考评技术职称、调整档案工资、核定工龄、认证身份、考学政审、接转党团组织关系，也负责办理各种社会保险、五大毕业生录用手续、职高（高中）毕业生录用手续、接纳家庭生活基础不在市区的大中专毕业生户粮关系落户。

人事代理部的事务包括大学生人事代理、个人人事代理、单位人事代理、诚信认证、档案户籍管理。每个事项的流程各不相同。我负责的是单位人事代理，就是指以单位为一个整体，将员工的档案托管在人才市场。以下是单位人事代理的流程：

（一）需提交的材料

(1) 企业单位营业执照（副本）或事业单位法人登记证原件（审核后退回）及复印件。

(2) 用人单位委托书及委托人事代理人员花名册。

(3) 用人单位与委托人事代理人员签订的已经鉴证的劳动合同书。

（二）办理程序

（1）单位持相关证件，到人才市场填写人事代理人员登记表。

（2）人才市场向相关单位开具调档函，并转递档案。

（3）省人才中心审查档案是否完整齐全，经审查合格后，由省人才中心开具档案收转回执单交（寄）来档单位。

（4）省人才中心审核有关材料，并与人才中心签订人事代理合同书一式两份，经双方签字，各执一份。

（5）单位按省物价局规定的标准缴纳人事代理费和委托办理的各项社会保险的费用。如有人员离职，应在一周内向省人才中心提交相关人员离职的书面证明，办理变更手续。

四、强硬的心理素质和专业的管理知识

当初选择这个专业，我是临时改的，之前对此知之甚少。但是当听到别人说这个专业所学的东西有些“虚”的时候，心里不禁发凉。难道就这样浪费我3年的时间和金钱吗？转眼间3年过去了，开始面临毕业后的就业问题，这学期刚开学时还有点担心，但是进入11月以来，陆陆续续有单位到学校招人，我们这个专业的需求还是很多的，这对彷徨中的我来说，好像在求职路上又多了一点光明。

市场经济条件下，各大企事业单位都单独成立了一个部门——人力资源部，所以相对其他专业来说，人力资源管理是一门新兴的专业。要想成为一位出色的人力资源部经理或者主管等人力资源管理者，必须做到公正、忠诚、守信、坚定、勇敢，还要具备广博的社会科学知识和实现人力资源有效管理的专业知识、职业能力等。对于人力资源管理者来说，只有公正才可以做到无私，才能够客观地对人力资源进行评估、确定，在选拔、推荐、使用人才时坚持“唯才是用”的原则；只有坚定、勇敢，才能使自己在人力资源的构造和开发过程中，承受来自各方面的压力和挑战，坚持公正、忠诚、守信的原则。具备广博的社会科学知识，可充分利用各种社会科学知识或方法，为对人性的分析判别提供技术保证。同时，由于要和不同专业、不同领域的人员接触、相处，广博的社会科学知识有助于其提高对各类人才和不同层次的人才进行验核、判别的准确性，也有助于其建立广泛的社会关系，为建造单位或组织所需的人力资源库营造条件。同时，还要具备实现人力资源有效管理的专业知识和职业能力，包括：人力资源规划管理和人力资源管理手册设计能力；工作分析和绩效考核管理能力；薪酬与福利管理能力；人力资源开发、培训能力；人事制度管理能力等。当然，人力资源管理者还应具备组织能力、领导能力、表达能力、自信，以及对人力资源管理工作的兴趣或爱好等。不过真正能从事人力资源管理工作的人并不多，加上企事业单位对这个岗位的需求量相对较低，所以人力资源管理工作在应届毕业生的求职路上依然是一道比较难的坎儿。

凡事都需要一个从陌生到熟悉的过程，如果想从事人力资源管理方面的工作，没有一步一个脚印、踏踏实实、虚心请教的工作态度，是不能成大事的。只有靠自己去努力，才能开创出一片属于自己的天地。

五、总结

在广西人才市场实习的日子里，我每天不断地学习，不断地实践。只有熟悉企业内部的规章及人力资源管理的专业知识在企业中的应用情况，才能很快克服在工作中遇到的困难，并较快地进入到工作状态。在这段时间里，虽然通过自己的努力得到了领导和同事的肯定，但我深知自己还存在一些缺点和不足：人力资源管理专业知识不够全面和扎实，处理事务不够成熟。今后我要努力戒骄戒躁，加强学习，积累经验教训，不断调整自己的思维方式和工作方法，在实践中磨炼自己。

项目 6 工作现场仿真招聘综合实训演习

本章项目 3 以蒙特利公司为背景材料，用角色扮演的实训方法进行了校内仿真招聘会综合实训范例展示；项目 4 以明阳生化公司为背景，用角色扮演的实训方法进行了企业工作现场仿真招聘综合实训范例展示；项目 5 以广西人才市场为工作场地，利用社会服务的实训方法进行了人才市场实习范例展示。前面的实训都是以杜邦、柏美等世界知名大型企业和国内知名中型企业蒙特利公司和明阳生化公司为背景，下面我们以区域知名中小型企业佳利公司为背景，用角色扮演的实训方法进行工作现场仿真招聘综合实训演习。当然，演习的背景不一定要用佳利公司，也可以用其他公司；至于实训的项目内容，可以根据自身条件、资源状况和实训教学要求，选用其中一个或几个项目进行演习。

一、角色扮演实训任务建议：佳利公司工作现场仿真招聘演习

（一）实训背景材料

广西佳利工贸有限公司成立于 2005 年 10 月，是第二届“中国—东盟”博览会招商引资进入的大型生产研发型企业；注册类型为有限责任公司，注册资金 6 000 万元。公司生产基地位于南宁市明阳工业区，占地面积 12.5 万平方米，项目总投资 1.8 亿元，产品涵盖 PVC-U、PE、PPR 给排水管材、电工、电力护套管、市政管道、燃气管道及其配件领域。年生产能力超过 5 万吨，销售网络遍及西南、华南及华中地区，并出口东盟国家，是广西目前唯一能生产 800 毫米口径管材、投资和生产规模最大的集塑胶管道科、工、贸于一体的国家级高新技术企业。公司 2006 年 10 月试生产，2007 年引进国内先进塑胶管道生产技术，并正式生产及销售。2009 年公司已具备完整的生产、检测与研发能力。目前已拥有国内外先进管材生产线 29 条，并有配套管件注塑机 16 台，模具超过 400 台套，生产涵盖 Dn16-800mm 绝大部分品种规格的管材管件。

公司拥有原料—配方—生产工艺—生产技术—产成品等全方位完整的监测和检测设

备与手段。特别是炭黑含量测试仪、熔体流动速率仪、落锤冲击试验机、超大规格（Dn630）与超大压力（10.0MPa）管材微控静液压耐压试验机、塑胶管材热蠕变测定仪等实验检测设备的引进，不仅填补了区内的空白，而且大大提升了区内产品的自检能力，也为公司生产与销售适应市场需求的产品奠定了扎实的质量基础。公司拥有高分子、塑料挤出成型工艺、化学机械、化学工艺等各学科研究型人才数十人，还引进了具有国际领先水平的电脑模块化化学反应模拟软件操作系统，极大地提高了由理论转化为试验、由试验转化为实际生产力的速度与效率。新型化学实验室、研发技术中心楼的落成也为公司的进一步发展与新产品开发创造了坚实的基础条件。同时，公司常年与区内外各大高校与专业院校合作开展科学研究与技术开发，联手进行差异化人才培训与引进，大大提高了公司的人才培养与创新能力。公司拥有市级塑胶管道工程技术中心和自治区级技术中心，并建有国家级非金属压力管道焊接培训中心。公司成立后，先后通过了 ISO 质量管理体系认证，获得“2011 年度经济发展奖”“2011 年度企业技术研发奖”“广西就业先进企业”“价格诚信单位”“广西信息化应用企业”“2010—2013 年度区（市）光彩事业先进企业”等多项荣誉。公司产品“八桂”牌系列管道产品先后被评为“广西名牌产品”“广西著名商标”“新华节水产品”“中国著名品牌”“全国塑胶管道十佳名优品牌”“全国质量、服务、信誉 AAA 品牌”等。

自创建以来，公司不断探索产品及服务创新，追求客户、社会、企业三者利益的有机结合，同时本着理念领先、服务领先、技术领先、管理领先的企业精神，力争成为广西乃至西南地区极具影响力的大型企业集团。

（二）实训任务目标

1. 建议把实训课堂搬进企业

在一家你熟悉的企业用角色扮演的实训方法开展工作现场仿真招聘演习，把上述佳利公司改成你所演习的企业，然后选择 2～3 个岗位进行仿真招聘。把学生分成两大组，第一大组扮演招聘企业，第二大组扮演求职者，每个大组还要分成几个小组，其中绩效考核小组协助教师给参加演习的学生评分，为公平起见两大组各出一半人组成绩效考核小组。为了确保考核的准确性，绩效考核小组还要分为固定考核和流动考核，详见本章“企业工作现场仿真招聘综合实训范例展示”。

2. 校内仿真招聘会演习

如果把实训课堂搬进企业有难度，可以考虑进行校内仿真招聘会演习。根据上面佳利公司的背景材料或另选背景材料，以及相关的人事助理和行政文员岗位说明书的内容、招聘的专业知识，分三组进行招聘人事助理和行政文员的人才招聘会模拟活动。三组分别扮演人才市场、招聘企业和求职者。详见本章“校内仿真招聘会综合实训范例展示”。

（三）实训分组及评分要求

本次实训任务以角色扮演的实训方法进行。小组的划分尽量沿用第一次实训活动所分的组别，以保证整个学期每个学生的成绩连贯性和公平性。

实训过程当中如果涉及编写相关表格、资料等，由教师课后评分，各组在实训现场的表现水平由教师和学生助教在实训现场评分，编写作品水平和现场表现水平计为各小组的基础分。作品上必须注明本组队员在本次实训活动和编写作品中的分工和参与情况，并对本组队员按在本次实训活动和编写作品中的综合贡献进行排名；教师根据排名在各组基础分的基础上进行分数的上下调节，作为每个队员的平时成绩。

二、实训参考程序和方法

（1）角色扮演桌椅摆放要求如图 3—2 和图 3—4 所示。

（2）操练程序参见本章项目 3 或项目 4。

（3）评分标准参见本书第 6 章项目 3。

（4）实训过程的相关表格、资料等作品完成后，交给教师评分。

第4章 人力资源日常事务管理

技术要点分析 ▼

人事月报表制作方法；人事结构报表制作方法；人事结构报表分析；员工离职报表分析；规章制度的结构；规章制度的编号和管理

综合应用展示及演习 ▼

人事结构分析报告综合实训演习；企业规章制度要点分析及综合实训范例展示；企业规章制度编写综合实训演习

人力资源管理从人事管理阶段过渡到现代人力资源开发与管理阶段后，人力资源管理的战略工作越来越受到重视，人力资源管理的诸多模块内容，例如人力资源规划、工作分析、招聘、培训、职业生涯管理、绩效管理、员工激励、薪酬与福利、员工关系管理等成为人力资源管理的主体工作，相对应的日常事务性工作由于外包或者转移到行政部门而变得越来越少，或者比重有所下降，或者不受重视。对于教材来讲，极少有作者涉及本章的内容，这不能不说是一个缺陷。但是，有实际工作经验的人力资源管理专家知道，人力资源日常事务管理工作是人力资源战略管理工作的基石，如果不加以重视和规范，将对人力资源管理工作产生难以预估的负面后果。什么样的工作是人力资源日常事务管理工作？以下是一些主要工作的罗列：建立和维护人事档案及人才资料库、办理人事变更或异动手续并追踪结果、编写各种人事报表并加以分析、办理社会保险和劳动福利保障、员工考勤和奖惩、员工证件和劳动人事证照的办理、劳动合同和各种保密协议的管理、劳动合作及冲突管理等。

以上这些工作以前我们称之为人事管理工作，随着人力资源管理的深入和发展，这些人事管理工作的内涵和外延都在发展。进入人力资源管理阶段，人事管理工作不是不需要，而是更加重要了！在现代人力资源管理部门，有专门的岗位——一般是人事助理、人事专员或员工关系专员从事人事管理和员工关系工作，人事管理和员工关系工作可能合在一起，也有可能分开，视公司具体情况和规模大小而定。

当然，由于本教材是综合实训教材，不可能对人力资源日常事务管理工作进行系统讲授，因此只对人事月报表制作、人事结构报表制作及分析、规章制度分析和编写等人力资源日常事务管理工作的核心内容进行讲解和演习。

项目1　日常事务管理应用技术要点分析

一、报表制作指引

人事报表的管理主要体现在报表的制作、分析和应用上，这是人力资源管理的基础工作，也体现了人力资源管理者最基本的技能水平。人事报表主要包括考勤状况一览表、考勤统计报表、考勤异常汇总表、人事名单、人事月报表和人事结构报表。

（一）人事月报表制作方法

人事月报表主要由人力资源部人事助理或人事专员每月统计后制作，此表可以反映员工的流动状态和工作状态，作为公司管理层对人力资源管理进行决策时的参考依据。详见实训文件范例4—1。

实训文件范例4—1

人事月报表

<table>
<tr><td colspan="14">人力资源流动状况</td></tr>
<tr><td rowspan="2">招聘职位</td><td rowspan="2">招聘人数</td><td rowspan="2">应聘人数</td><td rowspan="2">面试人数</td><td rowspan="2">录用人数</td><td rowspan="2">报到人数</td><td colspan="8">服务年限</td></tr>
<tr><td></td><td><0.5年</td><td colspan="2">0.5～2年</td><td>2～4年</td><td colspan="2">4～8年</td><td>>8年</td></tr>
<tr><td></td><td></td><td></td><td></td><td></td><td></td><td>辞职</td><td></td><td colspan="2"></td><td></td><td colspan="2"></td><td></td></tr>
<tr><td></td><td></td><td></td><td></td><td></td><td></td><td>辞退</td><td></td><td colspan="2"></td><td></td><td colspan="2"></td><td></td></tr>
<tr><td></td><td></td><td></td><td></td><td></td><td></td><td>退休</td><td></td><td colspan="2"></td><td></td><td colspan="2"></td><td></td></tr>
<tr><td></td><td></td><td></td><td></td><td></td><td></td><td>调动</td><td></td><td colspan="2"></td><td></td><td colspan="2"></td><td></td></tr>
<tr><td></td><td></td><td></td><td></td><td></td><td></td><td>晋升</td><td></td><td colspan="2"></td><td></td><td colspan="2"></td><td></td></tr>
<tr><td></td><td></td><td></td><td></td><td></td><td></td><td>试用</td><td colspan="2">转正：　人</td><td colspan="3">延长试用：　人</td><td colspan="2">不合格：　人</td></tr>
<tr><td></td><td></td><td></td><td></td><td></td><td></td><td colspan="8">经办事件</td></tr>
<tr><td></td><td></td><td></td><td></td><td></td><td></td><td>奖惩</td><td>奖励：　件</td><td colspan="2">惩罚：　件</td><td colspan="2">争议：　件</td><td colspan="2">撤销：　件</td></tr>
<tr><td></td><td></td><td></td><td></td><td></td><td></td><td>社保</td><td>新增：　人</td><td colspan="2">调入：　人</td><td colspan="2">停交：　人</td><td colspan="2">异常：　人</td></tr>
<tr><td></td><td></td><td></td><td></td><td></td><td></td><td colspan="8">出勤状况</td></tr>
<tr><td></td><td></td><td></td><td></td><td></td><td></td><td>迟到</td><td></td><td>早退</td><td></td><td>旷工</td><td></td><td>代打卡</td><td></td></tr>
<tr><td></td><td></td><td></td><td></td><td></td><td></td><td>病假</td><td></td><td>事假</td><td></td><td>工伤假</td><td></td><td>婚/丧假</td><td></td></tr>
<tr><td></td><td></td><td></td><td></td><td></td><td></td><td>出差</td><td></td><td>产假</td><td></td><td>探亲假</td><td></td><td>年休假</td><td></td></tr>
</table>

（二）人事结构报表制作方法

1. 人事结构报表

人事结构报表主要从公司员工的性别结构、干部结构、地区结构、年龄结构、年资结构、学历结构等方面反映公司人事结构状况，为公司的人力资源规划或决策提供第一手参考依据。详见实训文件范例 4—2。

2. 性别结构报表及图例

性别结构报表及图例主要统计公司男女员工的数量和比例状况，并直观地加以展示，为公司男女员工的结构调整提供依据。表 4—1 为性别结构表，图 4—1 为总公司性别结构图，图 4—2 为销售分公司性别结构图，图 4—3 为总公司与销售分公司性别结构对比图。

表 4—1　　**性别结构表**

性别	总公司	销售分公司
男	230	76
女	31	8
小计	261	84

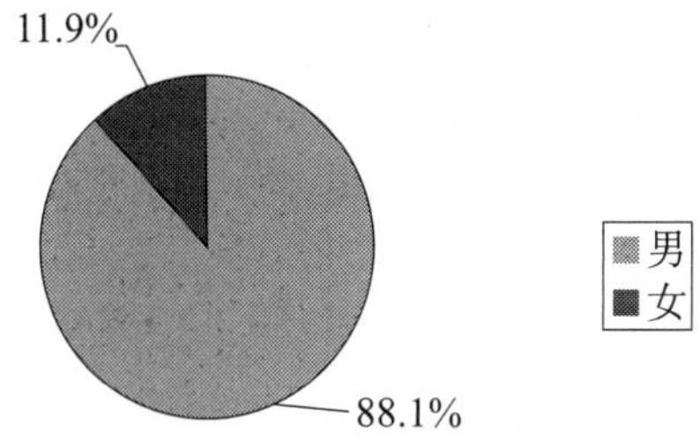

图 4—1　总公司性别结构图

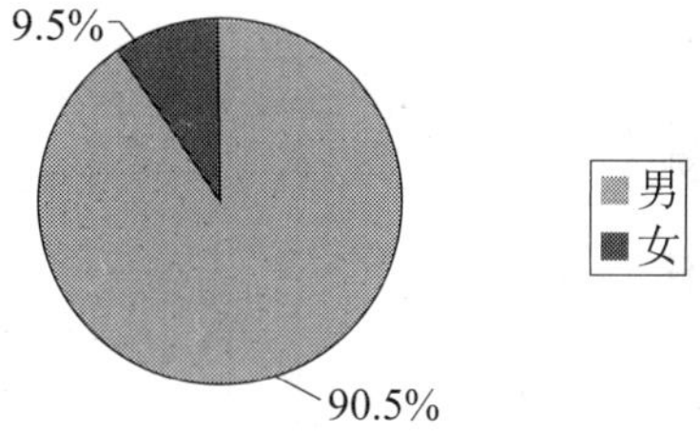

图 4—2　销售分公司性别结构图

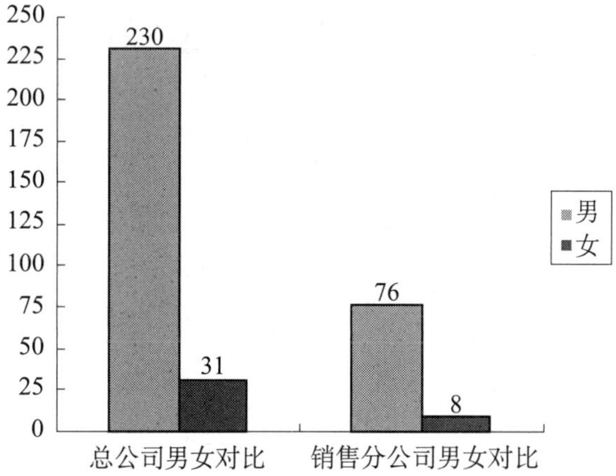

图 4—3　总公司与销售分公司性别结构对比图

实训文件范例 4—2

广州番禺某流行鞋厂第一季度（1—3 月）人事组成结构报表

单位名称	现有总人数		性别结构			学历结构								年龄结构								干部结构		
			男性	女性	男女比例	初中	所占比例	高中	所占比例	中专	所占以上	大专以上	所占比例	20 岁以下	所占比例	20～30 岁	所占比例	30～40 岁	所占比例	40岁以上	所占比例	一般员工	干部	干部比例
管理部	财会组	1		1	0∶1							1	100%			1	100%					1		
	业务组	2		2	0∶2					1	50%	1	50%			2	100%					2		
	总务组	3	1	2	1∶2	1	33.3%	1	33.3%			1	33.3%			2	66.7%	1	33.3%			3		
	机保组	1	1		1∶0			1	100%									1	100%			1		
	厂会组	1	1		1∶0							1	100%			1	100%					1		
	生管组	1		1	0∶1					1	100%							1	100%			1		
	小计	9	3	6	1∶2	1	11.1%	2	22.2%	2	22.2%	4	44.4%			6	66.7%	3	33.3%			9		
厂务部	面部组	82	30	52	15∶26	73	89%	8	9.8%	1	1.2%			24	29.3%	55	67.1%	3	3.6%			79	3	1/26.3
	底部组	50	30	20	3∶2	37	74%	10	20%	2	4%	1	2%	12	24%	35	70%	3	6%			45	5	1/9
	裁断组	14	10	4	5∶2	11	78.6%	2	14.3%	1	7.1%			2	14.3%	12	85.7%					12	2	1/6
	开发组	10	7	3	7∶3	5	50%	1	10%	4	40%					8	80%	2	20%			9	1	1/9
	仓库	5	3	2	3∶2			3	60%	1	20%	1	20%			5	100%					3	2	1/1.5
	木工班	1	1		1∶0	1	100%											1	100%			1		
	品管组	3	2	1	2∶1	2	66.7%					1	33.3%			3	100%					3		
	小计	165	83	82	83∶82	129	78.2%	24	14.5%	9	5.5%	3	1.8%	38	23.0%	118	71.5%	9	5.5%			152	13	1/11.7
合计		174	86	88	43∶44	130	74.7%	26	14.9%	11	6.3%	7	4.1%	38	21.8%	124	71.3%	12	6.9%			161	13	1/12.4

核准：　　　　　　　　　　审查：　　　　　　　　　　制表：

资料来源：由广州番禺某流行鞋厂厂部办公室提供。

3. 干部结构报表及图例

干部结构报表及图例主要统计公司主管级以上（含主管级）干部的数量及其占整个员工数量的比例状况，并直观地加以展示，为公司干部结构调整提供依据。表 4—2 为干部结构表，图 4—4 为总公司干部结构图，图 4—5 为销售分公司干部结构图，图 4—6 为总公司与销售分公司干部结构对比图。

表 4—2　干部结构表

	总公司	销售分公司
主管	34	10
一般员工（干部）	227	78
合计	261	88

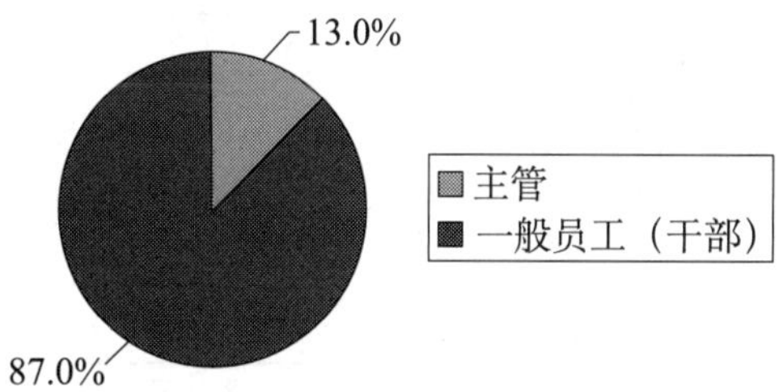

图 4—4　总公司干部结构图

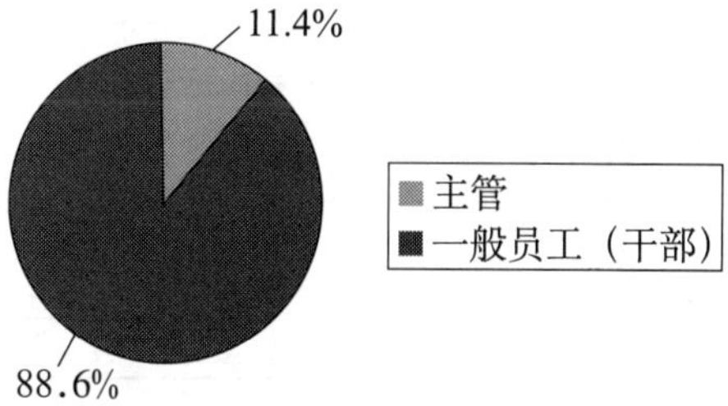

图 4—5　销售分公司干部结构图

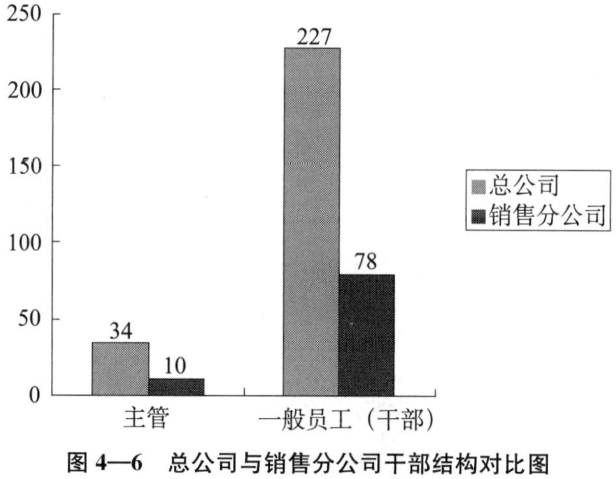

图 4—6　总公司与销售分公司干部结构对比图

4. 地区（省、自治区、直辖市）结构报表及图例

地区（省、自治区、直辖市）结构报表及图例主要统计公司各个地区（省、自治区、直辖市）的员工数量及其占整个员工数量的比例状况，并直观地加以展示，为公司地区（省、自治区、直辖市）结构调整提供依据。表 4—3 为地区（省、自治区、直辖市）人事结构表，图 4—7 为总公司地区（省、自治区、直辖市）人事结构图。

表 4—3　　　　　　　　地区（省、自治区、直辖市）人事结构表

	总公司	销售分公司	合计
湖北	203	60	263
广东	27	1	28
江西	7	2	9
广西	5	1	6
四川	5	3	8
贵州	3	0	3
安徽	2	2	4
山东	2	3	5
湖南	2	2	4
云南	1	0	1
河南	1	0	1
吉林	1	0	1
青海	1	1	2
海南	1	0	1
江苏	0	2	2
辽宁	0	6	6
上海	0	1	1
小计	261	84	345

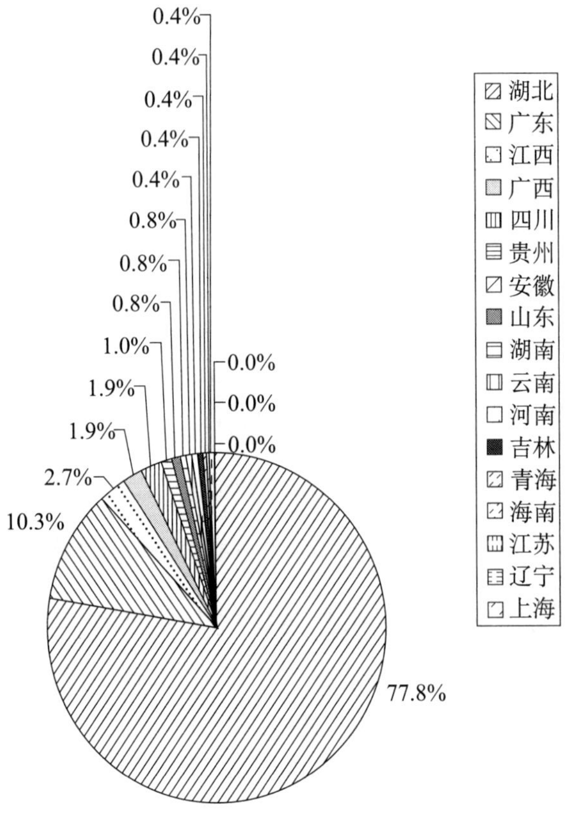

图 4—7　总公司地区（省、自治区、直辖市）人事结构图

5. 年龄结构报表及图例

年龄结构报表及图例主要统计不同年龄段的员工数量及其占整个员工数量的比例状况，并直观地加以展示，为公司年龄结构调整提供依据。表 4—4 为总公司年龄结构表，图 4—8为总公司年龄结构图。

表 4—4　　总公司年龄结构表

序号	年龄段	人数	占总人数比例
1	51 岁以上	8	1.47%
2	41～50 岁	55	10.09%
3	31～40 岁	263	48.26%
4	21～30 岁	198	36.33%
5	18～20 岁	21	3.85%

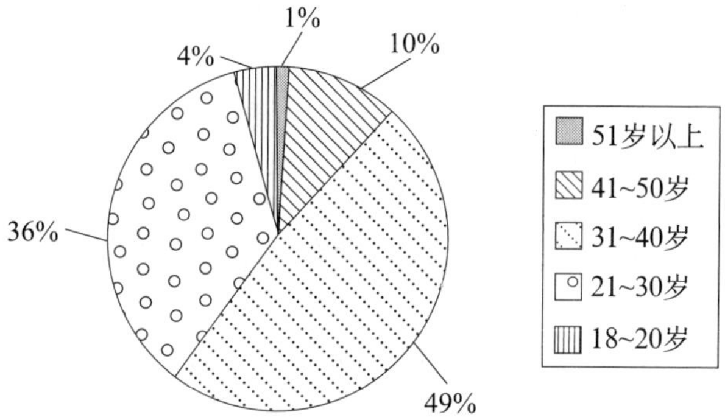

图 4—8　总公司年龄结构图

6. 年资结构报表及图例

年资结构报表及图例主要统计公司不同工龄长短的员工数量及其占整个员工数量的比例状况，并直观地加以展示，为公司年资结构调整提供依据。表 4—5 为年资结构表，图 4—9为总公司年资结构图，图 4—10 为销售分公司年资结构图，图 4—11 为总公司与销售分公司年资结构对比图。

表 4—5　　年资结构表

年资	总公司	销售分公司
1～3 个月	0	0
3～12 个月	19	11
1～2 年	55	12
2～3 年	61	21
3～4 年	52	10
4～5 年	40	17
>5 年	34	13
合计	261	84

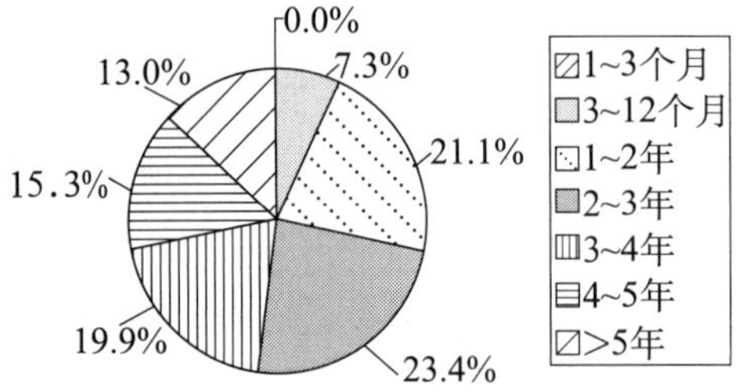

图 4—9 总公司年资结构图

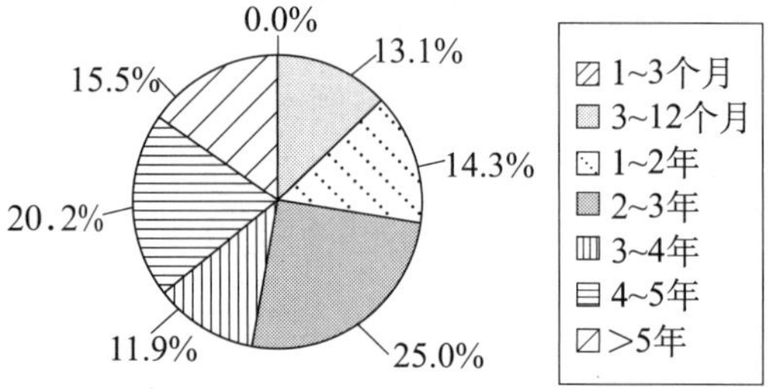

图 4—10 销售分公司年资结构图

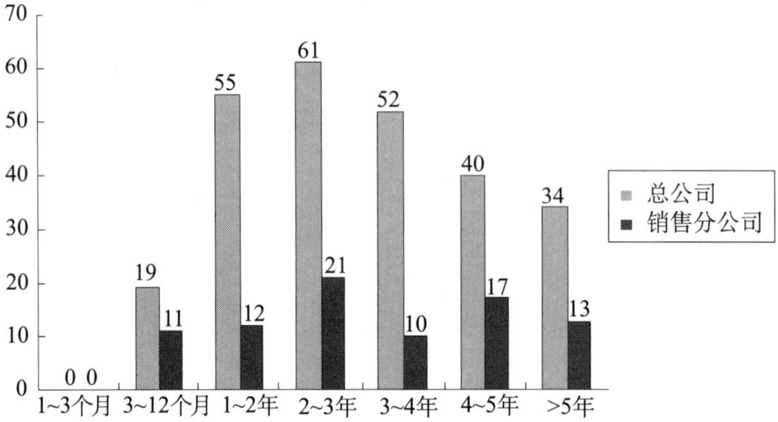

图 4—11 总公司与销售分公司年资结构对比图

7. 学历结构报表及图例

学历结构报表及图例主要统计公司不同学历的员工数量及其占整个员工数量的比例状况，并直观地加以展示，为公司学历结构调整提供依据。表 4—6 为学历结构表，图 4—12为总公司学历结构图，图 4—13 为销售分公司学历结构图，图 4—14 为总公司与销售分公司学历结构对比图。

表 4—6 学历结构表

	博士	硕士	本科	大专	中专	高中	初中（以下）	小计
总公司	1	1	28	15	26	67	123	261
销售分公司	0	0	11	16	15	24	18	84

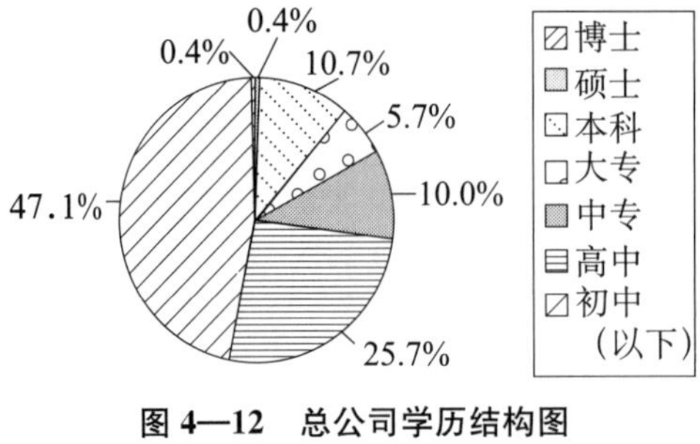

图 4—12 总公司学历结构图

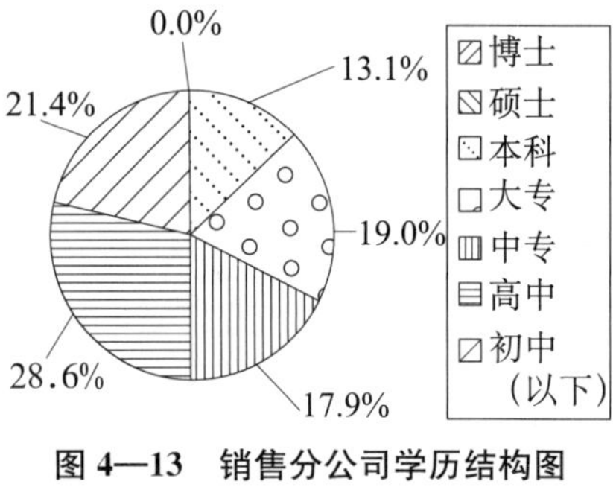

图 4—13 销售分公司学历结构图

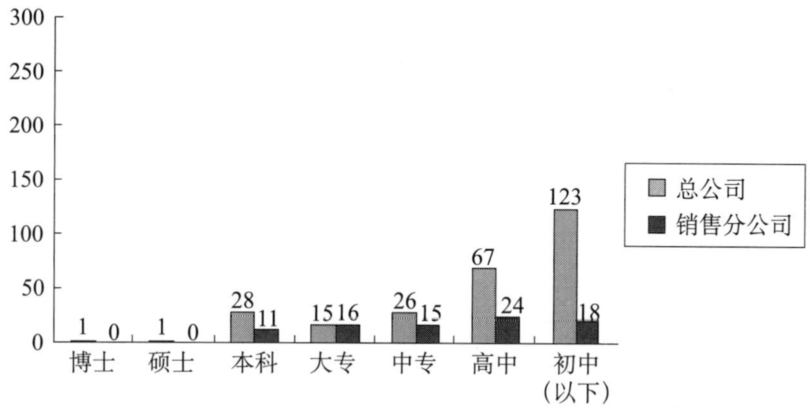

图 4—14　总公司与销售分公司学历结构对比图

资料来源：由广州蒙特利材料科技股份有限公司人力资源部提供。

二、人事报表分析实例

在传统人事管理阶段，人事管理工作经常要做人事报表，但是这些报表数据并没有得到有效和深入的应用；现代人力资源管理阶段同样要做人事报表，但做得更加细致和全面。比如，现代人事报表并不仅仅局限于员工进出、升降、借调的数据统计，而是更关注分析和解决在职员工性别结构的差异、干部结构比例的失调、地区结构比例的变化、年龄结构比例的变化、年资结构比例的变化、学历结构比例的危机等问题。

以下两份人事报表的分析报告是作者之前所在企业的最近资料，报告保持原状，没有修改，供读者参考。

（一）人事结构报表分析

实训文件范例 4—3

2015 年度人力资源结构分析报告

古语曰："以史为鉴"，"温故而知新"。回顾刚刚过去的 2015 年，我们有必要对一年的人力资源结构做一个全面、中肯、实用的分析，以供 2016 年借鉴。同时，为建立比较合理的人力资源结构体系，最大限度地开发人力资源，推动公司人力资源适才、适岗、适时地成长打下理论基础。

一、学历结构

(1) 各学历人员占本厂该部门总人数的比例如表 4—7 所示。

表 4—7　　各学历人员占本厂该部门总人数的比例（%）

部门 学历	企划室	原料厂	管理部	模具厂	鞋材厂
大学	74	18	13	8	7

续前表

学历＼部门	企划室	原料厂	管理部	模具厂	鞋材厂
高中	26	53	55	58	33
初中	0	29	32	34	60
离职率	—	7.3	2.5	3.5	2.7

说明：

（1）比例取全年平均值。

（2）高中学历含中专在内。

（3）原料厂大学生比例居全公司第二。

（4）原料厂离职率居全公司第一。

（2）学历结构分析。

1）原料厂各单位的各种学历人员占该单位总人数的比例（其中干部一栏为各学历干部占原料厂干部总数的比例）如表4—8所示。

表4—8　原料厂各单位的各种学历人员占该单位总人数的比例（%）

学历＼部门	报关组	业务课	品管课	资材课	制造课	干部
大学	100	63	37	9	3	47
高中	—	37	63	62	53	33
初中	—	—	—	29	44	20

分析：

第一，业务课大学生比例偏高，但并未发挥应有的作用。业务人员的业绩好坏不在于学历的高低，而在于是否有敏锐的市场洞察力、良好的形象和卓越的沟通协调能力。如果一味强调学历，很多优秀的业务人员将和我们擦肩而过。

第二，原料厂现场员工及搬运工（资材课、制造课）劳动强度大，工作环境较差而且工资偏低，招聘对象应立足初中水平，否则人员流失难以控制。

第三，品管课和干部学历偏低，难以管控质量及提高管理水平。

2）鞋材厂各单位的各种学历人员占该单位总人数的比例（其中干部一栏为各学历干部占鞋材厂干部总数的比例）如表4—9所示。

表4—9　鞋材厂各单位的各种学历人员占该单位总人数的比例（%）

学历＼单位	业务课	资材课	品管课	制造课	干部
大学	55	13	8	2	27
高中	45	63	75	27	39
初中	—	24	17	71	34

分析：

第一，制造课干部学历偏低，难以理解和执行公司的方针政策（鞋材厂初中学历的干部为34%）。

第二，制造课员工学历太低，难以接受和执行公司的新观念、新制度。

二、干部结构

各厂干部结构如表 4—10 所示（所有数据取年度平均值）。

表 4—10　　各厂干部结构

项目＼厂别	模具厂	管理部	原料厂	鞋材厂	平均
干部数量	41	11	14	16	82
本厂总人数	204	67	79	207	557
干部比例	1/5.0	1/6.1	1/5.6	1/12.9	1/6.8

分析：

第一，现代管理学中有两个概念值得认真思考：管理幅度和管理层级。管理幅度是指管理范围的大小，包括管理人数的多少；管理层级是从最高管理层到最低管理层所具有的管理层级数，管理干部的增加也会导致管理层级的增加。

第二，一般来讲，随着先进技术和设备的应用，以及管理者管理水平的提高和被管理者自身素质的提高，管理幅度将越来越大，相应的管理层级将越来越少，它们之间呈反比关系。因此随着公司各项制度的成熟及先进设备的应用，我们的管理幅度应越来越大，相应的管理层级应越来越少，这样才合乎逻辑。但令人费解的是，公司的管理幅度却越来越窄，管理层级却越来越多，具体表现在干部比例上，特别是模具厂每 5 人当中就有 1 名干部。管理人员的增加不但会增加成本，滋长官僚主义，而且会压抑员工的积极性、主动性和创造性，助长本位主义的思想。

三、性别结构

各厂性别结构如表 4—11 所示。

表 4—11　　各厂性别结构

性别＼厂别	模具厂	原料厂	鞋材厂	管理部	平均
女	17	11	73	39	140
男	228	67	151	54	500
比例	1∶13.4	1∶6.1	1∶2.1	1∶1.4	1∶3.6

分析：

第一，公司男女比例失调，尤以模具厂突出。

第二，与周边工厂举行联谊活动以增加男女交往机会，稳定员工队伍，此项内容应纳入企划室生活辅导的工作中。

四、年龄结构

各厂年龄结构如表 4—12 所示。

表 4—12　　各厂年龄结构比例（%）

年龄段＼厂别	原料厂	模具厂	鞋材厂	管理部	平均
20 岁以下	6	13	9	5	8.3

续前表

年龄段＼厂别	原料厂	模具厂	鞋材厂	管理部	平均
20～30岁	86	72	75	71	76.5
30～40岁	8	15	15	22	15
40岁以上	0	0	1	2	0.2

注：干部结构表、性别结构表和年龄结构表中缺少企划室的资料。

分析：

第一，公司员工年轻化，可塑性较强，但随之而来的是将面临恋爱、婚姻、生育等潜在压力。如果处理不当，很容易引起员工思想波动和心理压力，对工作造成潜在的冲击，相关应对措施将纳入企划室生活辅导的工作中。

第二，30岁以上员工比例过大，应适当加以限制。

资料来源：由广州番禺东泰塑胶有限公司企划室提供。

（二）员工离职报表分析

实训文件范例4—4

番禺××塑料有限公司2015年度员工离职分析总结报告

在总结2015年度员工离职原因之前，有必要对全年的离职状况做个回顾。

公司2015年度各月平均离职率情况如表4—13和图4—15所示。

表4—13　公司各月平均离职率（%）

月份	1	2	3	4	5	6	7	8	9	10	11	12
离职率	5.6	1.8	4.5	3	7.2	6.2	7.9	2.9	2.1	2.6	3.6	2.7

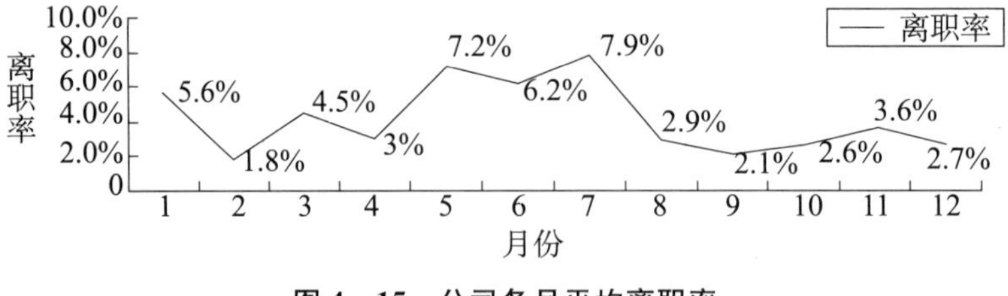

图4—15　公司各月平均离职率

可以看出，公司的离职率以7月为分界线。

1. 7月以前的离职率呈曲折上升趋势

（1）年初离职率高，这在企业中普遍存在，不在异常之列。但从2月开始呈明显的曲折上升趋势，5月突破5%的管理基准线，达到7.2%，7月更是达到全年最高峰7.9%。

（2）为何公司离职率高居不下？经过半个月的招聘工作，从应聘人员的应聘心态中找到了问题的端倪。以下是应聘人员在应聘时具体提到的问题：

1）大专以上学历的员工，试用期间有没有保底工资？按公司现行的日薪制度，大学生第一个月 900 元左右，第二个月 1 000 元左右，第三个月 1 200 元左右。再扣除厂服等费用，工资更低。如此低的工资，如何满足各单位对人才的高标准要求？

2）公司采用什么管理模式？是主管说了算还是制度说了算？经过努力工作，有没有升迁的机会？员工对公司制度的认识模糊，员工受到不公平待遇，员工看不到未来，都会造成人才流失。

3）入厂以后，如果有问题，单位主管会不会帮助解决？机器都需要保养、爱护，何况是一个有感情、有思想的人？公司各级主管只是一味要求下属应该怎样做，必须怎样做，有没有设身处地为下属着想？有没有稍微关心一下员工的生活和情趣，哪怕只是口头上的一点安慰和支持？

2. 7 月以后的离职率呈整体下降趋势

以上三大问题是不是造成员工离职的真正原因？通过什么渠道加以证实？可否通过员工访谈的方式加以了解证实？为此做出如下规划：

一是新进人员访谈：澄清员工模糊认识，解决员工实际困难，降低新进人员流失率。

二是离职员工访谈：发现和弥补公司制度的漏洞，提高干部管理水平，稳定员工队伍。

从 7 月开始，公司全面展开新进员工访谈及离职员工访谈。通过员工心态分析确实发现不少问题，印证了上面提出的三大问题。

截至 2015 年 12 月 31 日，企划室对 36 名离职者进行了访谈。结果整理如下：

(1) 47%的离职者因为待遇问题而离职。

普通员工的工资水平与外界相比，不分伯仲，但大专以上学历的薪资结构应当作相应调整，不能按以前的日薪制度执行。建议公司对新进大专以上员工实行保底工资制，按现行的市场行情，月薪在 1 500～2 000 元之间。

(2) 42%的离职者因为工作压力太大而离职。

这说明公司各级主管对员工生活漠不关心，只是一味施加工作压力，长此以往只能适得其反。员工的心理压力没有得到正确和及时的疏导，没有建立一个能释放员工心理压力的有效机制。

(3) 28%的离职者因为看不到未来而离职。

一是说明公司的激励机制不健全，用人任职方面主观性太强，挫伤了员工的积极性。

二是说明公司只注重现实的工作要求，没有考虑到员工未来的发展方向，使员工感到在公司工作没有成就感和升迁感。

针对 (2) (3) 两点，企划室应建立生活辅导室制度，展开多种形式的心理咨询活动，达到稳定员工队伍、提升员工士气、发掘员工潜能的目的。

(4) 22%的离职者因为主管管理水平低下或缺乏操守而离职。

一是说明公司主管还处在粗放管理的水平上，缺乏应有的管理素质和风度。

二是说明公司制度不够健全，权力凌驾于制度之上。

(5) 17%的离职者因为工作时间太长而离职。

一是说明公司的人员配置不合理，工作安排不恰当，造成工作上加班严重，打疲劳战。

二是关于生产岗位两班倒，工作时间长无可非议，但行政岗位可以通过提高工作效率和轮流加班等方式缩短工作时间。

针对以上问题，企划室都通过不同途径反馈到相关部门和单位，相关单位采取了一些措施加以改善，取得了初步成效。

第一，员工访谈进行的第二个月离职率便明显下降到2.9%，第三个月再降至2.1%，以后几个月一直保持在4%以下，远离5%的离职管理基准线。

第二，虽然取得了一些成绩，但以上问题仍然不同程度地存在，还有许多事情要做。任何制度如果不持之以恒地贯彻落实，再好也不能发挥功效。我们将本着这种理念，将这项工作深入并持久地进行下去。

资料来源：由广州番禺东泰塑胶有限公司企划室提供。

项目2　人事结构分析报告综合实训演习

一、数据调查分析实训任务建议：蒙特利公司人事结构报表分析演习

本章项目2采用数据调查分析的实训方法进行人事结构分析报告综合实训演习。数据调查分析实训方法是指根据人力资源管理课程在企业实际应用的需要，对课程相关内容进行问卷调查分析并提出解决方案、对相关数据进行分析并提出解决方案、对相关数据进行计算和分析等。

（一）实训背景材料

蒙特利公司背景材料详见第3章。

（二）实训任务目标

本次实训任务以数据调查分析的实训方法进行。每个小组请根据表4—14，结合蒙特利公司背景材料简介及【实训文件范例4—3】，编写蒙特利公司人事结构分析报告。

分析报告要涵盖表4—14中的内容，数据来源必须对应结构报表。如果报告中涉及蒙特利公司的其他信息，不清楚的可以合理想象。

（三）实训分组及评分要求

小组的划分沿用第一次实训活动所分的组别，以保证整个学期每个学生的成绩连贯性和公平性。每组作品完成后，交给教师课外对小组作品进行评分作为各组的基础分；作品上必须注明本组队员在本次编写中的分工和参与情况，并对本组队员按在本次编写中的贡献进行排名；教师根据排名在各组基础分的基础上进行分数的上下调节，作为每个队员的平时成绩。评分的标准是蒙特利公司人事结构分析报告内容的专业性、观点的正确性、前后的逻辑性、行文的规范性、排版的美观性。

二、实训参考程序和方法

（1）查阅分析表4—14。

表 4—14 **蒙特利公司 2002 年**

		部门	总人数	干部结构		性别结构		学历结构			
				主管	一般员工(干部)	男	女	博士	硕士	本科	大专
总公司管理人员	管理层	董事长	1	1		1	0	1			
		公司领导	4	4		3	1		2	1	
		合计	5	5	0	4	1	1	2	1	
		比例		100.0%	0.0%	80.0%	20.0%	20.0%	40.0%	20.0%	0.0%
	行政管理部门	电脑部	2	1	1	1	1				1
		人力资源部	2	1	1	1	1			2	
		总经理办公室	3	1	2	2	1			2	
		审计部	2		2	2				1	1
		总务部	2	1	1	2	0				
		合计	11	4	7	8	3	0	0	5	2
		比例		36.4%	63.6%	72.7%	27.3%	0.0%	0.0%	45.5%	18.2%
	财务部门	财务部	7	1	6	4	3			1	1
		比例		14.3%	85.7%	57.1%	42.9%	0.0%	0.0%	14.3%	14.3%
	市场销售部门	国际市场部	3		3		3			1	2
		市场销售部	3	1	2	2	1			1	1
		项目部	4	2	2	3	1			3	1
		客户服务部	7	3	4	4	3				5
		合计	17	6	11	9	8	0	0	5	9
		比例		35.3%	64.7%	52.9%	47.1%	0.0%	0.0%	29.4%	52.9%
	研发部门	产品开发部	9	1	8	7	2		2	6	
		比例		11.1%	88.9%	77.8%	22.2%	0.0%	22.2%	66.7%	0.0%
	生产运作部门	生产部	7	1	6	7	0			6	
		分厂（干部）	6	4	2	6	0			1	3
		合计	13	5	8	13	0	0	0	7	3
		比例		38.5%	61.5%	100.0%	0.0%	0.0%	0.0%	53.8%	23.1%
	办公室合计		62	22	40	45	17	1	4	25	15
	比例			35.5%	64.5%	72.6%	27.4%	1.6%	6.5%	40.3%	24.2%
总公司工人	后勤工人	保安	13	1	12	13					1
		保洁	2		2		2				
		司机	7		7	7					
		食堂	9	1	8	5	4				
		后勤工人合计	31	2	29	25	6	0	0	0	1
		比例		6.5%	93.5%	80.6%	19.4%	0.0%	0.0%	0.0%	3.2%

10月人事结构报表

学历结构			年资结构						
中专	高中	初中（以下）	1～3个月	3～12个月	1～2年	2～3年	3～4年	4～5年	>5年
									1
	1				3			1	
	1				3			1	1
0.0%	20.0%	0.0%	0.0%	0.0%	60.0%	0.0%	0.0%	20.0%	20.0%
1							2		
				2					
1				1	1	1			
				1	1				
2								1	1
4	0	0	0	4	2	1	2	1	1
36.4%	0.0%	0.0%	0.0%	36.4%	18.2%	9.1%	18.2%	9.1%	9.1%
3	2				1		3	1	2
42.9%	28.6%	0.0%	0.0%	0.0%	14.3%	0.0%	42.9%	14.3%	28.6%
					2	1			
	1		1		1			1	
			1	1		2			
	1	1			3	2		1	1
0	2	1	2	1	6	5	0	2	1
0.0%	11.8%	5.9%	11.8%	5.9%	35.3%	29.4%	0.0%	11.8%	5.9%
1			4		0	4	1		
11.1%	0.0%	0.0%	44.4%	0.0%	0.0%	44.4%	11.1%	0.0%	0.0%
	1			2	3	1			1
1	1			2	2			1	1
1	2	0	0	4	5	1	0	1	2
7.7%	15.4%	0.0%	0.0%	30.8%	38.5%	7.7%	0.0%	7.7%	15.4%
9	7	1	6	9	17	11	6	6	7
14.5%	11.3%	1.6%	9.7%	14.5%	27.4%	17.7%	9.7%	9.7%	11.3%
1	2	9	1	1	1	7	2		1
	1	1		2					
		7	1		3	1	2		
1	1	7		1	3	1	4		
2	4	24	2	4	7	9	8	0	1
6.5%	12.9%	77.4%	6.5%	12.9%	22.6%	29.0%	25.8%	0.0%	3.2%

续前表

		部门	总人数	干部结构		性别结构		学历结构			
				主管	一般员工（干部）	男	女	博士	硕士	本科	大专
总公司工人	一分厂	ZS1 分厂	1	0	1		1				
		ZS1 成品车间	74	2	72	74	0				
		ZS1 后处理车间	38	1	37	38	0				
		合计	113	3	110	112	1	0	0	0	0
		比例		2.7%	97.3%	99.1%	0.9%	0.0%	0.0%	0.0%	0.0%
	二分厂	ZS2 分厂	1		1		1				
		ZS2 粉料车间	17	1	16	17	0				
		ZS2 配料车间	14	1	13	14					
		ZS2 树脂车间	26	1	25	23	3				1
		合计	58	3	55	54	4	0	0	0	1
		比例		5.2%	94.8%	93.1%	6.9%	0.0%	0.0%	0.0%	1.7%
	三分厂	ZS3 分厂	2		2	1	1				
		ZS3 加工中心	14	1	13	14	0				
		ZS3 洁具车间	28	1	27	28					
		ZS3 模具车间	8	1	7	8	0				
		合计	52	3	49	51	1	0	0	0	0
		比例		5.8%	94.2%	98.1%	1.9%	0.0%	0.0%	0.0%	0.0%
	其他工人	ZS 成品仓库	8		8	5	3				
		ZS 原料仓库	3	0	3	1	2				
		（品质）质检	10		10	9	1				
		ZS 维修车间	21	1	20	21	0				3
		ZS 叉车司机	3	0	3	3	0				
		合计	45	1	44	39	6	0	0	0	3
		比例		2.2%	97.8%	86.7%	13.3%	0.0%	0.0%	0.0%	6.7%
		车间合计	268	10	258	256	12	0	0	0	4
		比例		3.7%	96.3%	95.5%	4.5%	0.0%	0.0%	0.0%	1.5%
	工人合计		299	12	287	281	18	0	0	0	5
	比例			4.0%	96.0%	94.0%	6.0%	0.0%	0.0%	0.0%	1.7%
总公司合计			361	34	327	326	35	1	4	25	20
比例				9.4%	90.6%	90.3%	9.7%	0.3%	1.1%	6.9%	5.5%

学历结构			年资结构						
中专	高中	初中（以下）	1～3个月	3～12个月	1～2年	2～3年	3～4年	4～5年	>5年
	1						1		
4	20	50	15	5	14	18	16	4	2
2	10	26	5	8		15	3	5	2
6	31	76	20	13	14	33	20	9	4
5.3%	27.4%	67.3%	17.7%	11.5%	12.4%	29.2%	17.7%	8.0%	3.5%
	1						1		
	4	13	1		4	3	3	4	2
2	5	7	3	1	5	2	2		1
7	11	7		1	6	9	5	4	1
9	21	27	4	2	15	14	11	8	4
15.5%	36.2%	46.6%	6.9%	3.4%	25.9%	24.1%	19.0%	13.8%	6.9%
	1	1					1		1
	3	11		4	4	2	1	1	2
1	2	25		4	9	3	5	6	1
2	5	1		2	1	1	4		
3	11	38	0	10	14	6	11	7	4
5.8%	21.2%	73.1%	0.0%	19.2%	26.9%	11.5%	21.2%	13.5%	7.7%
	3	5			1	1	5	1	
1		2					2		1
2	5	3			3	1	3	3	
4	8	6		6	7	1	4	2	1
	2	1			1	1	1		
7	18	17	0	6	12	4	15	6	2
15.6%	40.0%	37.8%	0.0%	13.3%	26.7%	8.9%	33.3%	13.3%	4.4%
25	81	158	24	31	55	57	57	30	14
9.3%	30.2%	59.0%	9.0%	11.6%	20.5%	21.3%	21.3%	11.2%	5.2%
27	85	182	26	35	62	66	65	30	15
9.0%	28.4%	60.9%	8.7%	11.7%	20.7%	22.1%	21.7%	10.0%	5.0%
36	92	183	32	44	79	77	71	36	22
10.0%	25.5%	50.7%	8.9%	12.2%	21.9%	21.3%	19.7%	10.0%	6.1%

（2）参考【实训文件范例4—3】。

（3）结合蒙特利公司背景材料简介，不清楚的可以合理想象。

（4）编写蒙特利公司人事结构分析报告。

（5）小组的人事结构分析报告写好后，交给教师课外评分。

项目3 企业规章制度要点分析及综合实训范例展示

一、规章制度概述

（一）规章制度的作用

发展到一定规模时，需要制定一些规章制度来规范公司的管理。制定规章制度本身并不难，难的是规章制度的执行。而规章制度难以执行的主要原因在于：规章制度的实施实际上是在改变员工的不良习惯、规范员工的工作行为。俗话说“江山易改，本性难移”，改变一个人的不良习惯是很难的；况且规章制度是要改变公司所有员工可能存在的不良工作习惯，其困难程度可想而知。所以，在制定规章制度时，不但要确保规章制度的内容合法、制定程序合法，而且要考虑它能否成功改变员工的工作习惯（即能否成功地被执行）。

管理规章制度篇幅不一，多则洋洋万言，少则薄薄几页，但是都在不同程度地发挥作用。多的优点在于规定了所有人应做何事及所有事应如何做，可谓面面俱到，管理有序；缺点在于增加了管理成本。少的优点在于简明、扼要，运行成本较低；缺点在于不便于控制。

（二）规章制度的范围

规章制度涉及的范围很广，主要包括五大部门（产、销、发、人、财）：

产指广义的生产，包括采购、外协、储运、技术、制程、设备、基建、安全环保、品控等环节。

销指广义的营销，包括市场、销售、营业、售后服务等环节。

发指广义的研究和开发，包括项目调查、产品研究设计、项目管理、投资、企划等环节。

人指广义的人力资源管理，包括组织结构、部门职责、考勤管理、人事变更、招聘、培训、考核、薪酬、档案、行政事务、后勤、保安等环节。

财指广义的财务和会计，包括会计、财务、审计等环节。

规章制度不管内容多少、范围大小，它的编写原则、结构、编号和管理都是基本相似的。下面我们分别予以探讨。

二、规章制度的编写原则

（一）让当事人参与

让当事人参与规章制度的制定是制定规章制度的一个重要原则。《劳动合同法》第四条规定：用人单位在制定、修改或者决定直接涉及劳动者切身利益的规章制度或重大事项时，应当经职工代表大会或者全体职工讨论，提出方案和意见，与工会或者职工代表平等协商确定。

如果规章制度是针对整个公司的，要尽量使公司的全体员工都参与到规章制度的制定中；如果只针对某个工作流程，则需要请相关的员工参与进来。一般的做法是，由起草人在进行认真调查之后，起草规章制度的草案，将该草案公布于众，让大家进行讨论和修改，由起草人收集意见进行修改。对于重点的当事人，起草人要个别征求他们的意见，并做认真的记录和总结。需要注意的是，在收集到的意见中，会有大量意见是重复的或不可行的（对这些意见要向提出人耐心地做解释工作）。这种让当事人参与讨论制定规章制度的形式不可缺少，也是法律赋予员工的权利。

虽然当事人的参与会使规章制度的制定和修改变得更加复杂和缓慢，但是会为今后规章制度的执行减少很多障碍。因为人本能地会对约束他的事物产生反感，而规章制度恰恰是约束人的事物。但是，让员工参与规章制度的制定和修改，可以减少这种反感，因为通常人们不会否定自己的劳动成果。

（二）注意员工的工作习惯

懒惰是人的一大天性，没有人会主动更改自己熟悉的工作方式。所以，在制定规章制度时，一定要认真分析现有的工作流程和工作习惯。在达到目标的原则上，要尽可能继承原有的工作流程和习惯，这样才能有效地保证日后规章制度的执行。

（三）简明、扼要、易懂

规章制度是需要执行的，当员工对规章制度本身无法深入了解时，就谈不上能很好地执行。规章制度是针对所有当事人的，所以其语言叙述应该尽可能简明、扼要、易懂，并且不产生歧义，让所有当事人都可以轻松地理解。另外，规章制度不必非常缜密和完备，因为这样会损害规章制度的简明性、扼要性和易懂性，不利于执行。

（四）易于操作

规章制度必须具有可操作性，否则就失去了制定规章制度的意义。要想使规章制度易于操作，最好在规章制度中明确一般的操作方法。另外，要写明规章制度的原则，这样便于对特殊情况进行处理（最好能规定出解释权的归属部门）。另外，《劳动合同法》第四条规定：用人单位应当将直接涉及劳动者切身利益的规章制度和重大事项决定公示，或者告知劳动者。

（五）不求完善但求公正

在制定新规章制度时，很难做到一次就完善。随着公司的发展和管理的提升，可能还要进行不断的修改和充实。制定规章制度是为了使用，所以一定要适合公司。在规章制度执行的过程中，可能会因为规章制度本身的不完善和不合理而出现一些问题，但这些不应该影响规章制度的公正执行。比起规章制度的完善性，员工往往更加关心执行规章制度的公正性，所以，规章制度的制定者应该更加关心执行的公正性。

(六) 对改变习惯采取措施

规章制度的执行过程就是改变员工工作习惯的过程。管理者应该很清楚地认识到该规章制度的执行会带来哪些工作习惯的改变，这种改变员工是否可以接受、接受的程度是多少。根据具体情况，管理者必须采取一些辅助措施来加强对员工工作习惯的改变。比如在新规章制度执行时，进行规章制度培训，或进行频繁的抽查和监督等。

三、规章制度的结构

一般来讲，规章制度包括以下结构和内容，也可根据公司的实际需要进行必要的调整。

(一) 规章制度标头

(1) 公司 LOGO 和公司名称。
(2) 规章制度的编名和章节名称。
(3) 编号、版次和页码。

(二) 规章制度总则

(1) 制定目的。
(2) 适用范围。
(3) 权责单位。
(4) 名词界定。

(三) 管理内容

(1) 主要用文字和条款的方式阐述规章制度的内容。
(2) 用词简洁、明了、肯定、完整。
(3) 责任明晰、时限确定。
(4) 尽量用表和图（尤其是流程图）表示。

(四) 附件

附件指与本规章规章制度相关的表格、数据、图例、规章制度和文件等。

(五) 编制、审核、复核和批准

一般的规章制度由规章制度执行部门或代表部门编制，部门的最高负责人审核，行政或人力资源管理部门复核，总经理批准。如果规章制度仅仅涉及本部门并且没有较大的利益冲突，就不需要总经理批准；如果规章制度事关公司全局，涉及集团其他子公司，或有很大的利益冲突，还需要董事会讨论和董事长批准。

四、规章制度的编号和管理

对规章制度应进行编号和管理，以确保公司重要文件具有唯一编号，便于文件的识别、追溯和控制，保证公司文件体系有效运转。

为了识别方便，在进行文件和规章制度编号时最好简单、明了、具有层次感。如果公司主要面向国内市场，编号最好用拼音字母加数字表示，便于国内员工的识别和管理。蒙特利公司的行政类文件和规章制度包括人力资源管理（人力资源规划、工作说明书、招聘、培训、考核、薪酬、员工关系等）、行政管理、总务管理等。如果我们对人力资源管理下的招聘管理文件进行编号，可以编为 MR—Z—01，其中 M 表示蒙特利公司蒙字的汉语拼音第一个字母，R 表示人力资源管理，Z 表示招聘，01 表示招聘类的第一个文件；如果还想给招聘管理文件的附属表格编号，可以表示为 MR—Z—01/B1，其中 B1 表示招聘类第一个文件里的第一个表格，依此类推。如果是国际化公司或者是外资企业，在编号的时候就要采用英文缩写加数字的方式。

关于文件的编号在 ISO 质量管理体系中有严格的规定，主要是对质量手册、程序文件、作业指导书和表格单据等四层文件进行编号管理。其实，ISO 质量管理体系文件的编号原则、方法和普通规章制度的编号原则、方法，本质上是一样的，只不过 ISO 质量管理体系文件编号相对复杂、严格和特殊一些。实际上实施 ISO 质量管理体系的公司，也把公司行政类文件和规章制度纳入 ISO 质量管理体系的文件管理体系中，将公司规章制度的编号和 ISO 质量管理体系文件的编号统一起来。

五、规章制度编写的实训范例展示

（一）规章制度的结构和内容范例展示

实训文件范例 4—5

蒙特利公司员工奖惩管理规定

蒙特利 MONTELLI 第 1 编：人力资源管理规章	编号	MR—JC—03 (201608)
	版次	V5.0
第 12 章　员工奖惩管理规定	页次	第×页，共×页

一、总则

1.0　制定目的：为保障公司各项规章制度的执行，促进公司全体员工奋发上进，特制定本规定。

2.0　适用范围：本规定适用于各部门。

3.0　权责单位：

3.1　本规定由人力资源部草拟、修改、执行并拥有最终解释权。

3.2　本规定由总经理办公会议颁布签发。

二、奖惩类别

1.0　奖励种类：

1.1　嘉奖。

1.2　记小功。

1.3　记大功。

1.4　晋级或授予“优秀员工”称号。

1.5　晋级或授予“模范员工”称号。

2.0　惩处种类：

2.1　警告。

2.2　严重警告。

2.3　记过。

2.4　记大过。

2.5　降职或开除。

三、奖励内容

1.0　判定标准：

类别	奖励依据
晋级或授予“模范员工”称号	1. 荣获“优秀员工”称号并能在全公司起表率作用者 2. 技术能力出类拔萃，有重大技术改造或发明创造业绩者 3. 为公司创造重大经济或社会效益并有充足事实根据者 4. 为避免公司损失而遭受身体或心理伤害并有事实根据者 5. 连续 3 年评为“优秀员工”而没有授予“模范员工”称号者 6. 具有其他功绩，董事长或总经理认为应给予奖励者
晋级或授予“优秀员工”称号	1. 正式工作半年以上，模范遵守公司各项规章制度，工作勤奋、积极、主动并有明显绩效者 2. 技术能力出类拔萃，有技术改造或发明创造业绩者 3. 能预见性地防范以避免公司遭受重大损失并有事实根据者 4. 遇特殊重大事故或困难能为公司排除万难者 5. 获记大功 2 次者 6. 具有其他功绩，董事长或总经理认为应给予奖励者

续前表

类别	奖励依据
记大功	1. 对公司有特殊或重大建议，并经实施后确有显著或重大效益者 2. 发觉不利于公司之举而敢于制止，并挽回重大损失者 3. 在公司工作的某方面有特殊贡献者 4. 获记小功 3 次者 5. 对社会作出贡献，使公司获得社会荣誉者 6. 具有其他功绩，总经理认为应给予奖励者
记小功	1. 向公司提出合理化建议，其建议被公司采纳并有所收益者 2. 敢于揭发各种侵害公司利益之行为者 3. 工作业绩显著，并给公司员工带来积极影响者 4. 主动举报公司偷闲、怠工者 5. 获嘉奖 3 次者 6. 具有其他功绩，分管副总经理认为应记小功者
嘉奖	1. 模范执行公司各项规章制度，全年未违规者 2. 对操作之工具设备维护得当者 3. 遇突发事故处置适当者 4. 主动帮助同事并教导作业者 5. 坚持业余学习，不断提高业务水平，获取专业证书者 6. 维护公司的规章制度，对各种违纪行为敢于制止、批评、揭发者 7. 具有其他功绩，部门经理认为应给予嘉奖者

2.0　常规奖励：

2.1　嘉奖 1 次奖励 50 元。

2.2　记小功 1 次奖励 100～180 元。

2.3　记大功 1 次奖励 200～1 000 元。

2.4　授予“优秀员工”称号，发证书，并奖励 200 元。

2.5　授予“模范员工”称号，发证书，并奖励 500 元。

2.6　晋级按公司规定待遇执行。

2.7　各项奖励均予以全公司通报（奖金数额不予通报）。

2.8　事迹突出的员工除按以上规定给予奖励，公司还将在进修、休假、外派、考察等方面给予优先考虑。

3.0　贡献奖励：为公司带来效益的员工，除按相应适用条款实行常规奖励，还按以下规定给予贡献奖励。

3.1　为公司带来直接效益达 1 万元以上者，给予 1%的奖励。

3.2　为公司带来长远效益（3 年内）超过 10 万元者，年终根据该项收益给予 1%的奖励。

3.3　为公司带来长远效益（3 年内）预期超过 100 万元者，一次性给予 1 万～5 万元的奖励，并在年终根据该项收益给予 1%的奖励。

四、惩处内容

1.0　判定标准：

类别	处罚依据
降职或开除	1. 工作效率不佳、生活懒散或态度恶劣、出勤不正常者 2. 月累计旷工 3 天或年累计旷工 6 天而无正当理由者 3. 盗窃厂内或员工的财物、侵占公款、伪造文书和模仿董事长或总经理笔迹签字者 4. 对上级领导的合理决定拒不执行者 5. 因故意致使公司蒙受损失，情节严重者 6. 通过非正当途径，开假发票报销，获取非法利益者 7. 挑拨是非、破坏团结、损害他人名誉和领导威信、影响正常工作秩序及公司信誉者 8. 在公司内有伤风败俗之行为或受到刑事处分经查属实者 9. 煽动他人怠工、停工者 10. 触犯法律、法规、治安条例、公共安全规章者 11. 因工作管理不当造成死亡事故，给予直接主管开除或降职处分 12. 违反公司保密协议和劳动合同相关条款者 13. 有利用职务之便以权谋私、收受回扣或其他不法行为者 14. 担任职务不能胜任者 15. 无理取闹、打架斗殴造成严重后果者 16. 私自把本公司客户介绍给外单位者 17. 拒签合同和保密协定者 18. 上班时间睡觉者 19. 司机酒后驾驶或把车辆交给无证人员驾驶，并造成事故者 20. 由于个人原因造成车辆严重损坏或丢失者 21. 第 1 次记大过后，又发生类似行为者 22. 违反公司其他规定而应给予开除或降职处分者 23. 总经理认为应给予开除或降职处分者
记大过	1. 不服从上级工作安排，且态度恶劣者 2. 未按上级安排去做或擅自休假造成工作困难者 3. 按时打上下班卡但未上班或未按时上下班以及知情包庇以上行为的直接主管，一经发现均给予记大过并按旷工 1 天论处，情节严重或屡教不改者给予开除处分 4. 发生员工重人工伤事故，给予直接主管人员记大过处分 5. 打架及恐吓威胁他人并造成一定后果者 6. 无故旷工 1 日者 7. 在禁烟区内吸烟者 8. 包庇、纵容违规违纪行为者 9. 模仿副总经理笔迹签字者 10. 招工时收取员工介绍费者 11. 在厂区聚众赌博、酗酒，造成一定后果者 12. 在公司制造私物或命令他人制造私物者 13. 司机酒后驾车或把车辆交给无证人员驾驶，但未造成事故者 14. 因过失而损坏公物，造成严重损失者 15. 第 1 次记过后，又发生类似行为者 16. 违反公司其他规定而应给予记大过处分者 17. 分管副总经理认为应给予记大过处分者

续前表

类别	处罚依据
记过	1. 月累计 5 次或以上未在限定时间内完成上级下达的工作任务者 2. 不按公司规章制度办事或处理不当，造成不良影响者 3. 无故旷工半日者 4. 擅自配备公司钥匙者 5. 未经批准携带危险物品进入厂内者 6. 培训考试补考不及格者 7. 在公司内打架斗殴，未造成不良后果者 8. 因过失而损坏公物，造成较大损失者 9. 经证实保安有徇私舞弊、损害公司利益行为，但未造成损失者 10. 没有放行单和主管人员同意把车开出公司，给予保安和司机记过处分 11. 非工作需要私自复印公司文件或将文件带出厂者 12. 无正当理由私自携带考勤卡或未放于规定位置者 13. 员工未办理离职手续领走薪水，给予部门直接主管和财务当事人记过处分 14. 第 1 次严重警告后，又发生类似行为者 15. 违反公司其他规定而应给予记过处分者 16. 分管副总经理认为应给予记过处分者
严重警告	1. 初次不服从工作安排或工作调动，影响正常工作秩序者 2. 在上班时间看与工作无关的报刊，利用工作之便玩游戏、办私事者 3. 因过失而损坏公物，造成一定损失者 4. 在公司内喧哗吵闹，有碍秩序者 5. 住厂员工未经批准于晚上 11：00 以后回厂者 6. 上下班拒绝保安按规定检查者 7. 干部及作业员交接班不清者 8. 公司发给之工具遗失而未报告者 9. 机械设备未依规定保养者 10. 未经相关部门批准或无正当理由，未参加有关培训和会议者 11. 培训考试不及格者 12. 上下班均需亲自打卡，代理他人或由他人代理打卡但全天上班者，代理人和被代理人以及知情不报的保安均给予严重警告处分 13. 无正当理由不经有关领导批准强行用车或出厂者 14. 司机违章不按时接受交警处罚者 15. 值班保安不按规定执行门禁制度者 16. 第 1 次警告后，又发生类似行为者 17. 违反公司其他规定而应给予严重警告处分者 18. 部门经理认为应给予严重警告处分者
警告	1. 上班时精神状态不佳且工作不积极者 2. 不尊重客人、上级和同事，说话大声粗气，礼仪不当者 3. 参加会议、培训无正当理由迟到、早退者 4. 推诿、逃避工作责任者 5. 在上班时间围在一起谈论与工作无关的事情者 6. 不按规定借阅、复印公司资料、书籍、物品者 7. 不按规定佩戴厂证、不穿厂服者 8. 浪费饭菜，乱倒剩饭、剩菜者 9. 乱写乱画于墙壁等公共场所、乱丢垃圾者 10. 保安仪容不整、礼仪不当有损公司形象者 11. 最后一个下班不关灯和空调者 12. 因无意而损坏公物，造成细小损失者 13. 违反公司其他规定而应给予警告处分者 14. 部门主管认为应给予警告处分者

2.0　常规惩处：

2.1　警告在部门内部通报。

2.2　严重警告在全公司通报，并罚 20 元。

2.3　记过在全公司通报，并罚 50 元。

2.4　记大过在全公司通报，并罚 100 元。

2.5　降职或除名在全公司通报，若给公司造成损失则按相关规定处理。

3.0　经济索赔：对造成公司经济损失的责任人，除按相应适用条款处分，还应按以下规定索赔公司损失。

3.1　造成公司经济损失 3 万元或以下者，责任人应赔偿损失总额的 30%～50%。

3.2　造成公司损失 3 万元以上者，由总经理办公室提出索赔处理意见，报总经理批准由人力资源部执行，情节严重者上报司法机关依法处理。

4.0　处理原则：处罚内容如有重叠，以从重处理为原则。

五、奖惩程序

1.0　员工的奖励，由员工所在部门主管向公司总经理办公室和人力资源部推荐，并按人事管理责权划分进行审核，呈报总经理（必要时上呈董事会）批准执行。

2.0　公司设立的各种阶段性奖励，通过评审后，按相应措施及方案执行。

3.0　员工的惩处由各部门主管提供材料，由总经理办公室和人力资源部负责调查落实，呈报总经理批准；员工如对惩处有异议，可直接向部门领导或总经理提出。

4.0　员工凡在收到罚单时，均需签名确认后由执行人交人力资源部存档。

5.0　员工受奖惩情况记入人事考核档案中，受记过以上惩处情况每月由人力资源部统一公布一次。

6.0　凡按本规定处理的责任人，在赔偿事项未了结之前，不得离开本公司，否则上报司法机关处理。

批准：		复核：		审核：		编制：	
日期：		日期：		日期：		日期：	

资料来源：由广州蒙特利材料科技股份有限公司人力资源部提供。

（二）规章制度的编号和管理范例展示

实训文件范例 4—6

××公司人力资源部档案文件管理制度

编号：XH—HR—ZD—003—16—06—20	
适用范围：信和公司	核准：黄信人
	承认：萧向阳
作成：陆丽华	发布日期：2016 年 6 月 20 日

第一章　总则

1. 为加强对公司档案的管理工作，有效地保护和利用档案，维护公司合法权益，特制定本制度。

2. 本制度所称的档案是指过去和现在的公司各级部门及员工从事业务、经营、企业管理、公关宣传等活动中所直接形成对企业有保存价值的各种文字、图表、声像、胶卷、荣誉实物、证件等不同形式的历史记录。

3. 公司及各部门、员工有保护档案的义务。

4. 档案工作实行统一领导、分级保管、分级查阅的原则，进行网络化管理。

第二章　档案机构及其职责

1. 公司各部门指定专人负责档案管理工作（即资料员）。

2. 档案工作由人力资源部统一领导，同时负责接收、收集、整理、立卷、保管，并提供其利用（不包括机密档案），还负责监督各部门、各分店的档案工作。

3. 人力资源部应逐步完善档案制度，确保档案安全和方便利用，采取科学手段，逐步实现档案管理的现代化。

第三章　档案的管理

1. 人事档案管理

1.1　人事档案管理原则

1.1.1　独立性原则，每个员工都有自己独立的人事档案。

1.1.2　保密性原则，员工档案只有有权限领导可以查阅。

1.1.3　统一性原则，员工档案文件采用同样的格式，便于查阅。

1.2　人事档案管理办法

1.2.1　地区人事部/人力资源部负责员工档案的管理及更新。

1.2.2　地区人事部主管有权查阅分店主管级以下员工的档案。分店经理需通知人事主管后方可查阅员工档案，并应登记。

1.2.3　总经理、人力资源部经理有权查阅公司所有员工档案资料，以便对整个公司的人力资源进行合理的配置。各部门领导如需查阅员工档案，需经过人力资源部经理批准，并登记后方可查阅。

1.3　档案管理格式

1.3.1　员工基本档案资料表格（略）。

1.3.2　员工调动档案资料表格（略）。

1.3.3　员工离职档案资料表格（略）。

2. 公司文件管理

2.1　文件管理编号原则

2.1.1　统一编号，如 XH—HR—TZ—01—16—06—20 为信和人力资源部通知第一份于 2016 年 6 月 20 日发文的文件。第一级为公司汉语拼音缩写，第二级为部门代号，第三级为发文内容汉语拼音，第四级为发文编号，第五级、第六级、第七级分别为发文日期的年、月、日。

2.1.2　各部门代号：人力资源部 HR，营运部 YY，行政部 XZ，财务部 CW，信息中心 IT，商品部 SP。

2.1.3　发文内容编号：流程文件 LC，通知通告 TZ，规章制度 ZD，合同 HT，法律文件 FL。

2.2　文件管理

2.2.1　各部门发文，应用统一格式。

2.2.2　各部门发文，原件由人力资源部存档备案。

2.2.3　文件借阅

2.2.3.1　机密文件需经过人力资源部经理同意方可借阅。借阅普通文件需签名记录。

2.2.3.2　机密文件，指工资福利、法律文件等。

2.2.3.3　员工调进、调出要及时转递档案，并做好移交签字登记。

2.2.3.4　人事档案一般不外借，但领导或有关人员因工作需要调阅时，要严格办理借阅手续，借阅期限一般不超过五天。

2.2.3.5　借阅者对所借阅的档案必须妥善保管，不得私自复印、调换、涂改、污损、画线等，更不能随意乱放，以免遗失。

2.2.3.6　档案室钥匙必须专人保管，不得随意转交他人。

3. 整理

3.1　方法

以问题特征为主，立小卷，一个类别一卷。

3.2　步骤

3.2.1　收集。

3.2.1.1　文书档案类：当年立前一年的卷，并预立当年的卷。

3.2.1.2　科技档案类：竣工工程立卷，未竣工的工程资料整理成册。

3.2.2　整理，根据分类和成立的时间整理。

3.2.3　立卷，根据不同价值确定保管期限，有永久、长期、短期三种。

4. 过程管理

4.1　属于公司保管的档案：公司及各部门、分店的资料员做好平时文件的预立卷工作，并在事件结束后或每季度第一个月 10 日前将上季度需归档的预立卷的文件移交人力资源部保管，任何人不得据为己有。

4.2　属于各部门保管的档案：在每季度第一个月 10 日前汇编成册上报人力资源部，各分级保管者在每年的 2 月 10 日前将档案总目录、预立卷材料目录交人力资源部。

5. 监督

人力资源部根据各部门上报的档案总目录、预立卷材料目录，进行定期或不定期的检查，监督各部门档案的管理工作。

6. 销毁

须报总经理批准，销毁时应有两个以上负责人监督，并在清单上签字。

第四章　档案备份制度

公司各部门所有有价值的文件、报表、业务记录等必须备份。

第五章　处理条例

有下列行为之一，据情节轻重，给予50～500元扣薪处理，若构成犯罪依法追究刑事责任。

（1）毁损、丢失或擅自销毁公司档案。

（2）擅自向外界提供、抄摘公司档案。

（3）涂改、伪造档案。

（4）未及时上报归档或管理不善的档案管理。

（5）未按手续借阅、外带者或越级查阅。

第六章　责任

本制度监督责任部门为人力资源部，第一责任人为各部门指定的资料员，第二责任人为资料员所在部门经理。

资料来源：由信和公司人力资源部提供。

（三）ISO质量管理体系文件的编号实例

实训文件范例4—7

杜邦公司文件和质量记录编号规定

DUPONT

The miracles of science

杜邦应用面材（广州）有限公司

DuPont Surfaces (GuangZhou) Company Limited

文件和质量记录编号规定

文件编号：	制定/修改：	初版日期：
最新版次：	审查核准：	最新审核：
共计页码：	批准发行：	最新发行：
电子档存放路径：		

文件变更记录（一）

版本	发行日期	制定/修改	审查核准	批准发行	
				主管部门	相关部门
0					
1					
2					
3					
4					
5					

文件变更记录（二）

版本	发行日期	章节	变更内容
0			
1			
2			
3			
4			
5			

说明：文件变更记录（二）是文件变更记录（一）的续表。

1. 目的：文件和质量记录编号有所遵循。

2. 适用范围：公司所有与质量有关的文件和记录。

3. 职责：

3.1　管理者代表负责对“文件和质量记录编号规定”的批准。

3.2　品质部负责对“文件和质量记录编号规定”的审核。

3.3　ISO 部负责对“文件和质量记录编号规定”的编写和修改。

3.4　新文件（包括质量记录）发行前由编写部门按“文件和质量记录编号规定”对文件实施编号，对于仍在使用旧版本的质量记录可直接在原号上更改成新编号。

4. 工作程序：

4.1　质量手册编号规则（由三部分构成，如下）：

说明：QM 是 quality manage 的缩写，意为“质量管理”。QM—00—00 是“质量手册主要内容”的固定编号，其中编号第二部分可根据 QM 文件数量的顺序依次编号，但是编号第一部分 QM 和第三部分 00 不变，例如 QM—01—00，QM—02—00 等。

4.2　程序文件（第二层文件）编号规则（由三部分构成，如下）：

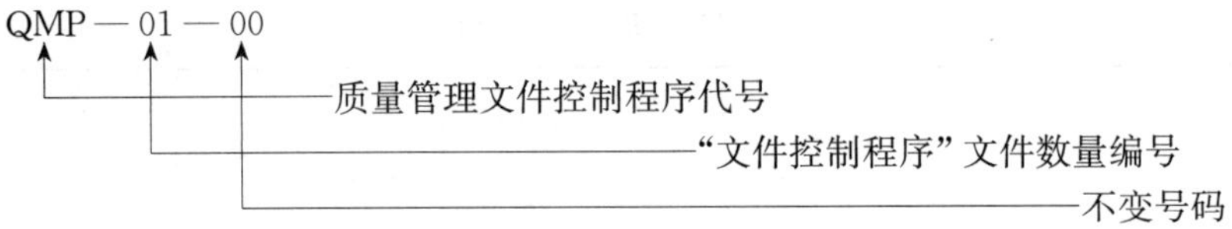

说明：QMP 是 quality manage procedure 的缩写，意为“质量管理（控制）程序”。QMP—01—00 是“文件控制程序”的固定编号。QMP 文件只有一个，因此只有 QMP—01—00 一个编号。

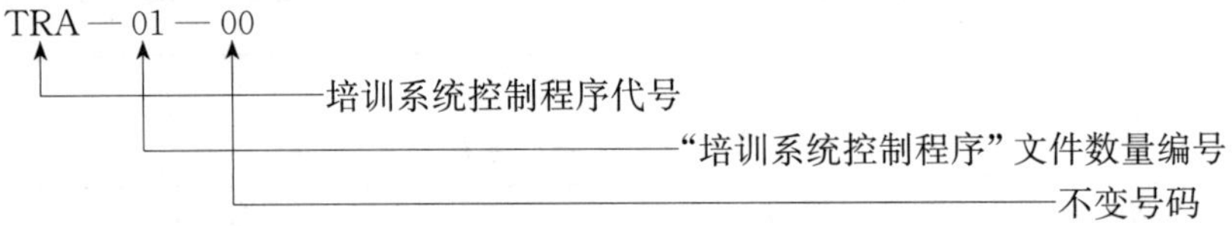

说明：TRA 是 train 的缩写，意为“培训”。TRA—01—00 是“培训系统控制程序”的固定编号。TRA 文件只有一个，因此只有 TRA—01—00 一个编号。

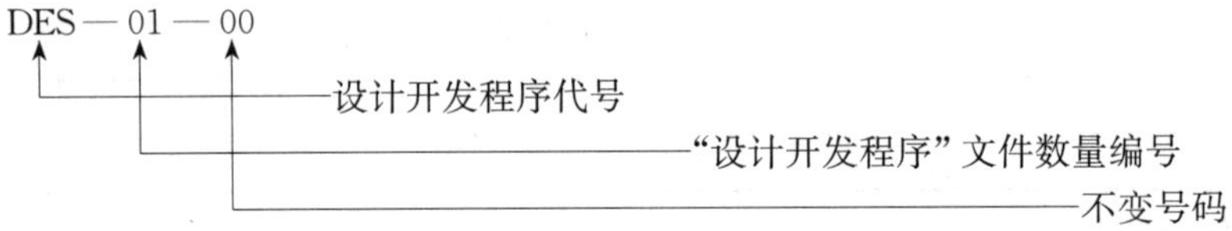

说明：DES 是 design 的缩写，意为“设计”。DES—01—00 是“设计开发程序”的固定编号，其中编号第二部分可根据 DES 文件数量的顺序依次编号，但是编号第一部分 DES 和第三部分 00 不变，例如 DES—02—00，DES—03—00 等。

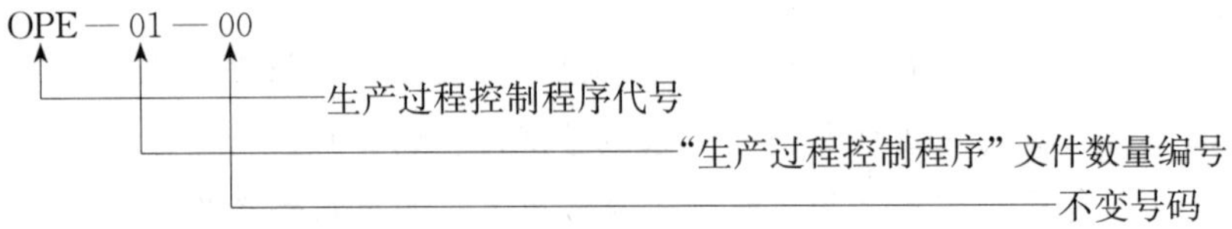

说明：OPE 是 operation 的缩写，意为“运作”。OPE—01—00 是“生产过程控制程序”的固定编号，其中编号第二部分可根据 OPE 文件数量的顺序依次编号，但是编号第一部分 OPE 和第三部分 00 不变，例如 OPE—02—00，OPE—03—00 等。

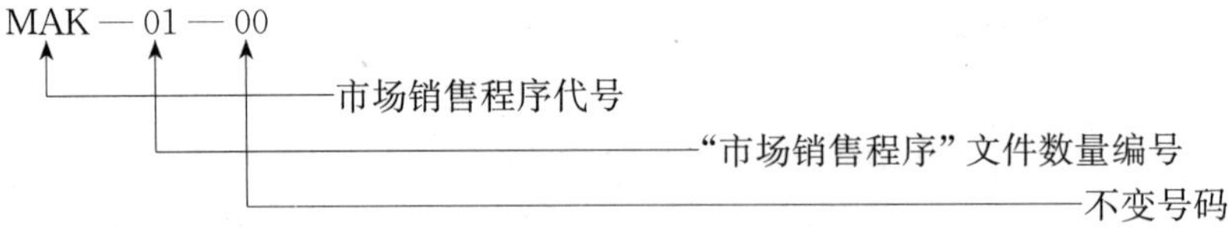

说明：MAK 是 market 的缩写，意为“市场”。MAK—01—00 是“市场销售程序”的固定编号。其中编号第二部分可根据 MAK 文件数量的顺序依次编号，但是编号第一部分 MAK 和第三部分 00 不变，例如 MAK—02—00，MAK—03—00 等。

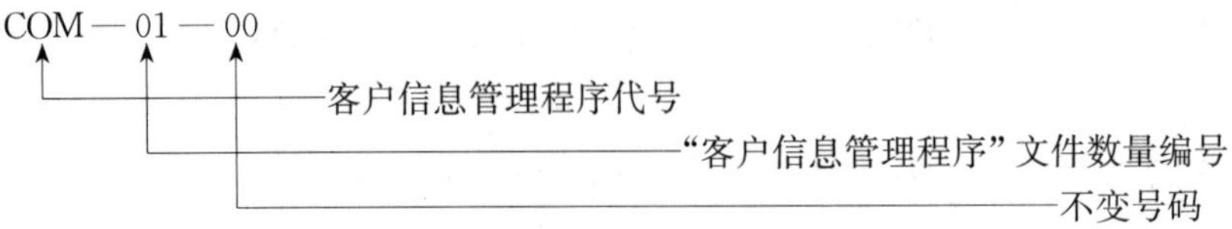

说明：COM 是 communication 的缩写，意为“信息”。COM—01—00 是“客户信

息管理程序”的固定编号，其中编号第二部分可根据 COM 文件数量的顺序依次编号，但是编号第一部分 COM 和第三部分 00 不变，例如 COM—02—00，COM—03—00 等。

SAL — 01 — 00

客户服务程序代号

“客户服务程序”文件数量编号

不变号码

说明：SAL 是 sales 的缩写，意为“销售”。SAL—01—00 是“客户服务程序”的固定编号，其中编号第二部分可根据 SAL 文件数量的顺序依次编号，但是编号第一部分 SAL 和第三部分 00 不变，例如 SAL—02—00，SAL—03—00 等。

4.3　第三层文件（作业指导书类文件和部分支持性文件）编号规则：

4.3.1　作业指导书类文件的编号规则建立在程序文件编号规则的基础上，是程序文件编号规则的延续。

4.3.2　作业指导书类文件的编号在程序文件编号第三部分依次编排数码而成。例如：

QMP — 01 — 01

质量管理文件控制程序代号

“文件控制程序”文件数量编号

第三层文件“文件和质量记录编号规定”编号

说明：程序文件“文件控制程序”的编号是 QMP—01—00，那么由“文件控制程序”派生出来的第三层文件“文件和质量记录编号规定”编号是 QMP—01—01；如果“文件控制程序”还派生出另外一个第三层文件，那么我们可以编号为 QMP—01—02，依此类推。

4.3.3　TRA，DES，OPE，MAK，COM，SAL 等文件派生出来的第三层文件编号规则，同 4.3.1 和 4.3.2。

4.4　质量记录编号规则：

4.4.1　质量记录编号规则建立在第二层和第三层文件编号规则的基础上，是第二层和第三层文件编号规则的延续。

4.4.2　质量记录的编号在第二层和第三层文件编号后面依次编排 F1，F2，…，Fn 而成。例如：

QMP — 01 — 00 — F1（第二层文件表格编号表示方法列举，其他类同）

质量管理文件控制程序代号

“文件控制程序”文件数量编号

不变号码

“文件控制程序”附属表格编号

QMP — 01 — 01 — F1（第三层文件表格编号表示方法列举，其他类同）

质量管理文件控制程序代号

“文件控制程序”文件数量编号

第三层文件“文件和质量记录编号规定”编号

“文件和质量记录编号规定”附属表格编号

资料来源：由杜邦应用面材（广州）有限公司人力资源部提供。

项目4 企业规章制度编写综合实训演习

作品设计实训方法是指根据人力资源管理专业应用型教学需要，结合企业实际工作的要求，选择某个教学内容和企业工作项目，设定一些背景和要求，让学生编写和设计一些人力资源管理作品，包括：编制人力资源规划、编写工作说明书、设计招聘广告、编写招聘试题、设计绩效考核指标和标准、设计薪酬结构、进行岗位评价、编写人力资源管理各模块内容的规章制度和执行方案等。以上编制和设计内容，可以和不同的实训教学方法结合起来使用，也可单独使用。本章项目4采用单独使用作品设计的实训方法进行企业规章制度编写综合实训演习。

一、作品设计实训任务建议：某公司规章制度编写演习

（一）实训背景材料

请自拟。

（二）实训任务目标

本次实训任务以作品设计的实训方法进行。请选择一个你熟悉和喜好的工作内容，例如招聘、培训、绩效考核、薪酬福利，甚至是时间管理、市场营销、物流管理等。以上述内容作为你编写规章制度的对象，每个小组为选择的公司编写一份完整的管理大类的规章制度作品，要求制度的基本内容和结构完整、格式规范、行文流畅、编号合理。

（三）实训分组及评分要求

小组的划分沿用第一次实训活动所分的组别，以保证整个学期每个学生的成绩连贯性和公平性。每组作品完成后，交给教师课外对小组作品进行评分作为各组的基础分；作品上必须注明本组队员在本次编写中的分工和参与情况，并对本组队员按在本次编写中的贡献进行排名；教师根据排名在各组基础分的基础上进行分数的上下调节，作为每个队员的平时成绩。评分的标准是规章制度内容的专业性、结构的完整性、编号的合理性、观点的正确性、前后的逻辑性、行文的规范性、排版的美观性。

二、实训参考程序和方法

（1）找一家你心仪的公司作为假定服务的雇主。

（2）选一项你熟悉和喜好的工作内容，作为规章制度编写的内容。

（3）制度的内容和结构完整，要求见本章项目3。

（4）制度的编号合理，要求见本章项目3。

（5）制度的详细要求，还可参见本章【实训文件范例4—5】、【实训文件范例4—6】、【实训文件范例4—7】。

（6）小组的规章制度作品写好后，交给教师课外评分。

第5章 未来培训师现场仿真培训

技术要点分析 ▼

企业培训师培养和发展的四个阶段；培训员担负的角色和必须具备的能力；企业培训流程管理；年度培训经费预算；成功培训师的素质修炼；成功培训师的角色定位；企业培训教材开发分析及训练；培训师的语音技巧分析及训练；培训师的肢体语言分析及训练；应对四种非正常学员的技巧分析；建立培训师威信的技巧

综合应用展示及训练 ▼

桌椅摆放培训技巧演习；选队长、起队名、起队呼技巧演习；培训游戏组织技巧演习；培训寓言故事展示技巧演习；培训音乐播放技巧演习；未来培训师现场仿真培训范例展示；未来培训师现场仿真培训综合实训演习

项目1 培训管理应用技术要点分析

一、企业培训师培养和发展的四个阶段

（一）培训员

培训员（assistant trainer，AT）作为培训师的初级阶段，一般由公司人力资源部

的培训助理、培训专员、人事助理专职担任，同时还可能由各部门的经理助理、文员兼任；主要处理公司或部门培训管理的日常事务。培训员主要负责以下工作：调查和统计培训需求、跟踪执行培训计划、准备培训管理资料、管理培训设备、下达通知培训、复印和发放培训讲义、培训签到、调查和统计培训效果、管理培训档案等。

培训员的目标：维护企业培训流程的正常运作。

培训员的培训课程名称：ATT（assistant trainer training）课程。

（二）培训师

培训师（common trainer，CT）的角色一般由公司人力资源部主管、经理专职担任，同时还可由各部门的厂长、经理、主管人员和技术人员兼任；主要对公司或本部门的员工进行传道授业。培训师主要负责以下工作：分析培训需求、编写培训教材或讲义、对公司或本部门员工进行授课、考核培训学员、分析和评价培训效果等。

培训师的目标：传授专业知识。

培训师的培训课程名称：CTT（common trainer training）课程。

（三）专业培训师

专业培训师（special trainer，ST）的角色由公司培训中心或企业大学的专业人员专职担任，同时可由各部门的负责人、各专业领域的行家兼任，不但要传道授业，而且要引导解惑。专业培训师主要负责以下工作：除了担负培训师的责任，还要负责对集团下属各子公司的各级员工进行培训，深入工作现场并有针对性地提出培训方案，帮助现场工作人员解决相关问题或提出解决问题的方案。

专业培训师的目标：针对工作现场的问题进行培训，并且引导现场员工解决工作问题。

专业培训师的培训课程名称：STT（special trainer training）方案或 TTT（training the trainer train）课程。

（四）职业培训师

职业培训师（professional trainer，PT）的角色由培训机构的专业人员全职担任，还可由高等院校的教授、行业协会的专家和政府机构的官员兼任。职业培训师的主要工作类似专业培训师，只是专业培训师的业务主要面向本公司和本集团内部，而职业培训师的业务主要面向世界各地各行各业，带有较浓厚的商业色彩。

职业培训师的目标：为各行各业提供培训方案及问题解决方案，并获取相应的经济效益和社会效益。

职业培训师的培训课程名称：PTT（professional trainer training）课程。

二、广义培训的五种途径

（1）教育（education）：改变一个人的思想与心态。

（2）训练（training）：改变一个人的行为与技巧（短期速效）。

（3）发展（development）：改变一个人的未来思想及行为。

（4）学习（learning）：个人自发性的思想及行为的转变。

（5）历练（empowerment）：因工作上授权，从工作磨炼中领悟智慧。

三、培训员担负的角色和必须具备的能力

（一）培训员在企业中的五个角色及任务

1. 需求评量者（needs assessor）的任务

了解组织绩效需求；发现绩效问题；掌握员工培训需求；实地进行需求访查；倾听收集各方意见。

2. 服务提供者（service provider）的任务

转化需求，规划培训；洽谈讲师，开发课程；针对需求，确定学员；沟通协调，参与提升；收集信息，提供服务；开发教材，建立知识库；善用科技，借助网络学习。

3. 制度执行者（system executor）的任务

参与规划培训体系；落实执行培训蓝图；设计专业培训流程；落实开课纪律要求；标杆学习，修改制度。

4. 资源整合者（resource integrator）的任务

收集信息，善用外包；开发内部讲师，建立队伍；进行向上管理，寻求高层支持；制定培训计划，拟定预算；有效管理教学设备；建立培训委员会，沟通协调。

5. 绩效评估者（performance evaluator）的任务

评估培训，追踪成效；评估讲师，提升效能；培训与人事有效结合；肯定激励绩优讲师；行动学习，沟通追踪；不断提高绩效水平。

（二）培训员必须具备的 KSA

1. 培训员必备的知识（knowledge）

培训管理流程，成年人学习心理，学习理论，企业绩效管理与人力资源发展相关知识，企业产品、客户和市场相关知识，培训趋势及外界培训服务信息。

2. 培训员必备的技能（skill）

培训体系的规划能力，培训需求评量能力，培训企划书撰写能力，沟通协调与冲突管理能力，有效的人际影响技巧，课程设计与教材开发能力，教学设备与科技运用能力，创意思考与问题解决技巧，培训绩效评估技巧。

3. 培训员必备的态度（attitude）

深入了解企业文化与经营理念，具有使命感及责任感，以积极态度面对挑战，具备情商及逆境商（AQ），以服务热情助人成长，虚心学习和快速学习。

四、企业培训流程管理

（一）企业培训项目的 ADDIE 微观管理

企业培训项目的 ADDIE 微观管理是指对于企业而言，如何完整、高效地运作某个培训项目，如图 5—1 所示。

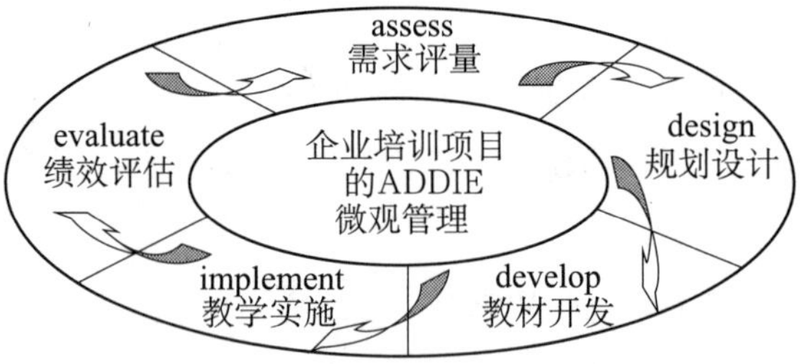

图 5—1 企业培训项目的 ADDIE 微观管理

（二）企业培训类别的 NIO 宏观管理

企业培训类别的 NIO 宏观管理是指对于整个企业而言，如何对所有培训项目进行运作和管理，如图 5—2 所示。

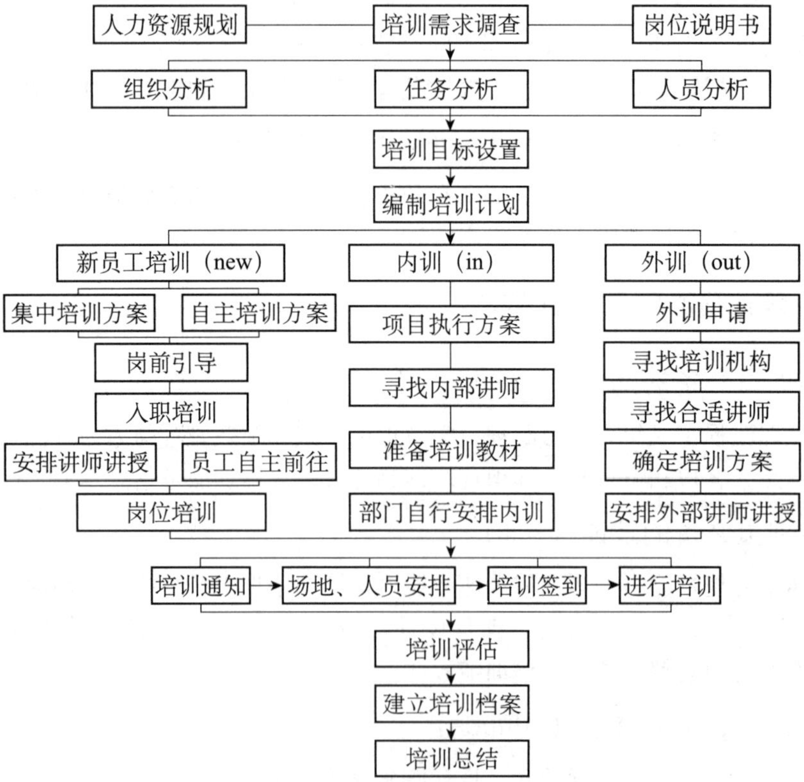

图 5—2 企业培训类别的 NIO 宏观管理

五、年度培训经费预算

（一）年度培训预算的编制方法

一是传统预算法：将上年度的培训预算加减本年度预计变动因素。

二是弹性预算法：以正常情况为基准，分别设计在其 70%～110%范围内几个不同水准的预算方案。此法适用于市场变化快、前景不明朗的情况。

三是零基预算法：不考虑过去预算项目和收支水平，以零为基准编制预算。

（二）决定培训预算的关键因素

1. 与公司经营目标、方针结合

公司的经营目标有提升顾客满意度、加快新产品上市速度、提高产品质量、降低成本及费用、拓展市场与开发客户等，人力资源部要结合以上目标制定培训计划并作出预算。

2. 依上一年度业绩而定

如果上一年度业绩增长，就要增加培训预算及进行培训课程创新；如果上一年度业绩平平，就要加强培训质量；如果上一年度业绩衰退，可能要减少培训预算经费，但不一定减少培训次数。

3. 依工资总额的一定比例而定

年度培训预算一般为年度工资总额的 1.5%。新公司、新部门或新进人员比较多的公司，预算可以高一些；运行平稳且有经验的公司，预算可以低一些。

4. 依公司营业额的一定比例而定

有些公司把每年营业额的 0.5%～3.0%作为总培训经费，当营业额较小时，比例应适当提高。

5. 依公司营业利润的一定比例而定

有些公司把每年营业利润的 5%～10%作为培训经费，但这样容易受公司业务不景气的影响。

6. 依高层领导的意思而定

对公司核心部门一般会维持或增加培训经费，对中层干部一般也会加强培训、提高培训预算。

（三）培训预算的科目

（1）经常性费用：培训工作人员的薪酬、津贴、福利、保险，自有培训场地的维护

及折旧，自有设备的维护及折旧等。

（2）聘请培训师的费用：讲师费、教材费、车马费、版权费等。

（3）举办培训的费用：场地费、差旅费、器材费、膳食费、茶水费、加班费等。

（4）外包培训的费用：外包总费用。

六、成功培训师的素质修炼

（一）成功培训师的三个经验积累

（1）专注于心理突破技能的经验积累。

（2）专注于讲说技能的经验积累。

（3）专注于素材准备技能的经验积累。

（二）成功培训师的基本素质

1. 对待他人的基本素质

（1）赞美他人：人天生喜欢听到别人对自己的赞美。赞美是拉近人与人距离的一种有效手段，能激发人的斗志，是一种教育方式，也是紧张气氛的调节器。

（2）接纳他人：拥有一双发现别人长处的眼睛，尽情接纳并描述他人的长处；要有一颗尊重他人、肯定他人的心才能真正被人接纳。

（3）关怀他人：人总是希望得到别人的关注和关怀，同时总是希望他人在乎自己。

2. 心理学期望定律

期望定律告诉我们，对某个事物怀有非常强烈的期望时，我们所期望的事物就会出现。当培训师怀有非常强烈的成功期望时，他所期望的将可能成为现实。

3. 心理学自画像定律

心理学认为，自己心目中的自画像会支配自己的行为，每个人都要不失时机地修改自己的自画像，设定自己是成功的培训师，这将会大大提高你的培训质量和效果。

七、成功培训师的角色定位

成功的培训师在培训中不是扮演一个角色，而是扮演四个角色：教师、演员、教练和咨询顾问。

（一）第一个角色：教师

培训师首先是教师，因此无论是传授如何成功地做人，还是传授销售、管理或者财务技巧，都要具备教师一样的专业知识和授课技巧。

1. 具备讲义的编写能力

培训师的讲义应当是系统而明确的，如同教师的教案一样，每个讲义都应围绕一个中心，系统地解决某一问题，最忌讳按照培训者的主观逻辑拼凑课程，既没有明确的主题，也不具备解决问题的功能。

2. 具备教师的课堂讲解能力

培训师大多不是教师出身，没有受过师范学院的课程讲解训练，但是如同教师一样的讲解能力却是培训师必不可少的。讲解需要把一个观点、一个问题深入浅出地剖析清楚，无论深奥还是浅显，都能让学员明了培训师所要阐发的观点和意图。

对于成年人来说，接受别人的观点、方法是非常不容易的，因为在他的头脑中已经有了自己的经验模式，这些经验模式过去给他带来了成功。参加培训的学员在学习新模式时会本能、潜意识地对培训师讲述的内容有所抵触。所以培训师在课堂上，要准确地把握住学员的需求。针对这些需求给出相应的提示或建议，培训的效果才能最大化。强行灌输内容，是学校教师而非专业培训师的做法。专业培训师要在学员准备好接受新模式的时候，才给出相关内容，这样才能满足学员的需求，才是有价值的。不了解学员想要什么、准备接受什么，而给出你的讲述，让学员去理解，这就是在说教！这样的培训师将面临危险，容易受到某些学员的挑战；此种情形下的学员也只是知道了一些知识而已，能力根本得不到提高，效果和看书差不多。

（二）第二个角色：演员

培训师除了传授知识，更要让学员接受知识。传授与接受是两个截然不同的概念。传授只是一个教的过程，而接受是一个学的过程。让学员将自己传授的知识理解、记忆并掌握是对培训师的进一步要求。

1. 像演员一样始终吸引受训者的注意力

许多培训大师授课时，动作幅度较大，表情丰富甚至夸张。在生活中估计大多数人难以接受这种说话方式，可在培训课堂上正需要培训师的这种“表演”。培训师是课堂教学中的演员，需要用这种方式始终引起学员的注意，让学员全身心地投入到对课程的理解和体会上来。培训师授课时的衣着类似于演出的服饰，在课堂上即兴演唱、形体表演都佐证了培训师的演员角色。

2. 将课程用表演的方式演绎出来

实际上培训师所讲的思想、概念及专业知识很多学员都知道，那为什么还需要培训师讲解呢？因为同样的话不同人说出来，或者用不同的方式说出来，给别人的感觉是不一样的。专业的培训师就像给这些知识加上了华丽的包装，原本一些朴素的知识或道理变成了“金玉良言”。通过培训师的演绎，受训者感觉到这些知识是如此重要，以至于在今后的实际工作中会牢牢地记住，这就达到了培训的目的。

（三）第三个角色：教练

培训师除了传授知识，更为重要的功能是教练功能，整个培训过程都需要对学员进行培养和训练。教练需要激励学员，促使学员自我改变，激发学员的潜能，创建学习型组织，培养团队精神。

传统培训的日程是培训师规定的，很少改变；教练的日程是受训者自我决定的，并且是弹性、可以改变的；参加培训的大部分人是被指派的，而被教练者却往往是自愿参加的。培训中一部分人获益，另一部分人则未必；而教练是针对个体的，会考虑被教练者的需要和愿望，进而让所有人获益。培训倾向于强化传统的、层级式的管理模式；而教练则是一个更加民主、合作的互动进程。培训中学员的思想改变来自外部施予，很难带来思考方式和行为方式的本质变化；而在教练中，教练和被教练者一起澄清问题，引发被教练者持久的思考和行为改变。

（四）第四个角色：咨询顾问

培训师应具备顾问级的专业知识和丰富经验，是本专业领域的专家，对知识、技巧能够灵活应用，授课时能旁征博引充分阐释，对学员的实际问题也能凭丰富经验与知识给予准确的解答。

培训师还应具备咨询顾问的诊断、咨询功能，培训师既然传授学员解决问题的知识和技巧，那么自己必然对该知识和技巧有娴熟的掌握，更应在企业实际问题的诊断上体现出“师”者的水平。一堂课结束后，学员往往会根据自身的难题对课程中所教内容提出相应的问题，希望能得到培训师的解答，此时要求培训师找到问题所在及解决问题的方法或方向。

项目 2 未来培训师基本功要点分析

一、企业培训教材开发分析及训练

（一）培训教材资料收集分析及训练

1. 教材开发的内容

培训教材主要包括：多媒体课件，主要指 PPT 课件；培训辅助材料，主要指培训中使用的培训教案、大纲、表格、图片、海报、视频等；指定阅读数据和文章；案例研讨资料；测验及练习题目。

2. 教材需要具备的条件

主要包括：针对性，能契合企业的目标和要求；多元化，能通过不同的学习途径进行思考；实用性，能与企业实务工作相结合；启发性，能够引发学员思考及行动；系统化，有清晰的思考架构，条理分明；KISS 化（keep it simple and stupid），能用短语就绝不用句子，多推敲、锤炼，能用图形就绝不用文字。

3. 收集素材的技巧

收集故事、名言、笑话、谜语、剪报、新闻；挖掘工作现场问题、经验教训；收集同业或异业之实例；请教专业机构、专家；进行访谈、讨论、开会；收集创意、脑筋急转弯等。

4. 题材组织的技巧

（1）容易使人印象深刻的表达方式：5W1H 原则，即在题材中紧紧抓住内容和问题的 what，when，where，who，why，how 进行编写，还要列举案例。

（2）问题与对策：不但要提出问题，还要提供相应的解决对策。

（3）疑问与解答（Q&A）：对于疑问部分，要有相应的解答，包括个案有结果、分析有原因、方案有构想、决策有结论。

（4）正反俱陈法：从正向谈优点，从反向谈缺点。

（5）做到视觉、听觉、触觉交互运用。

（6）运用各种统计工具、图表和数据。

（7）内容流程化，过程步骤化。

（8）不要选取不熟悉的题目。

5. 收集培训素材训练

结合后面“未来培训师现场仿真培训综合实训演习”的要求，提前安排学生收集相关培训素材，为学生上台模拟培训准备材料。

（二）教案编写

1. 如何写教案

教案是培训师教学的依据和安排，是从课程目标中导出的教学内容，包括课程名称、课程目的、时间分配、教学活动、课程时数、对象分析、内容要点、教材和教具。编写好教案后，培训师还要进行检查、讨论、演练、修改直至定案。

2. 教案编写要领

（1）填写课程名称、目标、时间、对象分析。

（2）导出教学内容（要教什么）：从课程目标中导出内容，根据工作任务要求、工作问题来分析。

（3）注意教学内容——KSA。

（4）规划使用方法与教学活动。

（5）填写培训过程中各段时间的长短。

（6）填写所需的教材、教具。

（7）事先演练、试讲，以调整、修正相关内容。

（8）善用题材组织技巧。

3. 教案编写范例

实训文件范例 5—1

“谈与上级的相处之道”教案

<table>
<tr><td>课程名称</td><td colspan="2">其实你懂老板的心——谈与上级的相处之道</td><td>课程时数</td><td>160 分钟</td><td>培训师</td><td>张博尧</td></tr>
<tr><td>课程目的</td><td colspan="2">使参加者了解老板需要之下属及自己所扮演的角色，期望与老板相处得更愉快</td><td>参加对象</td><td colspan="3">管理人员、工程师共 30 人</td></tr>
<tr><td>时间</td><td>教什么（内容要点）</td><td colspan="2">方法与教学活动</td><td colspan="2">教材</td><td>教具</td></tr>
<tr><td>（15 分钟）
5 分钟
10 分钟</td><td>开场白
• 课程目的
• 热身活动</td><td colspan="2">＜讲义＞
＜游戏＞</td><td colspan="2">幻灯片</td><td>幻灯机</td></tr>
<tr><td>（20 分钟）
10 分钟
10 分钟</td><td>1. 老板的期待
• 老板所要下属之特质
• 目前组织的状况与需求</td><td colspan="2">＜讲义＞
• 五大特质
• 组织规模及需求分析</td><td colspan="2">幻灯片</td><td>幻灯机</td></tr>
<tr><td>（30 分钟）
20 分钟
10 分钟</td><td>2. 老板的个性
• 领导风格分析
• 星座、血型解说</td><td colspan="2">＜角色扮演＞＜讲义＞
＜讲义＞12 星座及 4 血型分析→老板</td><td colspan="2">幻灯片</td><td>幻灯机</td></tr>
<tr><td>（30 分钟）
20 分钟
10 分钟</td><td>3. 下属的个性
• 自我分析
• 星座、血型解说</td><td colspan="2">＜思考＞我是个怎样的人
＜讲义＞12 星座及 4 血型分析→下属</td><td colspan="2">自我风格分析表</td><td>幻灯机</td></tr>
<tr><td>（30 分钟）
10 分钟
20 分钟</td><td>4. 自己在公司的定位
• 想成为怎样的下属
• 当一个好下属应注意的事项</td><td colspan="2">＜思考＞在工作上，我想成为怎样的人
＜讲义＞10 个应注意的要点</td><td colspan="2">幻灯片</td><td>幻灯机</td></tr>
<tr><td>（35 分钟）
25 分钟
10 分钟</td><td>5. 结语
• 上级、主管匹配论
• Q&A</td><td colspan="2">＜讲义＞
＜思考＞我所扮演的角色与老板所期待的互相符合吗</td><td colspan="2">幻灯片</td><td>幻灯机</td></tr>
</table>

资料来源：由中国台湾新世纪人才培训协会（TSTD）张博尧提供。

4. 教案编写训练

结合后面“未来培训师现场仿真培训综合实训演习”的要求，提前安排学生编写教案，为学生上台模拟培训做好准备。

（三）课件（讲义）制作

培训课件是培训师在正式授课时展示给所有学员看的内容，它一方面能吸引学员的注意力、加深其印象，另一方面能帮助培训师把握下一步的讲解内容，延伸其教学思路。在培训过程中，PPT 是开展现场培训时使用频率最高的课件。

1. 课件制作——技术层面

布局设计包括 PPT 版式设计、PPT 设计模板的使用、PPT 背景母板的使用、配色方案。美化及增强效果包括图片压缩和裁剪、声音和影片、动画设置、放映效果。

2. 课件制作——思路层面

授课是一门说服的艺术。要说服学员接受培训师的观点，首先要抓住学员的注意力，然后帮助学员了解培训师要传达的信息，引导学员同意培训师的观点，最后建立起共识。

(1) PPT 的结构。PPT 的结构如表 5—1 所示。

表 5—1　PPT 的结构

封面	目标	目录	正文	总结	致谢
1. 公司 LOGO 2. 标题和副标题 3. 培训师姓名和联系方式 4. 讲授时间	阐述通过本课程的学习，学员要达到的目标	1. 提炼内容的各个构成部分的主题，明确重点，这是主目录 2. 如果内容较多，每个部分还要有分目录	1. 正文标题和内容 2. 要给各级标题编号和设置字体、颜色 3. 同一层次的标题其编号、字体和颜色要一致	内容回顾，结论	对听众表示谢意

(2) 信息筛选。在一场培训中，听众能记住的信息有限，一定要仔细筛选。

(3) 清晰表达信息。尽量做到每一个 PPT 页面表述一个主题。每一页面内容尽量不要超过十行。使用项目符号或其他编号以保证层次清晰。

(4) 文字。建议使用笔画粗细一样的非艺术字体作为 PPT 正文字体，如宋体、雅黑、黑体、幼圆等；标题可以使用魏碑、行楷、舒体、隶书等。正文字号 24 号左右，标题字号可扩大。

(5) 演示效果。良好的演示效果能帮助培训师阐释自己的讲课内容，起到锦上添花的作用，幻灯片之间的切换效果最好不要超过三种，而每张幻灯片的构成元素之间避免使用三种以上演示效果，以免分散学员的注意力。

3. 课件（讲义）制作训练

结合后面“未来培训师现场仿真培训综合实训演习”的要求，提前安排学生制作课件（讲义），为学生上台模拟培训做好准备。

二、培训师的语音技巧分析及训练

（一）培训师的专业语言习惯分析

(1) 语言简洁、明快、通俗、有节奏感。

（2）多用积极、美好、激励的字眼。如双赢、保护、有益、我们、可靠、分享、自信、自豪、帮助、愉快、专家、安全、优质、不错、便利、节约、威望、把握、放心、服务、高效、超越、独创、很好、谦恭、耐用、有趣、效果、增长、刺激、容易、保险、必备、新式、成功、健康、保证、感激、感恩、发现、时髦、欣赏、我理解、非常棒、我看行、很不错、很精彩、有个性、很有创意、名副其实、坚持到底、刮目相看。

（3）用排比句体现气势。

自私是一面镜子，镜子里永远只看得到自己。

自私是一块布匹，蒙住了自己的眼睛，看不见别人的痛楚。

自私是一层玻璃，看上去透明，却始终隔开了彼此的距离。

（4）用疑问句来达到启发思维的目的。

1）一般疑问句：由肯定的陈述句转化的一般疑问句，例如：你一直住在这儿吗？否定的一般疑问句，例如：他不是会开车吗？

2）选择疑问句：提出两个或两个以上可能的答案供对方选择，例如：你是喝威士忌还是啤酒？

（5）用联想词语来达到深入思索的目的。由某件具体事物，引发人们联想起另外一件相关事物。例如：月光照进窗子，茅屋里的一切好像披上了银纱，显得格外清幽。

（6）引发兴趣的语言技巧。采用意想不到的、新鲜的、突然的、好笑的、好玩的、有争议的、有参与感的语言技巧，能极大地引发学员的学习兴趣。

（7）建立有说服力语言的关键：个人经验、类比、事实、展览、事例、统计数字、专家意见等可以增强语言的说服力。

（二）培训师的语音技巧与要领分析

（1）送音技巧：以现场学员为对话目标，字句饱满清晰，眼光直接面对学员。

（2）控音技巧：拖长音可达到抓住现场气氛的目的，短促音可以达到推动或烘托现场气氛的目的。

（3）建立超强亲和力的关键：语言的亲和力、渗透力、幽默性与语调的契合。

三、培训师的肢体语言分析及训练

（一）展现美的肢体语言的秘诀

1. 培训师合理的站立位置与角度

（1）板书位：不写的时候应站在黑板（白板）偏左或偏右的位置，以免挡住学员的视线。

（2）演讲位：最好站在讲台中间位置偏左或偏右处，为了增强演讲效果和产生冲击力，可偶尔走到讲台的中间位置。

（3）主持位：一般站在讲台中间位置说明情况，然后回到旁边位置。

（4）讲解位：一般站在黑板（白板）或投影屏幕偏左或偏右的位置讲解，提问或互动的时候，一定要移步到相关位置。

2. 肢体要求

上身舒展，下身要稳，手应在胸口以上，不要作秀，不要夸张，不要腼腆。

3. 肢体语言操练

（1）操练要求：第一轮用肢体语言表演，第二轮用肢体语言配合口头表达。

（2）操练项目：《我爱上了一朵花》。

我看见了一朵花，
立刻就爱上了它，
多么娇美的花，
我将它采回了家，
我精心地爱护着它，
香气环绕着我的家。

（二）专业培训的 12 种手势分析

（1）沟通：双手前伸，掌心向上；敞开你的心扉。

（2）拒绝：掌心向下，作横扫状；表现你的果敢。

（3）致意：五指并拢，掌心朝上；秀出你的专业风范。

（4）警示：掌心向前，双手上举；威严从这里显现。

（5）区分：手掌侧立，做切分状；表现思维的极度清晰。

（6）指明：五指并拢，指向目标；恰到好处的引导。

（7）组合：掌心相对，向内聚拢；对归纳的外在表现。

（8）延伸：掌心相对，向外展开；显示你的发散思维。

（9）号召：手掌斜下，挥向内侧；增强你的向心力。

（10）否定：手掌斜下，挥向外侧；敢于对别人说不。

（11）鼓舞：握紧拳头，挥向上方；激励的高效方式。

（12）决断：握紧拳头，挥向下方；表现你的果敢。

（三）肢体带动心理分析

（1）强烈肢体语言的表现：一般表现时手势和脸部平行；特别表现时手势在脸部以上。

（2）肢体带动心理的良性肢体原则：端正和舒展。

（3）讲师的肢体定式操练。用肢体语言配合口头语言表达下面的文字：山一样的情怀、海一样的抱负。

(4) 讲师的表情和肢体训练。

操练一：展示动作（苦，淫笑，抛媚眼）。

操练二：未闻曲调先有情（一个漂亮的小伙子）。

附录文字：一个帅气的小伙子，一文不名、穷困潦倒，却捡到一麻袋百元现钞，他惊喜万分，趁四周无人注意，将钞票扛回他的小木屋。此时，他按捺不住激动的心情，哭了起来。哭完，他擦干眼泪，挺起胸膛，抓起一把钱来到五星级宾馆的前台，要开一个总统套房，美美地享受一晚，但是服务员小姐告诉他：这全是假币！他呆住了，眼睛发直，完全变成了一个傻子。

(四) 眼神与目光的魅力分析

(1) 课堂放松的技巧：用眼睛接纳学员的各种姿态，以人性关怀和自我反省的目光去看待学员的课堂表现。

(2) 眼控一切：培训师的眼睛随时能放射出一种光芒，以照耀、惊醒和限制学员的不当之举。

(3) 集中与分散的技巧：眼神集中是为了吸引所有学员，目光分散是为了关注所有学员。

(五) 肢体语言的分析

1. 现场案例的使用

培训师应随时注意课堂正面信息的各种感觉和反馈，适时引出案例。

2. 集中注意力的杀手锏

(1) 声技：主要有敲击、顿足、瞬间安静等方法。

(2) 眼技：主要是用眼睛注视不安分的学员，使其回到正常状态。

(3) 口技：主要是提问。

(4) 身技：主要是走到学员中间，多用肯定、亲近的肢体动作。

(5) 脑技：主要是讲故事、讲笑话、做游戏，目的是转换思维。

(六) 培训师的肢体语言训练

结合后面“未来培训师现场仿真培训综合实训演习”的要求，根据上述肢体语言的分析要求，请学生现场表演，为学生上台模拟培训做好准备。

四、应对四种非正常学员的技巧分析

(一) 过分安静型

1. 主要表现

(1) 昏睡：这类学员上课时喜欢打瞌睡。

（2）漫不经心、乱涂乱画：这类学员心不在焉，听不进去课，也没兴趣做其他事。

（3）沉默不语：这类学员包括心情烦躁者、漠不关心者、害羞者。

（4）犯迷糊：这类学员由于思想不集中，不适应教师讲授的方式、方法或者本身有知识缺陷，对讲授内容不理解、对问题考虑不清楚。

（5）做别的事情：这类学员经常做与上课无关的其他事情。

2. 处理方法

走到相关学员的身边，点名提问，让他对其他人的观点谈谈看法，并适当给予夸奖和肯定。

（二）消极被动型

1. 主要表现

（1）发牢骚：这类学员牢骚满腹、愤世嫉俗，常抱怨受到不公正的待遇。

（2）旁观者：这类学员喜欢隔岸观火、幸灾乐祸。

（3）应声虫：这类学员比较被动，问一句答一句，而且答案出奇地简单。

2. 处理方法

（1）对于发牢骚者，向其强调时间观念，对于他的抱怨，可以告知愿意与他私下讨论。

（2）将问题转移到旁观者身上。

（3）询问一些开放式并且无法回避的问题。

（三）异常主动型

1. 主要表现

（1）极好争辩：这类学员具有好斗的性格，专门喜欢当场让人难堪，也可能正为一些问题所困扰。

（2）快言快语：这类学员表现欲强，爱出风头，也可能确实想提供一些帮助和意见。

（3）过分健谈：这类学员好表现自己，以为自己见多识广。

（4）个性冲突：这类学员来自不同部门，由于立场不同，极易引起争辩和引发冲突。

（5）征询私事意见：对于私人事情，想得到培训师的意见和建议。

（6）以专家自居：这类学员可能曾经对某些问题有所了解，所以以专家的身份、裁判的口气否定培训师。

2. 处理方法

（1）对于极好争辩者，培训师应沉住气，先肯定其意见，然后把问题转给大家或私下交流。

（2）对于快言快语者，培训师可以请他做总结，然后巧妙地向其他人提问，感谢他并建议："让其他人一起来进行讨论，好吗?"

（3）对于过分健谈者，轻松待之："你的观点确实很有意思，现在让我们看看其他人怎么看。"

（4）对于个性冲突者，求同存异，把话题转移到主题上来，让持中立态度的人参与讨论。

（5）培训师应避免在上课时替学员解决私人问题。

（6）对于以专家自居者，让他充分发表自己的看法，在给予肯定的同时指出或补充一些问题。

（四）干扰型

1. 主要表现

（1）跑题：这类学员回答问题时离题万里，或漫无边际地谈天说地。

（2）完全错误：这类学员的答案完全错误。

（3）窃窃私语：这类学员上课时窃窃私语，有些人谈课程内容，更多的是谈与课程无关的事情。

（4）顽固分子：这类学员不愿改变自己的意见，对某些问题抱有偏见，不明白培训师的观点。

（5）唱反调和抬杠：少数学员可能对培训师有偏见或有强烈的表现欲望，极端坚持错误看法。

2. 处理方法

（1）对于跑题者，如果是无心之过，培训师最好自己承担责任，可以说"可能是我的话把你引出了主题，我再重复一下我们的主题"，或者态度友善地打断"我们有些偏离主题了，现在让我们回到正题上"，或者示意他时间不多了。

（2）对于完全错误者，培训师必须委婉地处理，可以说"我明白你的感受，这也是一种看问题的方法"或者"我明白你的看法，但让我们看看真实情况"。

（3）对于窃窃私语者，不要让他们难堪，可以点名让其参与讨论、询问其观点。

（4）对于顽固分子，培训师可以把问题抛给大家，或者告诉他时间有限，或者表示愿意与他私下讨论。

（5）对于唱反调和抬杠者，可让他将错误或极端观点表达出来，然后用正确观点与之对比，让其他学员去评论，将对立面转移到唱反调者和广大学员之间，然后由培训师去点评。如果唱反调者一直纠缠不清，可告诉他时间有限、课后私下交流；如果事态严重，可考虑给予口头警告。

五、建立培训师威信的技巧

（一）营造学员欢迎的课堂气氛

（1）以学员为主，理解学员对培训师的期望。

（2）学员受到培训师的尊重。

（3）认为学员的经验相当有价值。

（4）培训师肯定、采纳、尊重学员的意见和回答。

（5）培训师很认真地面对、处理学员的问题。

（6）在第一次上课时，学员和培训师应相互自我介绍。在学员自我介绍时，培训师要带着欣赏的目光注视学员并加以肯定；培训师自我介绍时应着重介绍自己在经验、能力和成果方面的优势，以增强学员的信心。

（7）给学员施展自己才华的机会和舞台。

（二）课堂控制

1. 时间控制

非特殊情况，一定要养成准时上下课的习惯，不能靠拖延时间来完成培训任务，每天至少要预留 1.5 小时的休息时间，其中包括 1 小时的午饭时间，2 次 15 分钟的休息时间。如果是夏天，可以考虑早上提前开始，中午多一些午休时间。

2. 内容控制

如果是两个以上的培训师授课，不要随意透露别人的授课内容，这样不但事情讲不明白，听者听不明白，而且别的培训师讲授的效果也会被破坏。每天的培训重点内容最多不能超过五项，以三项为最佳；不单讲课，还要准备一些互动活动，比如提问、游戏、讨论、模拟训练等。

3. 语言控制

不要随意在课堂上给人下定论，特别是结论性的语言。

4. 状态控制

培训师在台上，眼睛要注意台下有需要的学员。同时，还要掌握应对过分安静型、消极被动型、异常主动型和干扰型学员的技巧，具体方法见前。

（三）培训师魅力的形成

短期魅力靠“包装”，如培训师的举止、语调、手势、技巧、仪容、说话方式等；

长期魅力来自“内涵”，如培训师的经验、知识、能力、授课内容等。

项目 3　培训组织技巧综合实训范例展示

体验式训练强调“先行后知”或“边行边知”，通过设置或营造某种情境或氛围来感受并总结自己的心得，或者通过在活动中个人的充分参与来获得对所学知识的感性或顿悟体验；然后在教师的引导下，与其他参与者交流，分享个人体验，并针对自己的不足提出改善方案。体验式训练的内容包括桌椅摆放、分小组、选队长、起队名、起队呼、培训游戏、培训寓言故事、培训音乐、户外拓展训练、领袖风采训练营。本章项目 3 就采用体验式训练的实训教学方法，进行培训组织技巧综合实训。

一、体验式训练实训方法进行桌椅摆放培训技巧演习

(一) 圆桌形（高管型）

说明：圆桌形是微型培训中最常见的桌椅摆放式样，适合高级管理人员的培训。

摆放要求：培训学员一般在 10 人左右，大家围坐在一张大圆桌旁；培训师与学员之间互动相对较少，但学员之间沟通较多。图 5—3 为圆桌形桌椅摆放模型。

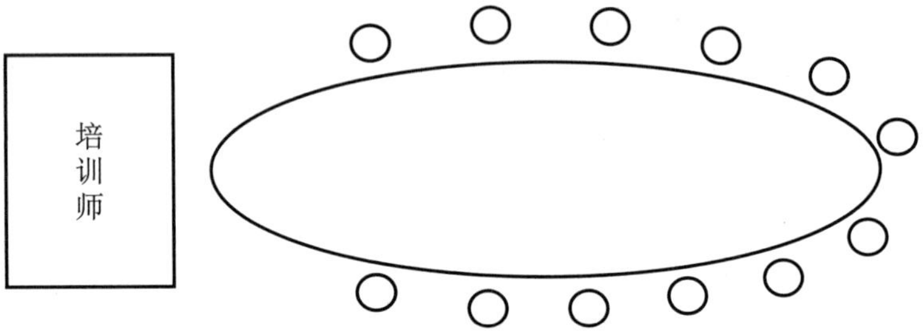

图 5—3　圆桌形桌椅摆放

(二) 中空的正方形或长方形

说明：中空的正方形或长方形和圆桌形一样是微型培训中最常见的桌椅摆放式样，同样适合高级管理人员的培训。如果培训场地没有圆桌、学员稍微多一点，可采用此造型。

摆放要求：培训学员在 15 人左右，培训师与学员之间互动相对较少，但学员之间沟通较多。由于人数较多，加上座位的特点，可在必要时将学员分成 2～3 组进行有限的讨论。图 5—4 为中空的正方形或长方形桌椅摆放模型。

(三) 团队形（小组竞赛型）

说明：团队形是小型培训中最常见的桌椅摆放式样，最适合培训人数较少并以小组

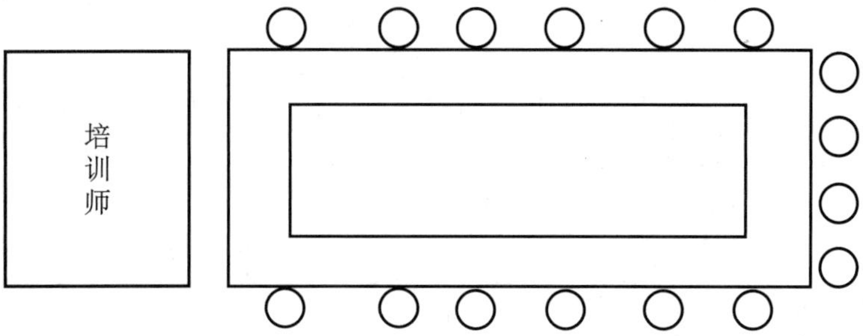

图 5—4　中空的正方形或长方形桌椅摆放

为单位进行竞赛性学习的情况。

摆放要求：(1) 培训总人数以 20～60 人为宜，分为 2～6 组，一般分 3～4 组。人数太多，一是不能保证各团队有足够的时间开展训练，二是培训师不能有效地与受训者互动；人数太少，一是学习的气氛不浓，二是很难找到队长。

(2) 每组人数以 8～15 人为宜。人数太多会导致小组内部意见相左、争论不休；人数太少则场面冷落，无人带头。以上是参考数据，可根据实际情况进行调整。

(3) 如果人数太少，可以合班进行；人数太多则可拆班进行，或安排部分学员做助教。小组分好以后，最好不要随意调动人员，以免影响后续小组队员评分的公正性。图 5—5 为团队形桌椅摆放模型。

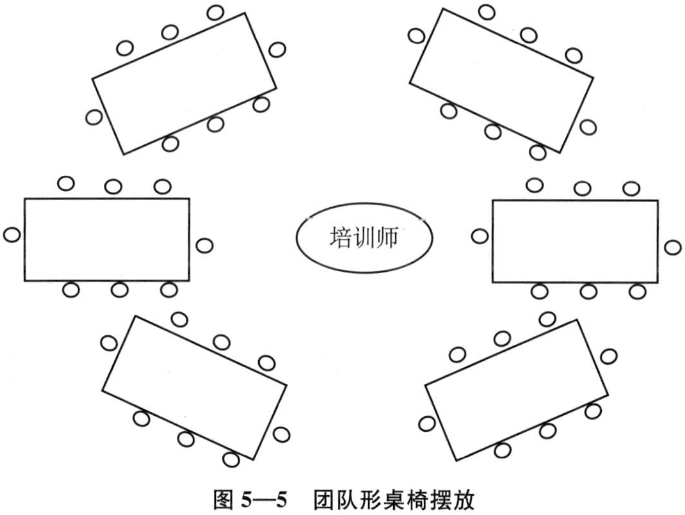

图 5—5　团队形桌椅摆放

(四) 扇形 (半圆形)

说明：扇形是中型培训中较常见的桌椅摆放式样，对于人数较多、培训室面积狭长、团队学习、培训师与学员之间保持较密切沟通的情况比较适宜。

摆放要求：培训总人数以 50～100 人为宜，分组以 7～10 组为宜，每组人数以 8～12 人为宜。若人数太多则师生难以沟通，活动场面难以控制。图 5—6 为扇形桌椅摆放模型。

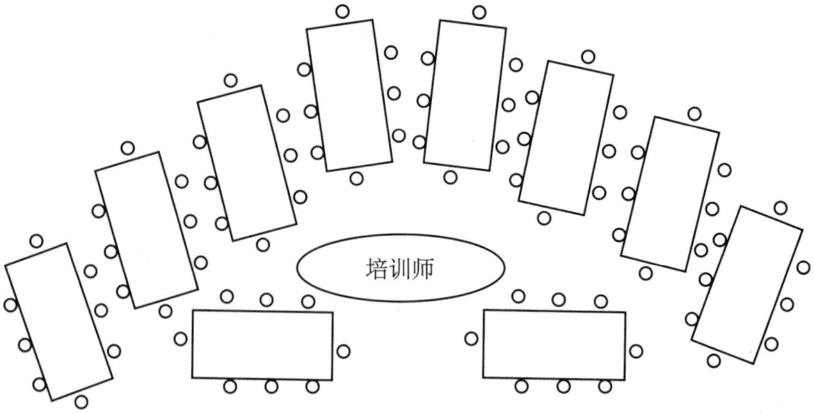

图 5—6 扇形桌椅摆放

（五）L 形

说明：L 形的桌椅摆放式样适合中小型培训，以培训师讲授为主，对培训师与学员之间的沟通交流有一定要求的情况。这种桌椅摆放式样能形成两大对立的双方，兼顾学员之间的一些有限交流。

摆放要求：培训总人数 20～100 人，可集中听课，也可有限度地分为 2～4 个大组讨论，每组人数以 10～25 人为宜。图 5—7 为 L 形桌椅摆放模型。

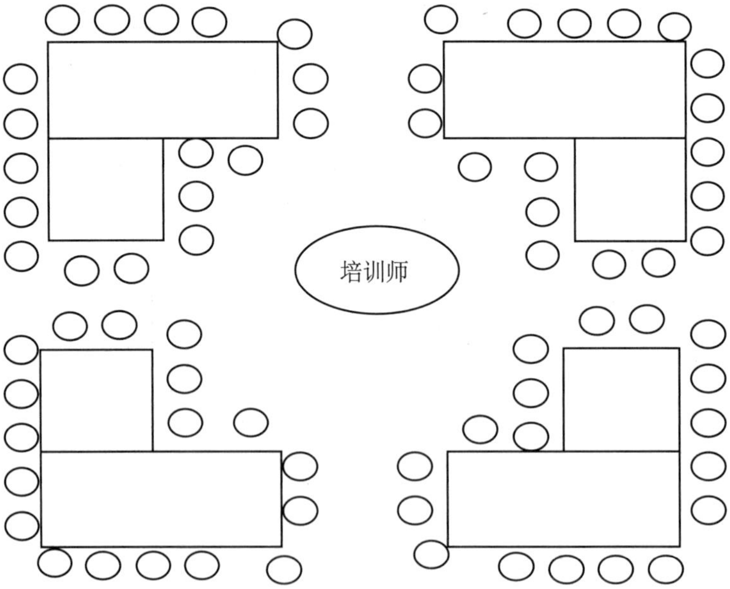

图 5—7 L 形桌椅摆放

（六）马蹄形（鱼缸形）

说明：在中小型培训中，以培训师讲授为主，对于培训师与学员之间的沟通交流有一定的要求，但对学员之间的沟通交流不做要求，适合用马蹄形桌椅摆放式样。

摆放要求：培训总人数在 80 人以下；一般单人单座，不分组，学员很少走动。图 5—8 为马蹄形桌椅摆放模型。

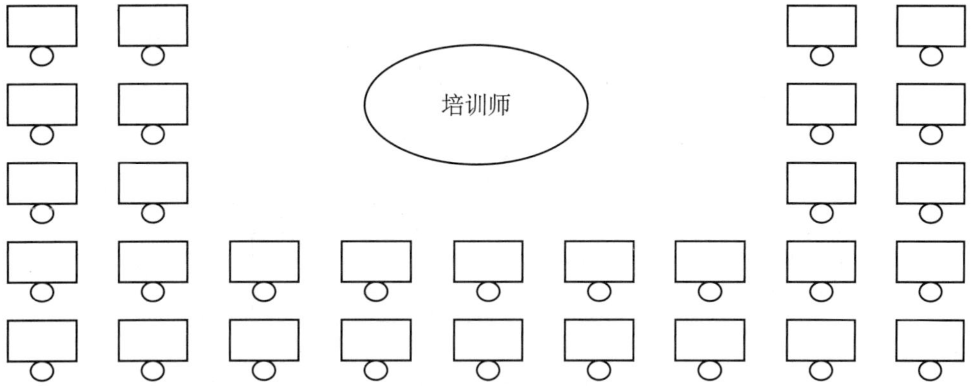

图 5—8　马蹄形桌椅摆放

（七）弹簧形

说明：弹簧形是大中型培训中需要分组讨论的桌椅摆放式样，对于以培训师讲授为主兼顾有限度的大组讨论情况比较适宜。

摆放要求：培训总人数在 80 人以上；可集中听课，也可有限度地分若干组讨论。图 5—9 为弹簧形桌椅摆放模型。

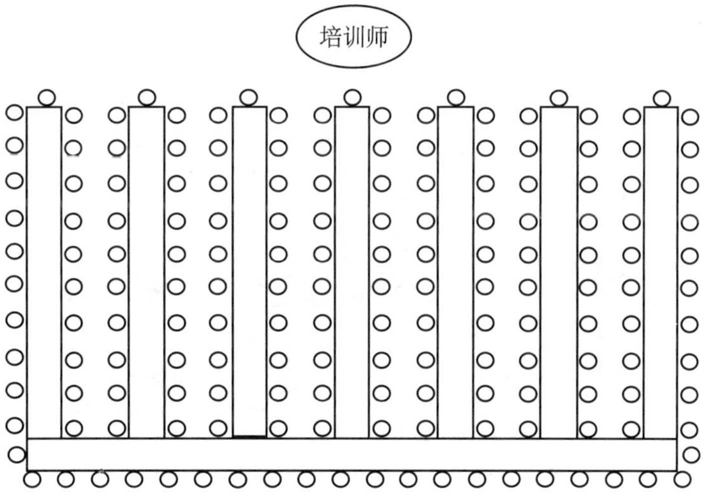

图 5—9　弹簧形桌椅摆放

（八）影院形（传统型）

说明：影院形是大中型培训中比较常见的桌椅摆放式样，对于人数很多并且对培训者与学员之间互动沟通不做较高要求的情况比较适宜。

摆放要求：培训总人数 80 人以上；一般单人单座，不分组，学员很少走动。图

5—10 为影院形桌椅摆放模型。

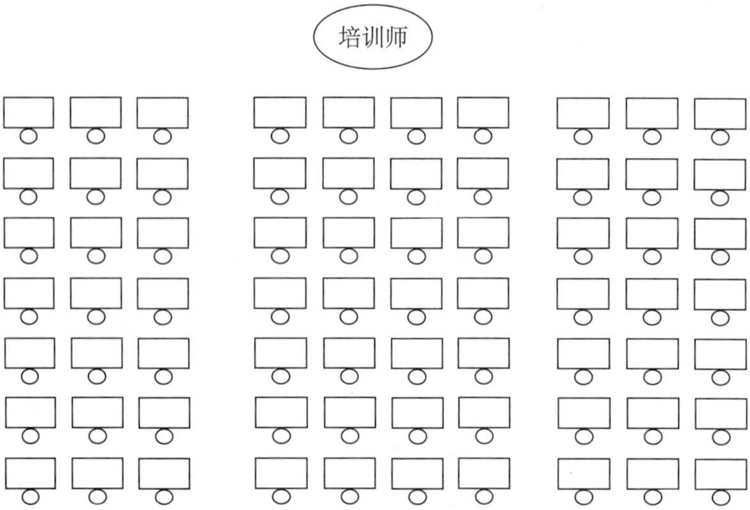

图 5—10　影院形桌椅摆放

（九）桌椅摆放培训技巧训练

结合后面“未来培训师现场仿真培训综合实训演习”的要求，根据上述桌椅摆放培训技巧的范例展示，请学生现场进行桌椅摆放演习，为学生上台模拟培训做好准备。

鲍立刚老师采用团队形桌椅摆放方式授课

二、体验式训练实训方法进行团队培训组织技巧演习

在团队培训中，为了增强本小组培训成员的凝聚力、营造培训过程中的热烈气氛、提高学员参与的积极性，在培训过程中往往会采用分小组进行学习和竞赛的形式，而每个小组会选队长、起队名、起队呼，一些重要的培训或准备充分的培训甚至会提前定制队标、队旗。一般来讲，分小组、选队长、起队名、起队呼都要在培训过程中现场进

行，由于时间紧迫，要想在很短的时间内达到全体队员的认同，确实不是一件容易的事。

（一）分小组

在分组时可采用随机抽取学员组合的方式，除特殊情况外，男女学员最好按比例搭配。如果让较亲密的学员组成一组或按性别分组，一方面力量、性情悬殊，另一方面达不到培训的效果。以下几种随机组合的方法，供大家参考。

1. “单双数字”分组法

“单双数字”分组法是分两组的方法，分别在男队和女队进行报数，将男女队报单数的学员分成一组，报双数的分成另一组。有“零头”学员或难以搭配性别的学员时，如有必要可让其脱队作为教辅人员，也可想办法“凑数”配对。

2. “领袖（你）好”分组法

“领袖（你）好”分组法是分三组或四组的方法，分别在男队和女队中进行“脱口秀”和“表演秀”，每位学员依次循环口念“领”“袖”“好”，一人只能念一个字；念“领”的学员用右手放在左边的衣服领子上，念“袖”的学员将右手放在左边的衣服袖口上，念“好”的学员用右手做“OK”手势。然后将念“领”的男女学员组合成第一组，念“袖”的男女学员组合成第二组，念“好”的男女学员组合成第三组。当然，此法也可将学员分成四组或五组，“脱口秀”和“表演秀”可变成“领袖你（们）好”。

3. “随机组合”分组法

如果想把学员分成五组或以上组数，可让男女学员分别站好或坐好，由培训师按一定原则随机划分学员组合成若干组。

4. “自由组合”分组法

如果学员来自不同单位且互不相识，可按规定的人数和规则自由组合成若干组。

（二）选队长

对于队长的要求，首先是队长有组织能力、表达能力强、能够激励团队士气、具有积极进取和无私奉献精神，同时要得到本组绝大多数队员的认可。如何在很短的时间内选出队长，以下一些技巧供大家参考。

1. 万众归一法

万众归一法简便易行、节约时间、气氛热烈，但仅仅适用于小组队员比较少的情况。小组队员围成一圈，大家举起手来将大拇指指向空中，由一人或大家一起喊“1，2，3”，然后将自己的大拇指指向自己心目中的队长，谁被指的人数多，谁当选队长。

2. 马首是瞻法

马首是瞻法适用于小组队员人数较多的情况，可以把几名毛遂自荐者或众人推荐者作为候选人，然后候选人呈一字形排开站好，由本组所有队员站在自己心目中的队长后面，谁后面的队员多谁就当选队长。此法互动性较强，较直观有趣，很受欢迎。

3. 换位数数法

换位数数法适合于小组队员特别多，而且场地座位排列十分有规律、便于数数的情况；可以把几名毛遂自荐者或众人推荐者作为候选人，然后让支持相同候选人的队员坐在指定区域，最后统计人数，人数多的当选。

4. 投票选举法

投票选举法也是较传统的方法，投票方式多种多样，但费时费力、太庄重而且少趣味。

5. 举手表决法

举手表决法是最传统的选举方式，如果人数较多，很容易漏计和多计，在其他方法行不通的情况下也可以采用。

（三）起队名、起队呼

队名要求个性化并且具有激励性；队呼也称口号，要求简单、响亮，同时又必须朗朗上口。要做到以上几点，确实有一定的难度和需要一定的悟性。队名与队呼内容最好相关，这样效果会更好；队名与队呼内容也可以分开。这里介绍两类方式，抛砖引玉，供大家参考。

1. 队名与队呼一致型

贤才伯乐队：智者贤才，才者伯乐，贤才伯乐，人生显赫！

逍遥队：春风吹，战鼓擂，逍遥众将谁怕谁！

九九归一队：九九归一，万众一心；九九归一，我们第一！

无限队：无限、无限，激情无限！无限、无限，魅力无限！

伯仲队：我为伯仲，谁与争锋！

火车头队：火车头，我带头，我们永远立潮头！

活力队：活力无限！魅力四射！

梦之队：超越梦想，一起飞！

非越队：非常你我，非常卓越！

奇胜队：奇胜，奇胜，旗开得胜。

001 队：001，001，天下我们属第一。

火箭队：火箭，火箭，飞越无限！

合力队：合力，合力，齐心协力！

涅槃队：涅槃，涅槃，力挽狂澜！

创新一族：创新、创意，创出新天地！

厄尔尼诺：尼诺、尼诺，真的不错！

聪明队：聪明队，最醒目，哗啦啦，顶呱呱！

Win's 队：五四三二一，Win's 是第一！

智胜队：智胜、智胜，百战百胜！

魅力队：魅力、实力，无人能敌。

蚂蚁队：蚂蚁搬家，全靠大家；蚂蚁上树，互帮互助。

绿色信使队：绿色信使，激情飞扬。

深蓝队：深蓝、深蓝，沉静灿烂。

白领队：白领、白领，一荐（见）忠勤（情）。

2. 队名与队呼不同型

雄鹰队：天高几许，任我翱翔！

X-MAN 队：精彩无极限，实力我最炫！

超能勇士队：团结拼搏，齐心协力，我赢！你赢！大家赢！

人才特种队：人才精英，创造奇迹。

伯乐队：时代先锋，各显神通。

创业先锋队：释放你的创业雄心，创造你的影响力。

领航者队：全力以赴，做到最好。

北极光队：追求，支撑，超越！

实力队：One team，one dream，同队同梦，谁与争锋。

Great Girls：You worst！We best！You fail！We win！

Power Team：We are the world，we are the winner！

Money Team：吃得苦中苦，方为人上人。

敢死队：星期一到星期七，多劳多得。

卓越队：肯定自我，创造自我，超越自我。

（四）团队培训组织技巧训练

本门课程建议教师采取小组学习的方式，由于本门课程的全部实训项目都由小组集体完成，特别是前面几章实训均要采取小组集体完成的方式；所以分小组、选队长、起队名、起队呼的训练应在本课程的第一节课就提前安排，详见第1章。

三、体验式训练实训方法进行培训游戏组织技巧演习

现代教育如果以说教的方式进行，恐怕没有多少人愿意集中精力把课听完。如果在讲课过程中，适当穿插实训游戏，不但能激发学员的学习热情，而且可以让学员在欢声笑语中聆听教诲、汲取知识的养分。实训游戏据说是从工商管理硕士案例教学讨论发展而来的，在国外，这种实训游戏一般称为“做中学”（learning by doing）。

实训游戏主要包括如下几种类型：破冰游戏、团队游戏、沟通协作游戏、创造力游戏、智力游戏、领导力游戏、角色模拟游戏、心理游戏、激励游戏等。下面我们探讨实训游戏在课堂上的应用，每次做完游戏后学员必须针对游戏过程和内容畅谈心得体会。

（一）破冰游戏

1. 超级知觉

（1）概述：这是一个诡异的超级特异功能，学会后受用终生！

（2）培训要求：准备答案展示牌。

（3）操作程序：

第一步，请一位学员做自己的助教并告诉他，昨天自己做了一个梦，学会了一个超级特异功能，自己能够用超级知觉预先说出一类算术题的答案。

第二步，你站在一个看不到黑板的地方，让助教在黑板上写出任意一个三位数（个位数与百位数不能相同，如 323 不符合要求），然后将数字倒过来，用上面的数减去下面的数并取绝对值，再将结果倒过来并与前面的数相加。告诉学员教师的超级知觉是：无论助教取什么数，只要按上述规则计算，教师都能在 1 秒钟算出最后的结果。

第三步，先做示范，假设取 821，然后倒过来变成 128，用 821 减去 128，得到 693；再将结果倒过来变成 396 并与 693 相加，得到 1 089。这其中有个特例，数字相减可能得出二位数，例如，786－687＝99，只要将 99 前面加 0，变成 099，倒过来时变成 990。

其结果永远都是 1 089，这是一个故弄玄虚的数字游戏，旨在集中学员的注意力、提高他们的积极性。

2. 缩小包围圈（天龙八步）

（1）概述：这是一个不可能完成的任务，但是它会给游戏者带来无尽的欢笑。

（2）目的：1）使小组充满活力；2）创造融洽的气氛，为后续培训活动的开展奠定良好基础；3）让队员们能够自然地进行身体接触和配合，消除害羞和扭捏感。

（3）步骤：

第一步，让队员们紧密围成一圈，队员之间肩头间隔最多一个拳头。

第二步，让每个队员把自己的胳膊搭在相邻同伴的肩膀上。

第三步，告诉大家将要面临一项非常艰巨的任务。这项任务是大家要一起向着圆心迈若干步，同时保持已经围好的圆圈不被破坏。

第四步，等都弄清楚游戏要求之后，让大家开始迈第一步。迈完第一步后，给大家一些鼓励和表扬。

第五步，迈第二步，第二步迈完之后，你可能就不必挖空心思去想那些表扬与鼓励的词语了，因为目前队员们的处境已经使大家忍俊不禁了。

第六步，迈第三步，其结果可能是圆圈断开，很多队员摔倒在地。尽管很难成功地完成任务，但是这项活动会使大家开怀大笑，烦恼尽消。

（4）说明：1）如果队员之间隔距离太大，可以迈更多步伐；2）如果参加人数较多的话，比如多于 40 人，可以分成几个小组来做这个游戏；3）还可以把队员们的眼睛都蒙起来做这个游戏。

破冰游戏：缩小包围圈（天龙八步）

3. 循环相克令

（1）用具：无。

（2）人数：不要多于 6 人。

（3）方法：令词为“猎人”“狗熊”“枪”，几人同时说令词，在说最后一个字的同时做出一个动作：猎人的动作是双手叉腰；狗熊的动作是双手呈爪状搭在胸前；枪的动作是双手举起呈手枪状。各方以此动作判定输赢，猎人赢枪、枪赢狗熊、狗熊赢猎人，动作相同则重新开始。

（4）兴奋点：这个游戏的乐趣在于各方的动作幅度较大，非常滑稽。

（5）作用：此游戏的作用除了活跃气氛外，还可以据此结果决定某个活动的先后顺序，就如同石头、剪刀、布游戏的作用一样。

4. 官兵捉贼

（1）用具：分别写着“官”“兵”“捉”“贼”字样的四张纸。

（2）人数：4 人。

（3）方法：将 4 张纸折叠起来，参加游戏的 4 人分别抽出一张，抽到“捉”字的人要根据其他 3 人的面部表情或其他细节来猜出谁拿的是“贼”字，猜错的要受罚，由抽到“官”字的人决定如何惩罚，由抽到“兵”字的人执行。如果猜对了，则对抽到“贼”字的人进行惩罚。

破冰游戏：循环相克令

破冰游戏：官兵捉贼

（4）兴奋点：简单易行，不受时间、地点、场合的限制。

（5）缺点：人数不宜过多。

（6）说明：起初可由小组内4个队员玩此游戏，然后可由每组派一代表参与，受到惩罚的队员要连带本组队员一起受罚，这样会增添游戏的紧张气氛和趣味性。

（二）团队游戏

1. 携手站立

（1）玩法：这是一个让大家明白合作重要性的游戏。

首先，4人一组围成一圈，背对背地坐在地上（坐的意思是屁股贴地，正常来说，一个坐在地上的人是无法手不着物站起来的）。

其次，4 人手挽手，然后要求他们一起站起来，很容易吧！那么再试试人多一点，如六七个人，应该还不是太难。最后再试试几十人一起站起来，难度就较大了。

（2）说明：这个游戏其实可以带出很多管理理论，例如大组和小组站立用力方向的不同、如何合作才能成功等，非常适合团队培训课程。

团队游戏：携手站立

2. 手结

（1）培训要求：适合团队协作、室内或户外平地，耗时比较长。

（2）活动目的：让学员体会在解决团队问题方面有哪些步骤、聆听在沟通中的重要性，以及团队合作精神。

（3）操作程序：

第一步，学员分组进行，每组人数最好少于 10 人。

第二步，让每组学员站成一圈。

第三步，培训师讲解的同时要求大家同时做以下动作：先举起自己的右手，握住对面那个人的手；再举起自己的左手，握住另外一个人的手。

第四步，现在学员面对的是一个错综复杂的手结，在不松开的情况下，想办法解开。

第五步，告诉大家一定可以解开，但答案会有两种：一种是一个大圈，另一种是两个套着的环。

第六步，如果实在解不开，培训师可允许学员决定某一相邻两只手断开一次，但再次进行时必须马上封闭。

团队游戏：手结

3. 同舟共济

（1）将男女学员分成两组，每组分派两名学员监督对方有没有犯规并记下旋转的圈数。

（2）每组围成一圈，前者坐在后者的腿上且不能离开，否则视为犯规，然后想尽一切办法转圈行走。

团队游戏：同舟共济

（3）培训师站在两组之间，每组指定一人作起始点，起始点以培训师站立位置为准，在同一时间内，哪个小组转的圈多，哪个小组胜利。

（4）如果条件允许，最后男女学员混合进行。

4. 信息传递

（1）将学员分成若干组，每组 5～8 人参加游戏并选派 1 名组员分别监督对方。

（2）所有参赛的每组队员按纵列排好，培训师向全体参赛学员和监督员宣布游戏规则。

（3）游戏规则：1）各组排在第一位的学员作为代表走到讲台，培训师给代表看一个物品名称（也可以包括动物、植物等）的信息文字，代表把这个物品的信息通过肢体语言传递给小组排在第二位的学员，第二位传递给第三位，依次类推，排在最后一位的小组队员把这个物品名称写到黑板或白板上并写上队名，看哪个小组速度最快，写得最准确。2）全过程不允许说话，也不能写字提示等，只能通过肢体语言传递相关信息。

团队游戏：信息传递

（三）沟通协作游戏

1. 航空公司的经营游戏

（1）将学员分成 5～6 组，每组将分别代表一家航空公司在市场上经营。

（2）市场经营的规则是：所有航空公司的利润率都维持在 9%；如果有 3 家以下公司采取降价策略，降价的公司由于薄利多销，利润率可达 12%，而没有采取降价策略的公司利润率则为 6%；如果有 3 家或以上公司同时降价，则所有公司的利润率都只有 6%。

（3）培训师把每个小组的代表叫到小房间里，交代上述游戏规则，并告诉小组代表，他们需要进行初步协商。初步协商之后小组代表回到小组，并将情况向小组队员汇报。

（4）小组队员经过5分钟讨论后，需要作出最终的决策——降价还是不降价，并将决定写在纸条上，同时交给培训师。

（5）培训师公布结果。

2. 拼图游戏

（1）人数：适合4～16人。

（2）道具：硬纸若干。

（3）说明：首先，按图5—11所示制作每份15张的硬纸片，每份分别打乱装入5个信封，分给本组内的5个人，每个小组的任务是将信封内的卡片拼装成相同形状的五个正方形。有几个小组，就制作几份硬纸片。

（4）规则：1）全过程不许讲话；2）本组内每人手里拿到的卡片只许给别人，不能从别人的手里拿卡片（不能帮助别人拼图）；3）任务：本组内的每个人将散乱的卡片拼装成相同大小的正方形，最快的小组获得胜利。

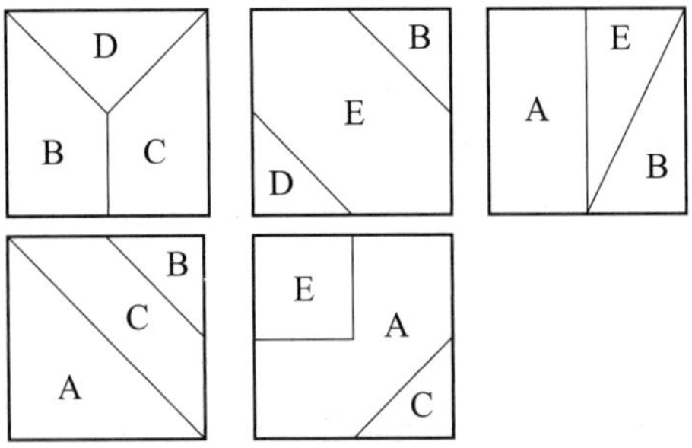

图5—11 拼图游戏

（四）培训游戏心得体会

实训文件范例5—2

梦之队团队游戏心得

将管理知识与技巧融入游戏，在培训中插入游戏，让学员在做中学，学中做，不但丰富了培训内容，增加了培训氛围，还有效地调动了学员的培训积极性。培训游戏是培训绝佳的调味料、润滑剂，是培训成功的奠基石，更是培训风景图上一笔艳丽的色彩！

（一）天龙八部游戏心得体会

该游戏要求学员围成一椭圆形状，然后向中心走8步，且中间不能断开。游戏主要考察学员的领导能力、组织能力、沟通能力、协调能力和解决问题能力。游戏中并没有一个领袖主动站出来组织、领导、协调队伍；学员们并没有有效地与队友进行沟通、协调；在解决问题能力上没有集思广益、发挥团队的力量与智慧，找出成功的对策。从该游戏我们可以得到以下结论：（1）要成功必须借助别人的力量，发挥团队的智慧与力量；（2）一个成功的团队要有一个优秀的领袖进行有效的领导和组织；（3）要发挥团队的力量就要与队员进行有效的沟通，集思广益，团结合作，有效地调配资源。

（二）官兵捉贼游戏心得体会

游戏中“官”负责作出惩罚决策，“兵”负责执行和监督，学员随机抽选，选到“捉”字的学员要猜中抽到“贼”的学员，否则全体接受惩罚。该游戏趣味性较强，可以极大地调动学员们的积极性。游戏主要考察学员的决策能力、执行能力、心理素质和察言观色能力。游戏中，学员们没有做出有效迷惑猜者的动作和表情，猜者也没有做出准确的判断。学员们察言观色的能力和心理素质有待提高。游戏中负责作出惩罚决策和选择惩罚方式的学员在制定决策时没有谨慎地考虑其所做出决策的可行性，导致受罚者没能顺利完成惩罚任务，降低了培训的效果。游戏中担任“兵”的学员没有有效执行和监督“官”的决策，导致受罚者没能很好地履行自己的责任，也降低了培训的效果。从该游戏中可以得出以下结论：(1) 领导者做出的决策一定要正确、科学，且可以有效地执行；(2) 执行者要按照领导者的决策有效地执行，否则有再好的决策也不会成功；(3) 要想出色地完成任务，强大的心理素质必不可少。

（三）携手站立游戏心得体会

该游戏要求学员围成一圈，手牵着手坐在地板上，一起同时站立起来。游戏主要考察学员的团队合作能力与沟通协作能力。游戏中学员们发挥了很好的领导能力和组织能力，但团队合作能力、沟通协作能力没有很好地体现出来，尝试多次仍然没有成功。该游戏告诉我们：有时，一个人的力量可以很好地表现出来，但当个人力量聚集成群体力量，且要发挥群体力量时就很困难，需要群体里每个成员的积极沟通、配合与协作。

（四）手结游戏心得体会

该游戏要求学员两只手随机拉住不同队员的手，结成手结，然后发挥团队的力量把它解成一个圆或两个圆。游戏主要考察学员发挥团队的力量解决问题的能力和心理素质。游戏中，学员们尝试了很多方法，有些组出色地完成了任务，有些组连续失败，甚至失去信心放弃尝试。该游戏告诉我们：(1) 成功需要找到正确的方法，苍蝇乱窜是找不到真正的出口的；(2) 团队需要优秀的领导和人才，他们是成功的主力军；(3) 团队的力量是强大的，要发挥团队的力量，集思广益，找到正确的方法；(4) 成功需要有永不言败、永不放弃的精神，要有足够的信心与耐心。

（五）信息传递游戏心得体会

该游戏要求学员分成三组，排成纵队。培训师在小纸条上写上一些地点、动物、建筑物等，每列纵队的第一个学员负责抽选，然后根据纸条上的内容用非语言的方式向第二个人传达信息，让其明白纸条上的内容。其他人面向后方不许偷看，直到前面的队员拍他的肩膀才可以转身，如此直到最后一个人。最后，由最后一个人将他所理解的信息答案写在黑板上。该游戏主要考察学员的非语言沟通能力，以及理解和传递上级信息的能力。游戏中，学员们用了各种稀奇古怪的方式传递信息，但结果与答案相差甚远。该游戏告诉我们：生活、工作中非语言沟通必不可少，比如领导在开会，而有紧急情况要告知他人时，就需要非语言沟通。游戏还揭示了沟通中“信息失真”的现象。工作和生活中，我们在传递信息时，特别是上级向下级传递信息时，因沟通的环节过多，接收信息者没能准确地理解，从而导致上级发布的信息失真。这告诉我们，在沟通过程中，一定要理解信息传递者的意思后再传递给别人，而且要正确传递给别人，防止沟通过程中出现信息失真现象，造成不必要的损失。

（六）拼图游戏心得体会

该游戏要求各组在打乱的图形碎片中，通过非语言的方式，与队友相互交换碎片，直到本组的所有图形复原，用时最短的组获胜。在游戏过程中，卡片只许给别人，不能主动让别人拿自己需要的卡片。该游戏主要考察学员的协作能力、角色配置能力。游戏中，学员们通过积极的协作与配合出色完成了任务。该游戏告诉我们，要想获取自己想要的东西就要学会舍弃，与别人交换，有舍方有所得；游戏还告诉我们，每个事物都有自己的价值，只要把它放到合适的位置，就能发挥应有的作用。正如西方谚语所说，“没有无用的钉子，只有放不对地方的钉子”。

通过以上几个培训游戏，我们领会了团队的力量，明白了要成功必须依靠团队力量的道理。我们也认识到了要成功就要有很好的领导能力、决策能力、沟通能力、心理素质及永不言败、坚持到底的精神。

四、培训寓言故事展示技巧演习

对于高校大一、大二学生来讲，课程都排得很满；学生刚在一个教室上完课又要赶往下一个教室上课，有的学校校区很大，要走较长的时间才能赶到教室。因此，课程开始的时候，学生的身心还没有稳定下来，有的甚至还在赶往课堂的路上。如果此时开讲，一来刚到的学生难以进入状态，二来迟到的学生对于课程内容会有重大遗漏。此时讲一个引导性的课前寓言故事，不但能给学生一定的启发和引导，而且能调整学生的状态，使其将精力集中到正式课程上来。当然，在课堂气氛比较沉闷的时候，也可以讲寓言故事。下面举两个寓言故事的例子加以阐述和证明。

（一）“刺猬”法则

寓言内容：两只困倦的刺猬由于寒冷而拥抱在一起。可因为各自身上都长着刺，于是它们分开了，但都冷得受不了，于是又凑到一起。几经折腾，两只刺猬终于找到一个合适的距离，既能互相获得对方的温暖而又不至于被扎伤。

管理启示：“刺猬”法则就是人际交往中的“心理距离效应”。领导者要搞好工作，应该与下属保持亲密关系，这样做可以获得下属的尊重。但领导者也要与下属保持心理距离，避免在工作中丧失原则。

（二）螃蟹的故事

寓言内容：钓过螃蟹的人都知道，如果篓子中放了一群螃蟹，不必盖上盖子，螃蟹也爬不出去，因为只要有一只想往上爬，其他螃蟹便会纷纷攀附在它的身上，结果是把它拉下来，最后没有一只出得去。

管理启示：企业里常有一些人，不喜欢看到别人的成就与杰出表现，天天想尽办法进行破坏与打压，如果不予去除，久而久之，组织里只剩下一群互相牵制、毫无生产力的“螃蟹”。

五、培训音乐播放技巧演习

在培训课程中经常会使用音乐，音乐在培训中能够起到渲染气氛、引发生理及心理的共鸣、引发联想及思考、增进彼此感情、陶冶情操、增加行动的欲望等作用。如果培训音乐使用得当，会起到事半功倍的培训效果。

（一）入场签到和中场休息音乐

在比较重要的培训活动开场之前，通常会让学员签到和发名牌，同时学员在开场的等待时间会进行初步的交流。在长时间的实训活动当中，通常还会有若干次中场休息时间，这段时间学员可以吃点心、喝饮料、交流等。这时的音乐应以欢快、舒缓、轻柔、亲切、温馨为主，比如《春郊试马》《娱乐升平》或其他轻柔的小提琴曲、钢琴曲等。

（二）上下场音乐

有政府官员、企业高管参加的培训通常比较严肃、庄重、大气，应尽可能使用进行曲之类的音乐；一般的例行实训可以选择休闲、活泼一些的乐曲，甚至可选择迪斯科等。

（三）培训中的背景音乐

培训过程中可以穿插一些符合主题的音乐，以起到推波助澜、引导情绪、锦上添花的作用。这些音乐主要分为五大类。

1. 激励型

培训过程中有高潮、转折、激励性内容，或者学员亲身参与、体验实训活动时，可配上一些富有节奏感和催人奋进的歌曲，如《我真的很不错》《烈火青春》《壮志在我胸》《我相信》《年轻的战场》《站起来》《怒放的生命》《我要飞》《红日》《水手》等。

2. 团队型

如果进行的是一堂富有团队合作精神的实训课程，可以穿插一些以团结互助、众志成城为主题的歌曲，如《朋友》《相亲相爱一家人》《众人划桨开大船》《奔跑》《相信我们会创造奇迹》《爱因为在心中》《我们都一样》等。

3. 煽情型

通过设置一个感人的场景，配以煽情的音乐和适宜的灯光，培训师引导学生走进角色人物的心灵世界，让他们有所感悟，明白其中的道理。学生感同身受，有时甚至声泪俱下，达到良好的视听效果，如《感恩的心》《在你面前好想流泪》《暗香》《辛德勒名单》《天亮了》等。

4. 交流型

该类音乐是为了加深学生之间的感情，配合培训师的语音，使之声色圆润，并且拉近与受众之间的距离，如《秋日私语》等。

5. 活动型

在培训游戏和团队互动活动过程中，通常会配以轻松、欢快、节奏感强的音乐，以期达到更好的活动效果，如《西班牙斗牛士》《幸福拍手歌》等。另外，上述激励型和团队型音乐也适合相关活动播放。

（四）颁证颁奖音乐

培训结束后，会当场颁发培训证书或者奖状，这时的音乐应以喜庆、欢快为主，如《喜洋洋》《万宝路进行曲》等。

项目 4　未来培训师现场仿真培训范例展示

一、角色扮演实训任务：未来培训师现场仿真培训演习

本次实训任务以角色扮演的实训方法进行，实训的企业背景材料各组自选。每个小组可以根据本组熟悉的管理知识，进行培训教材开发和现场仿真培训。先根据前面教案编写的技巧，设计一份教案；再根据课件制作的内容和相关专业知识，编写 PPT；最后根据培训师的语音、肢体语言、应对四种非正常学员和建立培训师威信等技巧，每组派两位未来培训师上台为全体学员现场仿真授课并接受其他人的提问。

二、演习程序

（1）小组的划分沿用第一次实训活动所分的组别，以保证整个学期每个学生的成绩连贯性和公平性。

（2）根据教案编写的技巧和自选的培训内容，设计一份教案（课外完成）。

（3）根据教案的要求，收集培训相关资料，包括文字、图片和视频等，为编写 PPT 做准备（课外完成）。

（4）根据教案的要求，安排培训流程涉及的工作，设计相应的培训方法和培训游戏方案，为模拟培训做准备（课外完成）。

（5）根据上述准备工作，各小组安排相关人员编写 PPT 和准备本组的仿真培训工

作（课外完成）。

（6）各小组上台培训顺序的确定：以小游戏循环相克令的结果而定（2 分钟）。

（7）上台培训之前，各小组在电脑旁进行本组培训方案的集体讨论和修改（10 分钟）。

（8）团队激励：每组模拟培训师上台演讲前，本组队员应用本组特有的方法，为其“壮行”和“助威”（3 分钟/组）。

（9）每个小组派两位未来培训师上台进行 40 分钟的培训活动，少于 35 分钟或多于 40 分钟均扣分（40 分钟/组）。

（10）每组培训结束后，其他小组针对授课内容进行提问；两位未来培训师主要作答，本组其他队员可以帮助补充回答（5～15 分钟/组）。

（11）每组模拟培训完后，将本组培训教案和 PPT 写上小组队员贡献度排名，交给教师评分。

（12）为避免教师言论影响和诱导后续上台的其他小组未来培训师，所有小组培训完成后教师才进行点评。

（13）教师和学生助教对各组实训过程的表现进行评分。

三、评分标准

具体内容如表 5—2 所示。

表 5—2　　　　未来培训师现场仿真培训小组绩效评分表

队名 得分 考核指标		______队	______队	______队
小组讨论	5 分			
教案水平 （满分 10 分）	完整性（3 分） 正确性（2 分） 独创性（1 分） 美观性（2 分） 实用性（2 分）			
团队激励	5 分			
模拟讲课表现 （满分 25 分）	时间控制（3 分）			
	口齿清晰且表达流畅（7 分）			
	讲解方法适宜、多样（6 分）			
	脱稿程度（4 分）			
	动作、表情、是否幽默风趣（5 分）			
问答表现 （满分 15 分）	主动提问（5 分） 回答问题态度（3 分） 回答问题水平（3 分） 本组协助回答状况（4 分）			

续前表

考核指标 \ 得分 \ 队名		______队	______队	______队
作品水平（满分 40 分）	完整性（10 分）			
	正确性（10 分）			
	独创性（5 分）			
	美观性（5 分）			
	参与性（10 分）			
合计				
______队评语				
______队评语				
______队评语				
说明	（1）作品水平由教师操练结束后评分，其他考核指标由教师和学生助教在操练现场评分。作品水平评分后，统计本表合计得分作为各组基础分。 （2）每组作品上必须注明本组队员在本次操练中的分工和参与情况，并对本组队员在本次操练中的贡献度按先后顺序进行排名；教师根据排名在各组基础分的基础上进行分数的上下调节，作为每个队员的平时成绩。 （3）学生助教主要针对操练过程中的表现进行点评，教师主要针对作品水平进行点评，点评后要求各组将修改后的内容放进本组的作品集；期末时教师对各组作品集进行评分，再根据各组队员对本组作品集的贡献进行分数的上下调节，作为每个队员的期末成绩。			

四、角色扮演实训范例展示：广西民族师范学院未来培训师现场仿真培训

（一）未来培训师现场仿真培训演习情境展示

人力本 151 班未来培训师现场仿真培训演习

鲍立刚老师、学生助教与小组队员合影

（二）未来培训师现场仿真培训演习过程展示

上台前本组队员为培训师“壮行”和“助威”

未来培训师为各组队员进行仿真培训

未来培训师在仿真培训时通过体操进行破冰

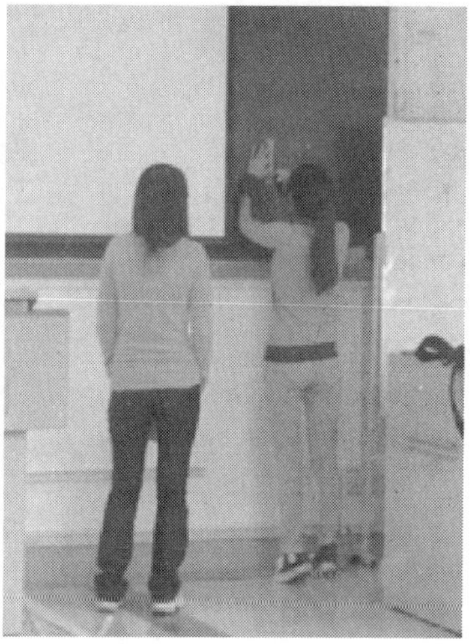

未来培训师在授课时通过画图进行讲解

未来培训师在授课时通过茶杯演示来阐述道理

未来培训师在授课时通过寓言故事讲解道理

未来培训师在授课时通过向学员提问来引导学习

未来培训师在授课结束后接受学员的提问

未来培训师在授课结束后
回答学员的提问

未来培训师回答学员提问后
本组队员补充回答

未来培训师所在组队员补充
回答后学员进一步追问

鲍立刚老师和学生助教对各组
实训过程中的表现进行评分

项目 5　未来培训师现场仿真培训综合实训演习

一、角色扮演实训任务建议：未来培训师现场仿真培训演习

（一）实训背景材料

请自拟。

（二）实训任务目标

建议使用本教材的教师安排每个小组两位未来培训师找一个熟悉的管理类培训项目内容，编写教案和 PPT 培训讲义；根据 PPT 培训讲义，上台为全体学生授课 30 分钟，授课时要使用三种以上培训技巧，并接受提问，学生助教组协助教师评分。

未来培训师必须在某个时间内起草模拟培训课件 PPT，下周内由本组队员对 PPT 提出修改意见并由队长组织队员进行魅力展示排练，确定某个时间未来培训师正式上台为全体学生授课。

（三）实训分组及评分要求

本次实训任务以角色扮演的实训方法进行。小组的划分沿用第一次实训活动所分的组别，以保证整个学期每个学生的成绩连贯性和公平性。每组作品完成后，交给教师课外对小组作品进行评分作为各组的基础分；作品上必须注明本组队员在本次编写中的分工和参与情况，并对本组队员按在本次编写中的贡献进行排名；教师根据排名在各组基础分的基础上进行分数的上下调节，作为每个队员的平时成绩。

二、实训参考程序和方法

（1）找一家你心仪的公司作为假定服务的雇主。

（2）选一项你熟悉和喜好的工作内容，作为上台为员工进行培训的内容。

（3）桌椅摆放参见第 2 章图 2—7。

（4）编写仿真培训的教案（参见本章项目 2）。

（5）编写仿真培训的 PPT 培训讲义（参见本章项目 2）。

（6）运用三种以上的培训技巧（参见本章项目 3 培训游戏、寓言故事和培训音乐，还可以包括案例讨论、课间提问、播放视频等）。

（7）演习具体程序参见本章项目 4。

（8）评分标准参见本章项目 4。

（9）实训过程的相关表格、资料、PPT、视频、音乐等作品整理好后，交给教师课外评分。

第 6 章

关键绩效考核指标设置

技术要点分析 ▼

关键绩效指标的界定标准；关键绩效指标设计的鱼骨图分析方法；关键绩效指标的设计和提取步骤；关键绩效指标设计的九宫图分析思路；员工绩效激励策略与方案

综合应用展示及演习 ▼

人事助理绩效考核指标设置综合实训演习；综合实训课程成绩评价范例展示；人力资源管理综合实训作品集的布置；平时实训成绩评定；期末作品集成绩评定；综合实训课程作品集设计范例展示

项目 1　鱼骨图和九宫图在关键绩效指标设计提取上的应用

绩效考核的有效性在很大程度上依赖于绩效考核指标的有效性，即通过绩效考核是否实现了组织的目标，绩效指标是否成为组织战略目标的载体，是否体现组织成功的关键控制因素，是否将企业的战略目标与员工行为结合了起来。而关键绩效指标的设计、提取处于绩效考核的中心环节，是绩效指标的关键所在和绩效考核的关键依据，关系到绩效考核的成败。

一、关键绩效指标透视和解析

关键绩效指标（key performance indicator，KPI）是指决定与衡量企业经营管理实际效果的重要考核指标，是宏观战略目标决策经过层层分解后所产生的可操作性战术目标，是宏观战略决策执行效果的监测指针。它是衡量组织战略实施效果的关键指标，其目的是建立一种机制，将组织战略转化为内部管理过程和活动，以不断增强组织的核心竞争力和可持续发展动力，使组织取得高效益。

（一）关键绩效指标的界定标准

关键绩效指标是用于衡量工作人员工作绩效表现的量化指标，是绩效计划的重要组成部分。关键绩效指标界定的标准如下。

1. 以战略为导向进行关键绩效指标的界定

绩效考核如果不坚持战略导向，就很难保证有效地支持组织战略。绩效考核的导向性是通过绩效指标，尤其是通过关键绩效指标来实现的；战略导向实际上就是通过关键绩效指标的设计和应用来实现的。这首先意味着，作为衡量各岗位工作绩效的指标，关键绩效指标所体现的衡量内容最终取决于组织的战略目标。当关键绩效指标构成组织战略目标的有效组成部分或支持体系时，它所衡量的岗位便以实现组织战略目标的相关部分作为自身的主要职责，如果关键绩效指标与组织战略目标脱离，则它所衡量的岗位的努力方向也将与组织战略目标的实现背道而驰。

以战略为导向的关键绩效指标来自对组织战略目标的分解，是对组织战略目标的进一步细化和发展。组织战略目标是长期的、指导性的、概括性的，而各岗位的关键绩效指标内容丰富，针对岗位设置，着眼于考核当年的工作绩效，具有可衡量性。因此，关键绩效指标是对真正驱动组织战略目标实现的具体因素的发掘，是组织战略对每个岗位工作绩效要求的具体体现。当组织战略侧重点转移时，关键绩效指标必须予以修正以反映组织战略新的内容和方向。

2. 以岗位分析为基础进行关键绩效指标的界定

岗位分析是人力资源管理工作的基础，是界定关键绩效考核指标的另一个标准。根据考核目的，对被考核者的岗位的工作内容、性质以及完成这些工作所具备的条件等进行研究和分析，从而了解被考核者在该岗位工作所应达到的目标、应采取的工作方式等，确定绩效考核的各项关键要素。

3. 综合业务流程进行关键绩效指标的界定

以战略为导向、以岗位分析为基础的关键绩效指标界定很多组织都在应用，但有些组织在界定关键绩效指标时忽视了一个非常重要的过程，即综合业务流程来界定关键绩效指标。关键绩效指标必须从流程中去把握，根据考核对象在流程中扮演的角色、担负的责任以及同上下游之间的关系，来确定衡量其工作的关键绩效指标。此外，如果流程存在问题，还应对流程进行优化或重组。

（二）关键绩效指标的作用

作为组织战略目标的分解，关键绩效指标使个人和部门的责、权、利明确而具体，从而有力地推动组织战略在各单位、各部门的执行。

作为关键经营活动的绩效反映，关键绩效指标帮助员工集中精力处理对组织战略有最大驱动力的事务，便于根据组织的发展规划和目标计划来确定部门和个人的业绩指标。

关键绩效指标使上下级对岗位工作职责和关键绩效要求达成了共识，确保了各层、各类人员努力方向的一致性；通过上下沟通，使个人目标、团队目标和组织目标融为一体，促进全员参与。

关键绩效指标输出的是绩效评价的基础和依据，为绩效管理提供了透明、客观、可衡量的基础；通过人人制定目标，使每个人为未来做准备，防止短期行为，有利于个人和组织的长期发展。

通过上下级共同制定评价标准和目标，能够客观、公正地考核绩效和实施相应的激励；便于对目标进行调整及对目标的实施进行控制，能及时发现潜在的问题与需要改进的领域并反馈给相关部门和个人。

关键绩效指标在实现效率提高的同时，通过授权、分权和自我管理，提高了员工素质，使组织内部的沟通渠道更加健全、完善。

二、关键绩效指标设计的有效方法

目前，关键绩效指标设计常用的有效方法是鱼骨图分析和九宫图分析，这两种方法可以帮助我们在实际工作中抓住主要问题、解决主要矛盾。

（一）鱼骨图分析的主要步骤

鱼骨图是由日本管理大师石川馨提出的，故又称石川图。它是一种发现问题根本原因的方法，也可以称为因果图。鱼骨图原本主要用于质量管理，现在也应用在关键绩效指标设计的分析上，主要步骤如下：

（1）确定个人和部门业务重点以及哪些因素对组织业务有影响。

（2）确定业务标准，定义成功的关键要素、满足业务重点所需的策略手段。

（3）确定关键绩效指标，判断影响一项业绩标准是否达到的实际因素。

将组织级的关键绩效指标逐步分解到部门，再由部门分解到各个岗位，采用层层分解、互为支持的方法，确定各部门、各岗位的关键绩效指标（定量或定性的）。

（二）九宫图分析的主要思路

目前普遍认为，九宫图即为洛书的主要内容。《周易·系辞上》说："河出图，洛出书，圣人则之。"但其中并没有明确记载洛书的主要内容。而九宫之说首见于《大戴礼记·明堂篇》，其中提到，明堂有九室，其形上圆下方，其数为"二四九，七五三，六一八"。其中所记载的九畴、祠庙、太庙、明堂、宫室等建筑都用此方法。

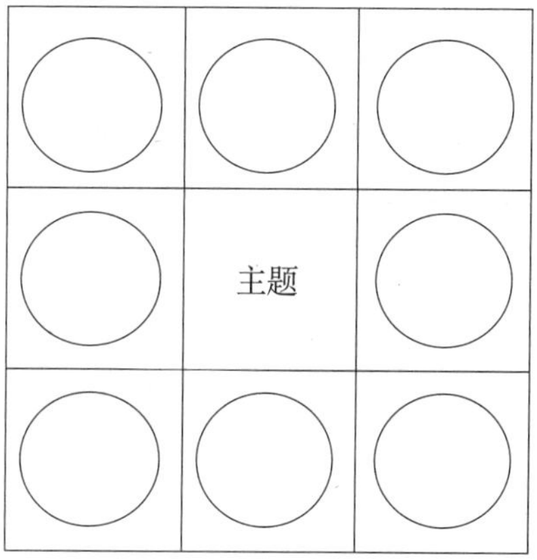

图 6—1　九宫图示意图

现代管理学者认为，九宫图分析法是一种有助于进行扩散性思维的思考策略，利用一幅如图 6—1 所示的九宫图，将主题写在中央，然后把由主题引发的各种想法或联想写在其余八个圈内，从八个方向去思考，发展出八种不同的创见，依循此思维方式加以发挥并扩散思考范围。

三、关键绩效指标的设计和提取步骤

关键绩效指标的提取可以用"十字对焦、职责修正"来概括，但在具体的操作过程中，要做到在各层面都从"纵向分解战略目标、横向结合业务流程"的"十"字中提取，也不是一件非常容易的事情。以下主要用鱼骨图方式，说明关键绩效指标的提取流程。关键绩效指标提取总示意图如图 6—2 所示。

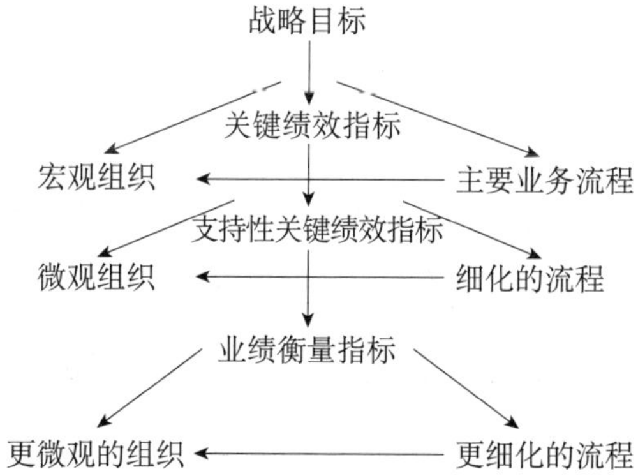

图 6—2　关键绩效指标提取总示意图

（一）通过鱼骨图分解战略目标和提取相关关键绩效

通常情况下，组织的总体战略目标均可以分解为几项主要的支持性目标，而这些支持性目标还可能分解成更为具体的子目标。组织战略目标需要组织的某些主要业务流程的支持才能在一定程度上达成，而从这些业务流程就能分解出关键绩效指标。因此，在本环节需要完成以下工作：

（1）组织高层确立组织的总体战略目标，如图 6—3 所示，成为世界级领先企业是组织的总体战略目标。

（2）由组织（中）高层将总体战略目标分解为主要的支持性目标。在图 6—3 中，人员与文化、客户服务、制造优势、信息技术支持、市场份额、市场领先、利润与成长、技术创新都是支持性目标。

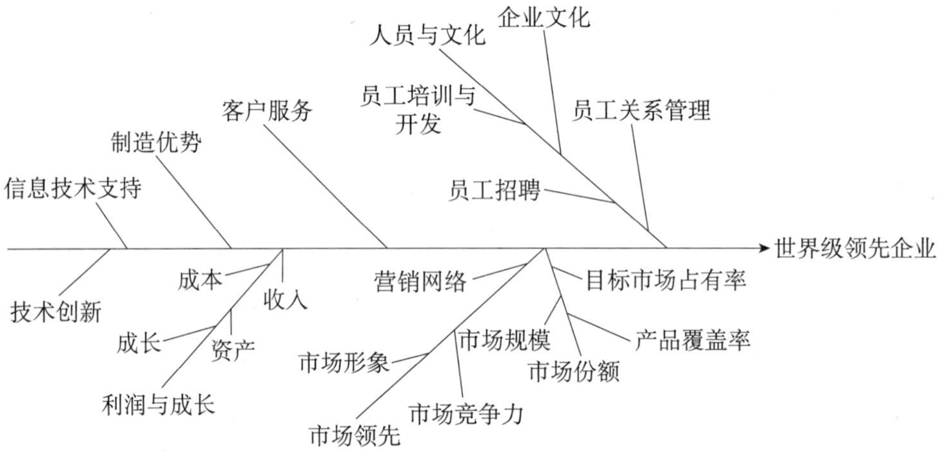

图 6—3　战略目标分解和关键绩效提取的鱼骨图

（3）在组织的主要业务流程与支持性目标之间建立关联。在图 6—3 中，人员与文化这个支持性目标的主要业务流程包括员工培训与开发、员工招聘、员工关系管理、企业文化等。

（4）在企业的主要业务流程里，再分解出关键绩效指标。如图 6—3 所示，员工培训与开发这个主要业务流程中可能包括晋升、培训、转岗、降级等指标，可以对这些具体的指标进行限制性规定。比如，在某个阶段内达到晋升条件的员工数量要达到相应人数的 5%，这就是对晋升这一关键绩效指标的绩效评价标准。

（二）通过九宫图确认各业务流程与各职能部门的联系

通过九宫图的方式建立流程与工作职能之间的关联，从而在更微观的部门层面建立流程、职能与指标之间的关联，为组织总体战略目标和部门绩效指标建立联系。

例如，对于新产品开发流程来讲，包括新产品概念选择、新产品概念测试、产品建议开发等前期工作，对于以上每一项前期工作来讲，各职能部门所承担的流程中的角色是不同的，如表 6—1 所示。比如，对于新产品概念选择，市场部负责市场论证，销售部负责销售数据收集，研究部负责可行性研究，开发部负责技术力量评估等。知道了流程中的各项工作与各职能部门的关系之后，就可以把考核指标与业务流程联系起来，进而达成支持性目标，最终通过微观的绩效考核指标，尤其是关键绩效指标，实现组织的总体战略目标。

表 6—1　确认业务流程与职能部门的联系示例

流程：新产品开发	各职能部门所承担的流程中的角色				
	市场部	销售部	财务部	研究部	开发部
新产品概念选择	市场论证	销售数据收集	—	可行性研究	技术力量评估
	—	—	—	—	—
新产品概念测试	—	市场测试	—	—	技术测试
	—	—	—	—	—
产品建议开发	—	—	费用预算	组织预研	—
	—	—	—	—	—

（三）部门级关键绩效指标的提取

在本环节，通过业务流程、部门职责之间的联系，提取部门级的关键绩效指标，如表 6—2 所示。

表 6—2　部门级关键绩效指标提取示例

流程：新产品开发		关键绩效指标维度			指标
		被考核部门	测量对象	测量结果	
绩效变量维度	时间	开发部	新产品（开发）	上市时间	新产品上市时间
	成本	生产部	生产过程	成本降低程度	生产成本
	质量	客服部	产品与服务	满足程度	客户满意度
	数量	销售部	销售过程	收入总额	销售收入

四、员工绩效激励策略与方案

在确认各支持性目标的主要业务流程后，运用九宫图的方式进一步确认考核指标在不同维度上的详细分解内容并采取相应的激励措施。

如图 6—4 所示，员工培训与开发这一主要业务流程中包括晋升、培训、转岗、降级等考核指标，可以对这些具体的指标进行限制性标准设定。这些限制性标准可以是数量、百分比，也可以是一些叙述性要求。为了达到这些限制性标准，根据组织过往绩效考核的结果，分别将员工归入到九宫图之中。对于处于九宫图不同方格中的员工，组织应该采取不同的绩效激励策略与方案。

（一）业绩等级定义

图 6—4 中九宫图横向维度是员工的工作业绩。对于员工的工作业绩，各部门经理和人力资源管理者应正确认识，哪些是个人能力造成的，哪些是环境造成的，考核结束后应采取什么措施。员工的业绩等级有三个层次：业绩高、符合要求、业绩低，业绩等级应该进行明确定义，以便在考核时有参照的标准。业绩等级的定义应尽可能量化；如果难以量化，也可以用文字描述。例如，业绩高的量化定义可以为：年销售收入达 50 万元，年销售回款率达 80%。业绩高的描述性定义可以为：员工能够持续地超越工作

态度和能力 \ 工作业绩	业绩低	符合要求	业绩高
能力高	调适、重设目标、培训 6	更具挑战性的工作、轮岗、培训 2	晋升、更大的责任和权力 1
符合要求	共定目标、培训、转岗 7	赋予更大的职责、培训 5	训练能力、塑造良好心态 3
能力低	重点指导、转岗、降级、离职 9	引导、鼓励、培训、转岗 8	持续提升能力、转换心态 4

图 6—4　基于态度、能力、业绩三维度的员工培训与开发九宫图

上、专业技能上的绩效要求，建立并不断优化周边的人际关系，在关键绩效指标和工作计划任务方面都超标。

（二）态度和能力等级定义

图 6—4 中九宫图纵向维度是员工的态度和能力。对员工态度和能力的评估需要员工所在部门的经理和人力资源管理者共同关注，尤其是各部门经理，对员工的态度和能力的评估负有重要的责任。一般而言，员工的态度和能力有三个层次：能力高、符合要求、能力低。态度和能力的定义一般采用描述的方式。例如，态度和能力高的描述性定义可以为：员工能够胜任更高级别的工作，通常具备高水平的工作技能，具备下一个更高级别工作所需要的执行能力和管理能力，具有创新与承担更大责任的意愿，主观上渴望获得机会，迎接挑战；具有全局意识，能对公司的发展大计提出自己的看法和实施方案；不仅本人态度诚恳、工作积极，而且能带动和影响周围的人积极向上，形成强大的团队战斗力。

（三）员工发展策略与措施

对于处在图 6—4 不同方格中的不同员工，可以根据企业需要采取不同的培训与职业生涯发展策略，同时要采取相应的薪资福利激励政策。

处于方格 1 的员工必须尽快晋升到更高级别的岗位，并赋予更大的责任和权力；还要对其加薪，提供更具竞争力的薪资福利待遇。处于方格 2 的员工，符合现任岗位的业绩要求且工作能力高，职业发展的重点在于针对其能力高的优势，给予更具挑战性的工作，或通过轮岗和培训来增加工作的多样性；提供具有一定竞争力的薪资福利，以鼓励人才展现更好的绩效。处于方格 3 的员工，现任岗位业绩高，培训和锻炼的重点应放在通往上一层级所需的核心能力和塑造良好的心态；提供具有一定竞争力的薪资福利，以激发更多潜能。建议为方格 2 和方格 3 的员工安排合适的导师，提供未来职业生涯发展上的建议与咨询，指导他们全面完整地做好自我职业生涯规划，他们下一步职业生涯的发展是往方格 1 移动。

处于方格 4 的员工现在工作业绩高，应着重持续提升其核心能力，转换心态，以应对未来的发展机会。处于方格 5 的员工现在工作业绩与能力均符合组织要求，职业发展的重点将依据个人能力发展趋势而决定是否赋予更大职责的工作，同时加强培训。方格 4 和方格 5 的员工下一步职业生涯的发展是往方格 3 移动。处于方格 6 的员工工作能力高，但面对新岗位更高的绩效要求，仍在调整适应或重新设定目标，最好有针对性地进行培训，以尽快提高绩效，其下一步职业生涯的发展是往方格 2 移动。就大多数绩效或能力处于中等的员工来说，企业一般不愿意加薪。由于大部分公司中绩效或能力中等的员工数量较多，公司通常会由于考虑到资源有限，从而根据组织需要，依据岗位的重要性和贡献度等决定是否安排导师或教练进行现有工作的辅导或咨询。

处于方格 7 的员工能力基本符合要求，应与其共同制定工作目标，并要求在既定时间内提高工作绩效；也可以根据企业需要，有针对性地培训或者内部转岗。处于方格 8 的员工部分达到该层级的绩效要求，但有些部分明显未达要求。绩效未达标主要是因为尚未具备此岗位所需的技能，或长期以来能力未提升改善，该岗位的直接上级应适当加以引导和鼓励，提供培训和转岗的机会。处于方格 7 与方格 8 的员工，企业肯定不愿意加薪，提升现有绩效是他们目前最重要的发展重点，应为他们安排教练来给予指导，帮助他们在既定的时间内有效提升核心能力或绩效。处于方格 9 的员工未达到现有岗位的绩效要求，若不是有意愿和能力上的问题，应重点指导其改善并提升绩效；如果确实是意愿或能力上的问题，应该及早降级、转调其他合适的岗位或解除劳动合同。

五、关键绩效指标体系的范例

（一）总经理年度考核绩效指标量表

（1）公司经营利润的评分标准：公司销售净利润增长率达到计划增长率为 45 分，每增（减）0.1 个百分点，增（减）1 分。

（2）公司销售额的评分标准：此项评分为 15 分，每增（减）1%，增（减）1 分。

（3）其他定性指标由全体董事根据客观情况评定（最终评分为各董事评分的算术平均值）。

具体如表 6—3 所示。

表 6—3　总经理年度考核绩效指标量表

考核内容	指标类型	具体指标	考核数据来源	分值	年度考核得分
董事会满意度（10%）	董事会关键指标	董事会决议的执行效果	全体董事	10	
		综合能力			
		战略规划能力			

续前表

考核内容	指标类型	具体指标	考核数据来源	分值	年度考核得分
实际业绩(80%)	财务关键指标(60%)	公司经营利润（与本年度计划比较）	财务总监	45	
		公司销售额		15	
	管理状况关键指标(20%)	公司发展规划及年度经营计划的制定和执行的合理性、及时性	全体董事	5	
		对各职能部门的督导（计划的执行、人员的配备）		5	
		各级部门间的协作		5	
		制度建设和落实情况		5	
其他（10%）	其他指标(10%)	发现、培养下属的能力		5	
		各高管的重大成绩、失误		5	

（二）财务总监季度考核绩效指标量表

（1）互评部门：企管办、营销部、生产部、技术部、研发部。

（2）成本管理和税务筹划效果的评分标准：在考虑与上年度同期及本年度计划相比的基础上，结合客观因素评分。

（3）年度考核评分＝（四个季度考核评分之和÷4）×80%＋公司绩效评分。

具体如表 6—4 所示。

表 6—4　　财务总监季度考核绩效指标量表

考核内容	指标类型	具体指标	考核数据来源	分值	季度考核得分
总经理满意度（20%）	总经理关键指标	见满意度评分表	满意度评分表	20	
实际业绩（55%）	季度目标计划完成情况关键指标	季度目标计划达成率	总经理	25	
	成本管理效果关键指标	各责任中心成本降低率（与上年度同期及本年度计划相比）	计财部	15	
	税务筹划效果关键指标	税负率降低程度和节税效果	计财部	15	
内部管理（14%）	管理费用	实际可控费用/计划费用	计财部	5	
	部门出勤率	实际出勤天数/应出勤天数	人事主管	1	
	下属管理情况	下属工作重大成绩或错误	企管办	5	
		下属培训效果、能力发展效果	总经理	3	
互评（10%）	评议得分	每月部门互评结果	部门互评表	10	
其他（1%）	个人出勤率	实际出勤天数/应出勤天数	人事主管	1	

（三）生产部经理月度考核绩效指标量表

（1）互评部门：技术部、研发部、营销部、计财部、采供办、质管办。

（2）总工效的评分标准：以 100%为 15 分，每减（增）1 个百分点，增（减）1.5 分。

（3）根据生产大纲和销售合同的时限要求完成生产和发货任务，每项任务或每笔合同延误 1 天扣减 5%，依此类推，扣完为止。

（4）产品一次交验合格率和开箱合格率 99%以上为满分，每降低 0.5 个百分点，扣该项分值的 10%，扣完为止。

（5）执行工艺规程状况视效果分为好、较好、中、较差、差五个等级，依次评分为 5，4，3，2，1。

（6）设备管理的评分标准：按设备的维护管理情况分为好、中、差三个等级，分数依次为 1，0.5，0。

（7）实际生产成本/计划生产成本的比值以 100%为满分，每增（减）1 个百分点，减（增）1 分。

（8）实际制造费用/计划制造费用的比值以 100%为满分，每增（减）1 个百分点，减（增）1 分。

具体内容如表 6—5 所示。

表 6—5　生产部经理月度考核绩效指标量表

考核内容	指标类型	具体指标	考核数据来源	分值	月度考核得分
总经理满意度（10%）	总经理关键指标	见满意度评分表	满意度评分表	10	
实际业绩（70%）	生产、储运管理关键指标	实际总工效/计划总工效	计财部	15	
		根据生产大纲和销售合同按时完成生产和发货任务	营销部	10	
	质量管理关键指标	产品一次交验合格率和开箱合格率	质管办	10	
		执行工艺规程状况	质管办	5	
	设备管理关键指标	设备管理综合评价	技术部设备管理员	5	
	成本控制关键指标	实际生产成本/计划生产成本	计财部	10	
		实际制造费用/计划制造费用	计财部	15	
内部管理（8%）	下属管理情况	下属工作重大成绩或错误	企管办	4	
		下属培训效果、能力发展效果	总经理	4	
互评（10%）	评议得分	每月部门互评结果	部门互评表	15	
其他（2%）	个人出勤率	实际出勤天数/应出勤天数	人事主管	2	

（四）市场部经理月度考核绩效指标量表

（1）互评部门：营销部、计财部、技术部、研发部。

（2）销售额完成率（与本年度计划相比）：按实际达成率换算。

（3）市场策划实施的实效性：由营销副总经理根据实际情况评分，分为好（10分）、较好（8分）、中（6分）、较差（4分）、差（2分）。

（4）月度信息汇总的及时性与实效性：由营销副总经理根据实际情况评分，分为好（15分）、较好（12分）、中（9分）、较差（6分）、差（3分）。

（5）计划工作达成率：实际工作项目数/计划工作项目数，按实际达成率换算。

具体内容如表6—6所示。

表6—6　　市场部经理月度考核绩效指标量表

<table>
<tr><th>考核内容</th><th>指标类型</th><th>具体指标</th><th>考核数据来源</th><th>分值</th><th>月度考核得分</th></tr>
<tr><td>营销副总经理满意度（25%）</td><td>营销副总经理关键指标</td><td>见满意度评分表</td><td>满意度评分表</td><td>25</td><td></td></tr>
<tr><td rowspan="4">业务完成指标（50%）</td><td rowspan="4">季度目标计划完成情况关键指标</td><td>销售额完成率（与本年度计划相比）</td><td>计财部</td><td>8</td><td></td></tr>
<tr><td>市场策划实施的实效性</td><td>市场部</td><td>10</td><td></td></tr>
<tr><td>月度信息汇总的及时性与实效性</td><td>市场部</td><td>15</td><td></td></tr>
<tr><td>计划工作达成率</td><td>营销副总经理</td><td>17</td><td></td></tr>
<tr><td rowspan="4">内部管理（14%）</td><td rowspan="3">下属管理情况</td><td>下属培训效果、能力发展效果（评分标准见附表）</td><td>营销副总经理</td><td>2</td><td></td></tr>
<tr><td>下属工作重大成绩或失误（评分标准见附表）</td><td>企管办</td><td>4</td><td></td></tr>
<tr><td>部门出勤率（实际出勤天数/应出勤天数）</td><td>人事主管</td><td>1</td><td></td></tr>
<tr><td>管理费用控制</td><td>实际可控费用/计划费用</td><td>计财部</td><td>7</td><td></td></tr>
<tr><td>互评（10%）</td><td>评议得分</td><td>每月部门互评结果</td><td>部门互评表</td><td>10</td><td></td></tr>
<tr><td>其他（1%）</td><td>个人出勤率</td><td>实际出勤天数/应出勤天数</td><td>人事主管</td><td>1</td><td></td></tr>
</table>

（五）研发部经理月度考核绩效指标量表

（1）互评部门：技术部、生产部、营销部、技术服务部、计财部。

（2）研发项目完成情况：分为好（20分）、较好（16分）、中（12分）、较差（10分）、差（6分）。

（3）新产品工艺问题状况：可根据生产部门对研发部的投诉次数来考核，质管办负责记录投诉次数。对于何种投诉应该记录在案，由技术部、生产部、质管办三方共同在考核前协商确定并由考核中心存档。投诉一次扣 1 分，扣完为止。

（4）非常规合同执行情况：分为好（15 分）、一般（10 分）、差（7 分）。

（5）《同行技术分析报告》《行业相关技术发展报告》每半年提交一次，考核中心存档，分为好（10 分）、一般（7 分）、差（5 分）。

（6）成本管理指标评分方法与管理费用控制相同。

具体内容如表 6—7 所示。

表 6—7　　研发部经理月度考核绩效指标量表

考核内容	指标类型	具体指标	考核数据来源	分值	月度考核得分
技术副总经理满意度（10%）	技术副总经理关键指标	见满意度评分表	满意度评分表	10	
实际业绩(60%)	业务完成情况关键指标	研发项目完成情况	研发部内勤	20	
		非常规合同执行情况	技术副总经理	15	
		新产品工艺问题状况	质管办	5	
		《同行技术分析报告》《行业相关技术发展报告》每半年提交一次	技术副总经理	10	
	成本管理关键指标	实际研发、技术改造费用/预算费用	计财部	10	
内部管理(18%)	管理费用控制	实际可控费用/计划费用	计财部	5	
	下属管理情况	下属培训效果、能力发展效果（评分标准见附表）	技术副总经理	6	
		下属工作重大成绩或失误(评分标准见附表)	企管办	6	
		部门出勤率（实际出勤天数/应出勤天数）	人事主管	1	
互评（10%）	评议得分	每月部门互评结果	部门互评表	15	
其他（2%）	个人出勤率	实际出勤天数/应出勤天数	人事主管	1	
	公共财产完好情况	好（1 分），一般（0.5 分），差（0 分）	企管办	1	

（六）采购部经理月度考核绩效指标量表

（1）互评部门：计财部、生产部、研发部、技术部。

（2）采购计划达成率：以主要服务客户——生产部的抱怨为主，采购需求经采供办确认后，发生抱怨一次扣 1 分，扣完为止。

（3）采购品检验合格率：合格率 90%以上为满分，每降低 1 个百分点，扣该项分值的 10%，扣完为止。

（4）采购成本降低率：降低率 8%为满分，8%以上每提高 0.5 个百分点加 1 分；8%以下每降低 0.5 个百分点扣 1 分。

(5) 采购制度和工作指令执行情况：由企管办经理根据实际情况评分，分为好（8分）、较好（6分）、中（4分）、较差（2分）、差（1分）。

具体内容如表6—8所示。

表6—8 采购部经理月度考核绩效指标量表

考核内容	指标类型	具体指标	考核数据来源	分值	月度考核得分
总经理满意度（20%）	总经理关键指标	见满意度评分表	满意度评分表	20	
实际业绩(40%)	采购管理关键指标	采购成本降低率（与核算值相比）	计财部	20	
		采购品检验合格率	质管办	10	
		采购计划达成率（及时性）	生产部经理	10	
内部管理(20%)	下属管理情况	下属工作重大成绩或错误	企管办	10	
	部门出勤率	实际出勤率（实际出勤天数/应出勤天数）	人事主管	2	
	管理费用控制	实际管理费用与预算费用相比	计财部	8	
互评（10%）	评议得分	每月部门互评结果	部门互评表	10	
其他（10%）	出勤率	实际出勤率（实际出勤天数/应出勤天数）	人事主管	2	
		采购制度和工作指令执行情况	企管办经理	8	

资料来源：由方圆公司 babyface 提供。

项目2 人事助理绩效考核指标设置综合实训演习

一、作品设计实训任务建议：人事助理月度考核绩效指标量表设计

（一）实训背景材料

A公司是一家拥有1 500人的制造公司，设有生产部、品质部、物流部、设备工程部、销售部、财务部和人力资源部，其中人力资源部设有经理1人、人事助理1人。

（二）实训任务目标

请根据公司背景，结合公司人事助理工作说明书、第4章中“日常事务管理应用技术要点分析”和本章的相关知识，为人力资源部人事助理岗位设计人事助理岗位月度考核绩效指标量表和绩效考核指标鱼骨图。

（三）实训分组及评分要求

本次实训任务以作品设计的实训方法进行。小组的划分沿用第一次实训活动所分的

组别，以保证整个学期每个学生的成绩连贯性和公平性。每组完成人事助理岗位月度考核绩效指标量表和绩效考核指标鱼骨图后，交给教师课外对小组作品进行评分作为各组的基础分；作品上必须注明本组队员在本次编写中的分工和参与情况，并对本组队员按在本次编写中的贡献进行排名；教师根据排名在各组基础分的基础上进行分数的上下调节，作为每个队员的平时成绩。

二、实训参考程序和方法

（1）网上查阅公司人事助理工作说明书，本书查阅人事助理日常事务及月度考核绩效指标量表。

（2）每组队长组织队员进行讨论和分工。

（3）找出人事助理岗位的总目标，作为鱼骨图的鱼头。

（4）将人事助理岗位总目标分解为主要的支持性目标，即找出人事助理的主要工作职责。

（5）找出每项主要工作职责的支持性业务，即每项主要工作职责所必须从事的具体工作项目。

（6）画出一个完整的人事助理岗位绩效考核指标鱼骨图，并进行讨论和修改。

（7）根据本组确定的绩效考核指标鱼骨图，编制人事助理岗位月度考核绩效指标量表。

（8）区分人事助理岗位月度考核绩效指标量表中的关键绩效指标和一般指标，并设定相应的权重及分值。

（9）针对人事助理岗位月度考核绩效指标量表中的内容，添加一些必要的文字说明。

（10）将本组确定的人事助理岗位月度考核绩效指标量表和绩效考核指标鱼骨图交教师评分。

三、评分标准

（1）鱼骨图的完整性、正确性、专业性、美观性和实用性，满分 30 分。

（2）每组精神面貌和队员参与程度也将影响到本组得分，满分 20 分（随时观察）。

（3）人事助理岗位月度考核绩效指标量表的完整性、正确性、专业性、美观性和实用性，满分 50 分。

项目 3　综合实训课程成绩评价范例展示

本章主要是基于企业实际的绩效考核而设计的，目的是引导学生在学校所学知识与企业实际需要无限接近。

人力资源管理综合实训课程涉及很多实训项目的教学活动，每个实训项目教学活动实际上都按企业人力资源管理工作任务来设计，对其模拟的人力资源管理工作任务实施过程和结果都要进行评分，并以此来评价小组和学生个人的实训成绩。这种评分过程实际上就是运用绩效考核知识对实训学生进行绩效考核的过程，由于实训学生模拟的是企业人力资源管理工作任务，因此我们可以认为：对本课程不同实训项目进行评分，就是对企业人力资源部员工进行绩效考核。因此，我们把综合实训课程成绩评价也放在本章。由于大部分实训项目的评分标准已经放在相应的项目内容里，这里只集中在一起作个索引；而企业工作现场仿真招聘综合实训成绩评价的评分表，由于项目内容太多也放在此处。

一、组织结构设计和岗位分类综合实训成绩评价

详见组织结构设计和岗位分类综合实训小组绩效评分表（表 2—1）。

二、校内仿真招聘会综合实训成绩评价

详见第 3 章中“校内仿真招聘会实训评分标准”。

三、企业工作现场仿真招聘综合实训成绩评价

此处的各类考核表格与第 3 章相配套，各类表格的使用方法详见第 3 章。

（一）考官小组对求职小组的成绩评价表

具体内容如表 6—9 所示。

表 6—9　　面试评价表

<table>
<tr><td>应聘者姓名</td><td></td><td>性别</td><td></td><td>年龄</td><td></td><td>最高学历</td><td></td></tr>
<tr><td>应聘岗位</td><td colspan="2"></td><td>主考官</td><td colspan="2"></td><td>面试时间</td><td>年 月 日</td></tr>
<tr><td colspan="2">面试项目</td><td>优</td><td>良</td><td>中</td><td>可</td><td>差</td><td>备注</td></tr>
<tr><td colspan="2">1. 仪表和仪态（着装、坐姿等）</td><td></td><td></td><td></td><td></td><td></td><td></td></tr>
<tr><td colspan="2">2. 自我表现能力（表情、语言、自信）</td><td></td><td></td><td></td><td></td><td></td><td></td></tr>
<tr><td colspan="2">3. 口头表达能力（沟通能力）</td><td></td><td></td><td></td><td></td><td></td><td></td></tr>
<tr><td colspan="2">4. 想象力、创造力</td><td></td><td></td><td></td><td></td><td></td><td></td></tr>
<tr><td colspan="2">5. 综合分析能力</td><td></td><td></td><td></td><td></td><td></td><td></td></tr>
<tr><td colspan="2">6. 工作热情、事业心</td><td></td><td></td><td></td><td></td><td></td><td></td></tr>
<tr><td colspan="2">7. 体力、精力情况</td><td></td><td></td><td></td><td></td><td></td><td></td></tr>
<tr><td colspan="2">8. 随机应变能力</td><td></td><td></td><td></td><td></td><td></td><td></td></tr>
<tr><td colspan="2">9. 态度及工作抱负与公司工作目标是否相符</td><td></td><td></td><td></td><td></td><td></td><td></td></tr>
<tr><td colspan="2">10. 专长是否符合职位要求</td><td></td><td></td><td></td><td></td><td></td><td></td></tr>
<tr><td colspan="2">11. 教育水平是否符合职位要求</td><td></td><td></td><td></td><td></td><td></td><td></td></tr>
<tr><td colspan="2">12. 气质、性格类型是否符合职位要求</td><td></td><td></td><td></td><td></td><td></td><td></td></tr>
<tr><td colspan="2">13. 工作意愿与公司要求是否一致</td><td></td><td></td><td></td><td></td><td></td><td></td></tr>
<tr><td colspan="2">14. 工作经历是否符合职位要求</td><td></td><td></td><td></td><td></td><td></td><td></td></tr>
<tr><td colspan="2">15. 要求待遇、工作条件是否符合公司情况</td><td></td><td></td><td></td><td></td><td></td><td></td></tr>
<tr><td colspan="2">16. 潜能在公司能否有效发挥</td><td></td><td></td><td></td><td></td><td></td><td></td></tr>
</table>

续前表

应聘者姓名		性别		年龄		最高学历	
应聘岗位		主考官		面试时间		年　月　日	
面试项目	优	良	中	可	差	备注	
17. 综合素质是否符合职位要求							
18. 理解能力							
19. 合作性							
★评价中心							
面试总体评价							
现行工资				期望工资			
可提供待遇				确认工资			
拟受聘岗位		拟确定级别			拟聘用开始时间		
部门经理意见						年　月　日	
人力资源部意见						年　月　日	
领导意见						年　月　日	

填表人：　　　　　　　　审核人：　　　　　　　　填表日期：

说明：

（1）此表用于员工招聘工作中的面试过程，由主试人员或面试时专门记录人员填写。

（2）此表评价等级、综合评语及录用建议由招聘小组研究后集体作出。

（3）面试结束后，请及时将此表随面试人员资料送交办公室，以免延误招聘进程。

（二）考核小组、助教小组对考官小组的成绩评价

1. 企业工作现场仿真招聘成绩评价分工图

具体内容如图 6—5 所示。

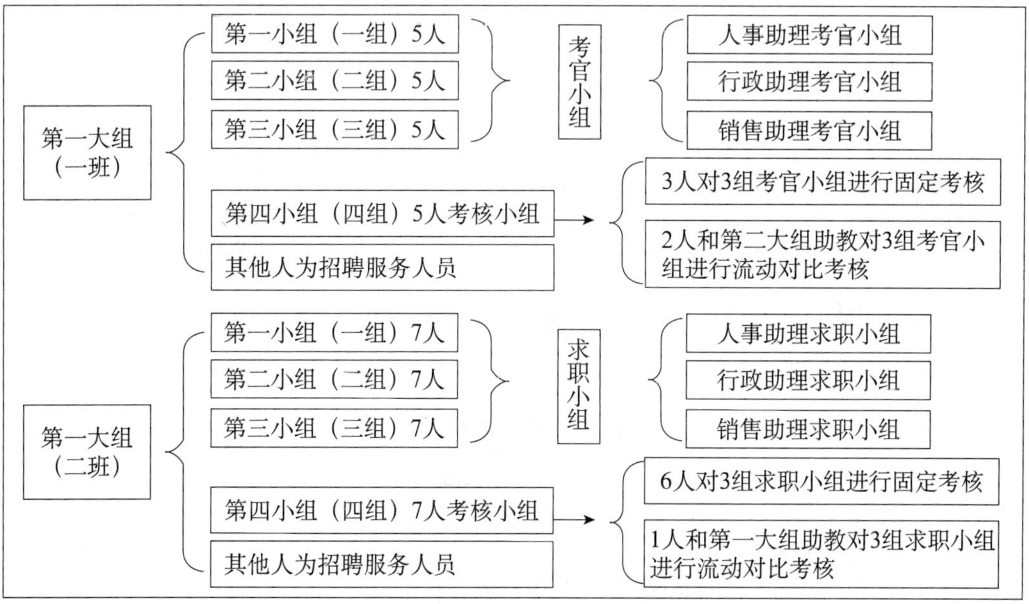

图 6—5　企业工作现场仿真招聘成绩评价分工图

2. 考核小组、助教小组对考官小组的固定考核成绩评价

具体内容如表6—10所示。

表6—10 **考官表现考核表**

考核对象： 日期：

考核项目	具体事项	得分	扣分原因
准备工作（10分）	1. 招聘前准备的资料是否全面详细（4分） 2. 工作是否协调（3分） 3. 招聘广告是否能体现所招岗位的基本信息（3分）		
简历筛选（10分）	1. 根据招聘广告的要求筛选简历是否恰当、认真负责、公平公正（5分） 2. 通知工作人员是否及时（5分）		
面试安排（10分）	1. 面试时间、地点的安排（5分） 2. 面试的各种衔接工作是否正常（5分）		
面试内容（20分）	1. 面试内容是否完整（5分） 2. 面试官是否通过恰当的提问和细心观察，对求职者的情况进行较充分的了解（5分） 3. 所提问题是否与招聘职位的专业知识吻合，难度是否合理（5分） 4. 评分标准是否合理（5分）		
面试过程（20分）	1. 面试过程的时间是否把握在20分钟之内（5分） 2. 是否能克服评价误差，如晕轮效应、首因效应等（5分） 3. 考官在考核过程中是否能独立判断、克服从众心理（5分） 4. 对于突发状况，处理是否得体（5分）		
面试技巧（20分）	1. 仪表、言行是否得体（5分） 2. 提问形式是否多样、善于引导（5分） 3. 态度是否友善，气氛是否融洽（5分） 4. 是否善于倾听和观察（5分）		
举止仪表（10分）	1. 仪表是否端庄，衣着是否整洁（5分） 2. 对求职者是否尊重，言行举止是否文明（5分）		
合计得分			

3. 考核小组、助教小组对不同考官小组的流动对比考核成绩评价

具体内容如表6—11所示。

表6—11 **不同考官表现考核表**

考核项目	评分标准	考官一小组	考官二小组	考官三小组
准备工作（10分）	4. 招聘前准备的资料是否全面详细（4分） 5. 工作是否协调（3分） 6. 招聘广告是否能体现所招岗位的基本信息（3分）			

续前表

考核项目	评分标准	考官一小组	考官二小组	考官三小组
简历筛选（10 分）	3. 根据招聘广告的要求筛选简历是否恰当、认真负责、公平公正（5 分） 4. 通知工作人员是否及时（5 分）			
面试安排（10 分）	3. 面试时间、地点的安排（5 分） 4. 面试的各种衔接工作是否正常（5 分）			
面试内容（20 分）	5. 面试内容是否完整（5 分） 6. 面试官是否通过恰当的提问和细心观察，对求职者的情况进行较充分的了解（5 分） 7. 所提问题是否与招聘职位的专业知识吻合，难度是否合理（5 分） 8. 评分标准是否合理（5 分）			
面试过程（20 分）	5. 面试过程的时间是否把握在 20 分钟之内（5 分） 6. 是否能克服评价误差，如晕轮效应、首因效应等（5 分） 7. 考官在考核过程中是否能独立判断、克服从众心理（5 分） 8. 对于突发状况，处理是否得体（5 分）			
面试技巧（20 分）	5. 仪表、言行是否得体（5 分） 6. 提问形式是否多样、善于引导（5 分） 7. 态度是否友善，气氛是否融洽（5 分） 8. 是否善于倾听和观察（5 分）			
举止仪表（10 分）	3. 仪表是否端庄，衣着是否整洁（5 分） 4. 对求职者是否尊重，言行举止是否文明（5 分）			
总分				
扣分原因				

（三）考核小组、助教小组对求职小组的成绩评价

1. 考核小组、助教小组对求职小组的固定考核成绩评价

具体内容如表 6—12 所示。

表 6—12　人事助理初试考核表（小组内的考核）

考核项目 ＼ 面试名单	郑海林	谭菁之	胡汉丽	廖小云	莫增颖	梁团	刘婕
简历（10 分） 1. 内容是否精简、完整、有特色（4 分） 2. 排版是否合理且无错别字（3 分） 3. 封面设计是否新颖（3 分）							

续前表

考核项目 \ 面试名单	郑海林	谭菁之	胡汉丽	廖小云	莫增颖	梁团	刘婕
语言表达能力（15 分） 1. 应答是否具有逻辑性、条理性（5 分） 2. 自我介绍是否有特色（3 分） 3. 回答问题是否有技巧（4 分） 4. 对时间的把握性（3 分）							
应变能力（10 分） 1. 反应的敏锐程度（3 分） 2. 处理问题的能力和应变能力（3 分） 3. 面对压力的承受能力和自制力（4 分）							
求职动机（10 分） 1. 是否符合企业要求（4 分） 2. 求职愿望是否强烈、明确（3 分） 3. 对所应聘的职位是否了解（3 分）							
个性特征（10 分） 1. 看待问题是否积极乐观（4 分） 2. 是否精神饱满，有责任心、自信心（3 分） 3. 对自我的认知是否明确（3 分）							
举止仪表（10 分） 1. 是否衣着得体、妆容自然（3 分） 2. 衣着与应聘职位是否相符（3 分） 3. 是否精神面貌、自我修养良好（4 分）							
专业能力（20 分） 1. 在回答问题时是否具有专业性（7 分） 2. 是否能把专业知识与实际相结合来回答问题（7 分） 3. 是否能熟练运用专业知识（6 分）							
幕后准备工作（10 分） 1. 是否认真收集求职单位的材料（4 分） 2. 是否认真对待本次求职工作（3 分） 3. 求职材料是否真实（3 分）							
总分							

考核者：　　　　　　　　　　　　　　　　　　　　考核时间：

2. 考核小组、助教小组对求职小组的流动对比考核成绩评价

具体内容如表 6—13 所示。

表 6—13　　同组求职者面试表现对比考核表（不同小组之间对比考核）

考核项目	简历（10 分）	语言表达能力（15 分）	应变能力（10 分）	求职动机（10 分）	个性特征（10 分）	举止仪表（10 分）	专业能力（20 分）	幕后准备工作（10 分）	
考核内容	1. 内容是否精简、完整、有特色（4 分） 2. 排版是否合理且无错别字（3 分） 3. 封面设计是否新颖（3 分）	1. 沟通是否具有逻辑性、条理性（5 分） 2. 是否善用沟通技巧（5 分） 3. 回答问题的流畅性及对时间的把握性（5 分）	1. 反应的敏锐程度（3 分） 2. 处理问题的能力和应变能力（3 分） 3. 面对压力的承受能力和自制力（4 分）	1. 是否符合企业要求（4 分） 2. 求职愿望是否强烈、明确（3 分） 3. 对所应聘的职位是否了解（3 分）	1. 看待问题是否积极乐观（4 分） 2. 是否精神饱满，有责任心、自信心（3 分） 3. 对自我的认知是否明确（3 分）	1. 是否衣着得体、妆容自然（3 分） 2. 衣着与应聘职位是否相符（3 分） 3. 是否精神面貌、自我修养良好（4 分）	1. 在回答问题时是否具有专业性（7 分） 2. 是否能把专业知识与实际相结合来回答问题（7 分） 3. 是否能熟练运用专业知识（6 分）	1. 是否认真收集求职单位的材料（4 分） 2. 是否认真对待本次求职工作（3 分） 3. 求职材料是否真实（3 分）	总分
莫娟									
…	…	…	…	…	…	…	…	…	…

对招聘服务人员的考核如表 6—14 所示。

表 6—14　　招聘服务考核表

评分项目	工作内容	评分标准	得分	扣分原因
服务接待工作（20 分）	1. 工作安排	各队分工是否合理，是否有团队协作精神；准备工作的进度和工作的积极性（2 分）		
	2. 招聘材料	招聘广告是否简明，是否突出重点，是否符合劳动法规（2 分）；是否内容齐全（包含标题、公司简介、招牌岗位、任职资格、相关福利政策、联系方式、面试安排等）（2 分）；面试流程图是否简明，便于理解（2 分）		
	3. 服务接待	招聘海报设计是否得体、有吸引力，各种招聘表格是否齐全、符合公司要求（3 分） 招聘接待工作（大门、中门、培训室）是否完整、周到；招聘接待工作是否满意度高；现场秩序和卫生是否维持得好（4 分）		

续前表

评分项目	工作内容	评分标准	得分	扣分原因
大门登记报到（10分）	1. 表格填写	是否准备好相关表格；应聘者填写的表格上字体是否清晰简明、是否有序（5分）		
	2. 大门布置	登记处桌椅摆放是否整齐（包括培训室、招聘现场）；指示条的张贴、海报的张贴、招聘广告的摆放是否合理，是否便于求职者观看（5分）		
培训室填表（25分）	1. 表格登记	是否有效组织应聘者登记，是否有序（5分）		
	2. 检验证件	是否细心检验应聘者的证件（5分）		
	3. 工作衔接	招聘的各项衔接工作是否正常、及时（10分）		
	4. 面试通知	通知求职者是否得当和及时（5分）		
招聘整体工作（30分）	1. 招聘资料	内容准备是否完整，面试提纲是否恰当，表格是否合理，结构和评分标准是否合理（10分）		
	2. 招聘过程	招聘过程是否合理、是否有序（10分）		
	3. 招聘现场	招聘现场是否井然有序，是否有现实的招聘气氛；现场卫生保持和维护工作（10分）		
求职整体工作（15分）	1. 求职动机	是否符合现实需求，是否积极而踏实（5分）		
	2. 求职指引	是否有效地把应聘者指引到面试区（5分）		
	3. 求职现场	在现场时是否有序地参加面试（5分）		

四、人事结构分析报告综合实训成绩评价

详见第4章中“人事结构分析报告综合实训演习”。

五、企业规章制度编写综合实训成绩评价

详见第4章中“企业规章制度编写综合实训演习”。

六、未来培训师现场仿真培训成绩评价

详见第5章表5—2。

七、人事助理岗位绩效考核指标的设置成绩评价

详见第6章中“人事助理绩效考核指标设置综合实训演习”。

八、期末作品集编辑成绩评定

详见第6章中“综合实训课程小组作品集设计范例展示”。

九、人事助理工资总额核算综合实训成绩评定

见第7章中“人事助理工资总额核算综合实训演习”。

十、职业生涯规划技能大赛综合实训成绩评定

（一）作品评分细则

具体内容如表 6—15 所示。

表 6—15　　职业生涯规划书作品评分细则

评分要素	评分要点	具体描述
职业规划设计书内容（70 分）	自我认知	1. 自我分析清晰、全面、深入、客观，能清楚认识到自己的优劣势
		2. 将人才测评量化分析与自我深入分析综合起来客观地评价自我，职业兴趣、职业能力、职业价值观、个性特征分析全面、到位
		3. 从个人兴趣爱好、成长经历、社会实践方面分析自我
		4. 自我评估理论、模型应用正确、合理
	职业认知	1. 了解社会的整体就业趋势，并且了解大学生就业状况
		2. 对目标职业所处行业的现状及前景了解清晰，了解行业就业需求
		3. 熟悉目标职业的工作内容、工作环境、典型生活方式，了解目标职业的待遇、未来发展
		4. 对目标职位的进入途径、胜任标准了解清晰，深入了解目标职业对生活的影响
		5. 在探索过程中应用了文献检索、访谈、见习、实习等方法
	职业决策	1. 职业目标确定和发展路径设计符合外部环境和个人特质（兴趣、技能、特质、价值观），符合实际情况，可执行，可实现
		2. 对照自我认知和职业认知的结果，分析自己的优势、劣势及面临的机会、挑战，职业目标的选择过程阐述详尽、合乎逻辑
		3. 备选目标充分根据个人与环境的评估分析确定，备选目标职业发展路径与首选目标发展路径有一定相关性
		4. 能够正确运用评估理论和决策模型做出决策
	计划与路径	1. 行动计划针对保持个人优势、加强个人不足、全面提升个人竞争力，有针对性、可操作性
		2. 近期计划详尽清晰、可操作性强，中期计划清晰并具有灵活性，长期计划具有方向性
		3. 职业发展路径充分考虑进入途径、胜任标准等，符合逻辑和现实，具有可操作性和竞争力
	自我监控	1. 对行动计划和职业目标设定评估方案，如要达到什么标准，评估的要素是什么
		2. 能够对行动计划实施过程和风险做出评估，并制定切实可行的调整方案
		3. 调整方案的制定充分根据个人与环境的评估分析，充分考虑首选目标与备选目标之间的联系和差异，具有可操作性
参赛作品设计思路（30 分）	作品完整性	内容完整，对自我和外部环境进行全面分析，提出自己的职业目标、发展路径和行动计划
	作品思路和逻辑	职业规划设计报告思路清晰、逻辑合理，能准确把握职业规划设计的核心与关键
	作品美观性	格式清晰，版面美观大方，创意新颖

资料来源：由广西毕业生就业促进会和广西到校外科技有限公司提供。

（二）职业生涯规划技能大赛现场表现评分细则

具体如表 6—16 所示。

表 6—16　　职业生涯规划技能大赛现场表现评分细则

评分要素	评分要点	具体描述
主题陈述（70 分）	陈述内容	1. 对职业生涯规划的自我探索、职业探索、决策应对等环节的要素及分析过程陈述完整全面
		2. 在陈述中能够正确理解、引用、应用职业生涯规划基础理论及各项辅助工具
		3. 对各项探索分析过程及规划结果表述准确，与职业生涯规划设计作品内容吻合
		4. PPT 设计精巧，重点突出，简明扼要，能够精确提炼职业生涯规划设计作品要点
	陈述过程	1. 整体设计合理，环节紧凑，条理清晰，层次分明，结论明确
		2. 详略得当，重点突出，人职匹配、职业路径论述充分
		3. 思路清晰，逻辑性强
		4. 表达自然流畅、无明显停顿，语句通顺，措辞恰当，语言组织畅达
		5. 讲普通话，声音洪亮，口齿清晰，语速语调适中
		6. 富于激情，善于引导现场观众，肢体语言恰当、丰富，能够感染他人
	基本素养	1. 衣着发型整洁，大方，朴素，得体
		2. 仪表端庄稳重，坐立行为大方、自然，表情丰富真诚，有良好的个人气质
		3. 言之有礼，情操高尚，谈吐文雅，富于思想内涵
		4. 精神饱满，有信心，有独立见解，能充分展现大学生朝气蓬勃的精神风貌和职场新人的职业形象
	即时效果	1. 按时完成主题陈述
		2. 现场观众注意力集中，情绪高亢
	个人特色	1. 在职业规划和主题陈述中具有创造性
		2. 特长、特点鲜明
回答问题（30 分）	应答能力	1. 能正确理解评委的提问，作出有针对性的回答
		2. 在评委提出问题后马上作出反馈，及时作答
		3. 答题过程流畅，无明显停顿，语句通顺，措辞恰当，语言精炼
		4. 应变能力强，能够灵活、创造性地应用职业规划知识作答
	回答内容	1. 回答内容契合题意
		2. 答题过程条理清晰，层次分明，结论明确
		3. 回答内容准确精练，重点突出，能够有针对性地就提问要点归纳阐述
		4. 回答内容真实可信，运用事实论据，论述有说服力

资料来源：由广西毕业生就业促进会和广西到校外科技有限公司提供。

项目 4　综合实训课程小组作品集设计范例展示

一、人力资源管理综合实训作品集的布置

我们在本书第 1 章谈到，设置人力资源管理综合实训课程的主要原因有如下四点：人力资源管理是应用性很强的专业，必须有综合实训课程来应用理论知识；国家大力推进地方本科高校向应用型转变从而满足地方经济对应用型人才的需求；人力资源管理职业特点和社会实践容量有限导致在校实训变得特别必要；综合实训是社会经济工作的逼真和战略应用，也是实训教学的高级阶段。既然人力资源管理综合实训是应用性很强的课程，其成绩的评估就不能按传统的闭卷考试模式，而是要进行考试改革，以小组队员合作设计作品集的形式替代期末考试，作品集的内容为本课程实训过程中设计和编写的所有应用性实训材料。

我们在本书第 1 章也谈到人力资源管理综合实训演习课程有 11 类实训教学项目，教师可以根据本校的课时状况、师资状况和学情状况选择其中的几种实训教学项目进行实训，当然还可以在此基础上增加其他实训教学内容，或者根据需要调整实训项目的前后顺序。这些实训教学项目都是根据企业需要、行业标准设置的，目的是让学生在校期间所学能够无限接近社会需求。

在此，本书以广西民族师范学院 2014 级人力资源管理专业为例，在上课的第一天就向各小组公布了人力资源管理综合实训作品集目录和如下规范。

（1）封面注明“人力资源管理综合实训作品集”并体现队标、队名和口号。

（2）要有各组与学生助教、实训教师的合影。

（3）组织结构设计和岗位分类综合实训演习。

第一个作品：杜邦公司组织结构图（学生助教点评）。

第二个作品：杜邦公司岗位分类表（学生助教点评）。

（4）人力资源日常事务管理演习。

第三个作品：蒙特利公司人力资源结构报表分析报告（学生助教也写）。

（5）人力资源管理者职业发展综合实训演习。

第四个作品：职业生涯规划书设计（学生助教也写）。

（6）未来培训师现场仿真培训演习。

第五个作品：培训组织技巧心得体会（学生助教也写）。（培训技巧心得包括桌椅摆放、分小组选队长、队名口号、游戏、寓言故事、培训音乐等内容，至少 1 500 字。）

第六个作品：未来培训师现场仿真培训综合实训演习（学生助教点评）。

（7）领袖风采训练营演习（学生助教点评）。

第七个作品：领袖风采训练营心得体会（至少 1 000 字）。

（8）小组队员人力资源管理综合实训课后感言：每人一句话（学生助教也写）。

（9）人力资源管理综合实训活动贡献排名表（学生助教也写）。

从上述人力资源管理综合实训作品集目录和规范中可以看出，作者是在本书基础上根据本校的课时状况、师资状况和学情状况选择其中的几种实训教学项目进行了实训，增加了领袖风采训练营演习，并且调整了上课的顺序。在这里要特别说明的是：上述作品集的内容就是平时实训过程中所产生的作品，这些实训过程的表现和作品水平构成本门课程的平时成绩；而将上述作品进行整理修改、编辑成册的表现构成本门课程的期末成绩。下面讲述本门课程的平时实训成绩评定和期末作品集成绩评定。

二、平时实训成绩评定

平时成绩由两部分构成：一是在实训过程中的表现，二是在实训过程中所编写和使用的图形、表格、报告、规划书、心得等各类作品成绩。在实训过程中的表现是指本书11类实训教学项目的演习表现，评分标准和方法详见前，每次实训教学项目的演习过程由教师和学生助教在实训现场对各组在实训过程中的表现进行评分；而实训编写和使用的作品由教师在演习结束后课外评分。

实训过程的小组表现得分与实训过程编写和使用的作品得分相加构成每个小组平时成绩的基础分。每组作品上必须注明本组队员在本次演习中的分工和参与情况，并对本组队员按在本次演习中的贡献进行排名；教师根据排名在各组上述基础分的基础上进行分数的上下调节，作为每个队员的平时实训成绩。由于学生助教协助教师对各组实训表现进行评分，为公平起见独立于各小组以外而设立助教组；学生助教除了协助教师评分，也要编写部分作品并对各组的表现进行点评，教师可以据此给学生助教另外评分。

三、期末作品集成绩评定

每次实训活动结束后，学生助教主要针对实训过程的表现进行点评，教师主要针对作品水平进行点评；点评后要求各组将修改后的作品内容放进本队的期末作品集，期末时要求各组将平时实训过程中编写使用的作品再次进行整理修改并编辑成作品集。教师对各组作品集进行评分，再根据各小组队员对本组作品集的贡献排名进行分数的上下调节，作为每个队员的期末成绩。

作品集要求为：封面注明“人力资源管理综合实训作品集”并有体现每组形象的队标（LOGO）、队名和口号，要有各队与学生助教、实训教师的合影，目录要求超链接，正文包括所有实训项目的内容，队员每人用一句话表达的对于本课程感言或对管理的感悟，每人对于本组平时每项实训项目活动和作品集设计的贡献排名表。作品集要求电子排版，必须集体创作、分工协作。相关位置要有队名、队呼、口号、队员、队长及教师姓名。

作品集评分标准为：必须达到作品集要求；内容正确和专业；设计美观，有一定创意；文字图片排版合理美观并有一定逻辑性；必须加入在综合实训中拍摄的图片等。由于综合实训的成果和能力培养主要体现在平时的综合实训中，因此平时实训成绩占总成绩的70％，期末作品集成绩占总成绩的30％。

四、广西民族师范学院人力资源管理专业综合实训课程作品集设计范例展示

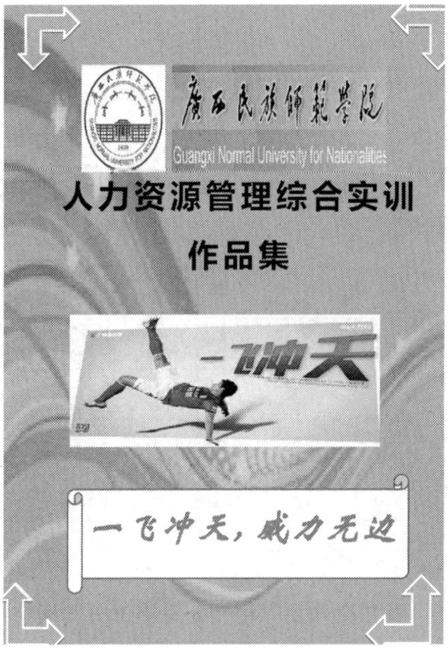

2014 级人力资源管理专业综合
实训作品集封面

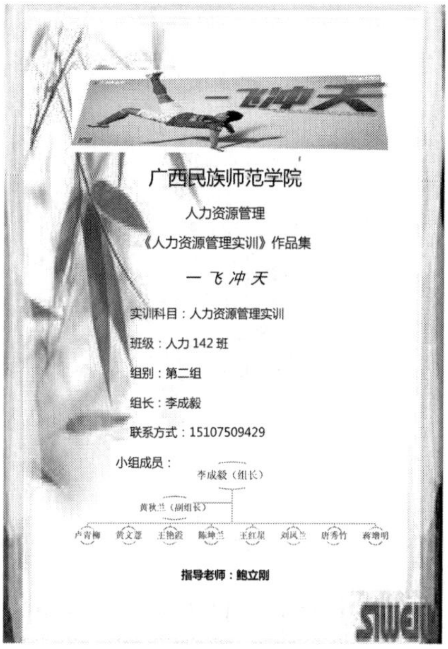

2014 级人力资源管理专业综合
实训作品集扉页

小组与学生助教、鲍立刚老师合影

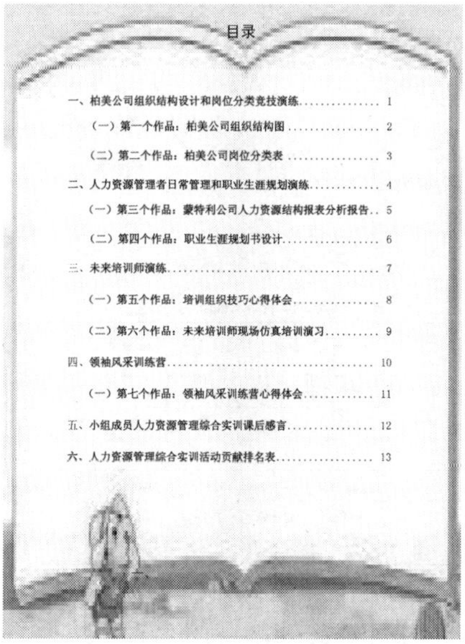
目录

一、柏美公司组织结构设计和岗位分类竞技演练................ 1
（一）第一个作品：柏美公司组织结构图................ 2
（二）第二个作品：柏美公司岗位分类表................ 3
二、人力资源管理者日常管理和职业生涯规划演练................ 4
（一）第三个作品：蒙特利公司人力资源结构报表分析报告.. 5
（二）第四个作品：职业生涯规划书设计................ 6
三、未来培训师演练................ 7
（一）第五个作品：培训组织技巧心得体会................ 8
（二）第六个作品：未来培训师现场仿真培训演习................ 9
四、领袖风采训练营................ 10
（一）第七个作品：领袖风采训练营心得体会................ 11
五、小组成员人力资源管理综合实训课后感言................ 12
六、人力资源管理综合实训活动贡献排名表................ 13

2014 级人力资源管理专业综合
实训作品集目录

一、柏美公司组织结构设计与岗位分类竞技演练

（一）第一个作品：柏美公司组织结构图

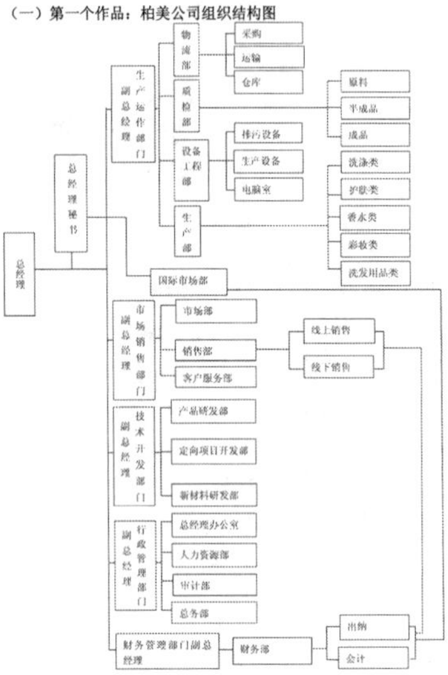

第一个作品：柏美公司组织结构图

（二）第二个作品：柏美公司岗位分类表

柏美岗位分类表

	职等类型	管理类	职员类	技术类
高层管理	一等总经理职系	总经理	董事长助理	
	二等副总职系	执行副总经理	总经理助理	产品开发顾问
	三等高级经理职系	分公司副总	总经理办公室主任	产品总工程师、总会计师
中层管理	四等经理职系	副总、各部门经理	总经理秘书	分公司总工程师、分公司总会计师
	五等部门主管职系	各部门主持工作的主管	厂长助理	高级化学师、总设计师
基层管理	六等职能主管职系	销售主管、采购主管	主办出纳、会计、人事资源管理师	工程师、化学师、审计师、护肤、护发设计师
	七等普通管理职系	部门专员、车间主任	会计、出纳、储备干部、	助理工程师、助理化学师、助理设计师、
	八等一线管理职系	生产班组长、保安队长	部门助理、跟单文员、行政文员	产品开发技术员
基层员工	九等技术员职系	质检员、技术员工（维修工）、仓管员、保安		
	十等普通员工职系	业务员、称量工、生产工人、清洁工		

第二个作品：柏美公司岗位分类表

二、人力资源管理者日常管理和职业生涯规划演练

（一）第三个作品：蒙特利公司人力资源结构报表分析报告

蒙特利公司 2014 年 10 月人力资源结构报表分析报告

人力资源结构分析是对企业现有人力资源的调查和审核，只有对企业现有人力资源有充分的了解和有效的运用，人力资源的各项计划才有意义，而统计分析的结果也有利于为企业进一步优化人力资源结构和提升整体管理水平提供数据支撑，为企业的发展奠定了基础。

一、学历结构

各学历人员占本公司该部门总人数的比例见表一。

表一　各学历占本公司该部门总人数的比例　　单位：百分比

部门 学历	行政管理部	财务部	市场销售部	研发部	生产运作部
博士	0.0%	0.0%	0.0%	0.0%	0.0%
硕士	0.0%	0.0%	0.0%	22.2%	0.0%
本科	45.5%	14.3%	29.4%	66.7%	53.8%
大专	18.2%	14.3%	52.9%	0.0%	23.1%
中专	36.4%	42.9%	0.0%	11.1%	7.7%
高中	0.0%	28.6%	11.8%	0.0%	15.4%
初中以下	0.0%	0.0%	5.9%	0.0%	0.0%

第三个作品：蒙特利公司人力资源结构报表分析报告

（二）第四个作品：职业生涯规划书设计

第四个作品：职业生涯规划书设计

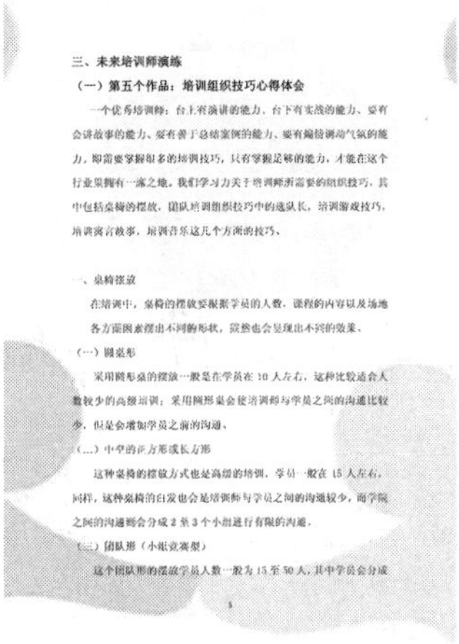

三、未来培训师演练

（一）第五个作品：培训组织技巧心得体会

一个优秀培训师：台上有演讲的能力，台下有实践的能力、要有会讲故事的能力、要有善于总结案例的能力、要有调动气氛的能力，即需要掌握很多的培训技巧，只有掌握足够的能力，才能在这个行业里拥有一席之地。我们学习了关于培训师所需要的组织技巧，其中包括桌椅的摆放，团队培训组织技巧中的选队长，培训游戏技巧，培训寓言故事，培训音乐这几个方面的技巧。

一、桌椅摆放

在培训中，桌椅的摆放要根据学员的人数，课程的内容以及场地各方面因素摆出不同的形状，摆整也会呈现出不同的效果。

（一）圆桌形

采用圆形桌的摆放一般是在学员在 10 人左右，这种比较适合人数较少的高级培训；采用圆形桌会使培训师与学员之间的沟通比较少，但是会增加学员之间的沟通。

（二）中空的正方形或长方形

这种桌椅的摆放方式也是高级的培训，学员一般在 15 人左右，同样，这种桌椅的自发也会是培训师与学员之间的沟通较少，而学院之间的沟通则会分成 2 至 3 个小组进行有限的沟通。

（三）团队形（小组竞赛型）

这个团队形的摆放学员人数一般为 15 至 50 人，其中学员会分成

5

第五个作品：培训组织技巧心得体会

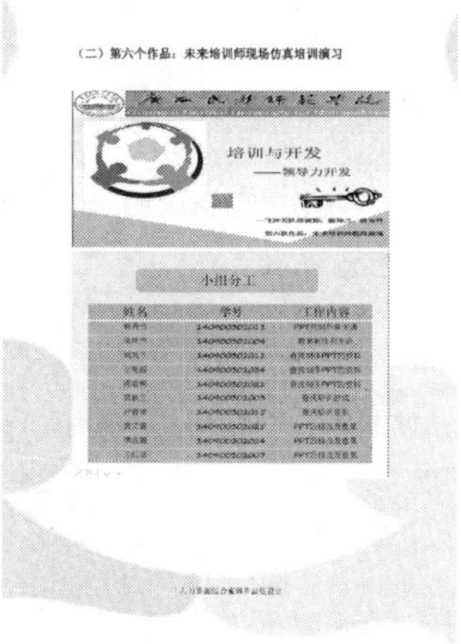

（二）第六个作品：未来培训师现场仿真培训演习

人力资源综合案例作品集设计

第六个作品：未来培训师现场仿真培训演习

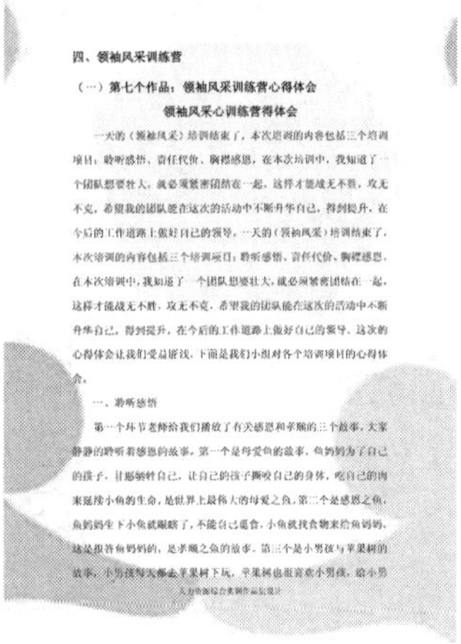

四、领袖风采训练营

（一）第七个作品：领袖风采训练营心得体会

领袖风采心训练营得体会

一天的（领袖风采）培训结束了，本次培训的内容包括三个培训项目：聆听感悟、责任代价、胸襟感恩，在本次培训中，我知道了一个团队想要壮大，就必须紧密团结在一起，这样才能战无不胜，攻无不克，希望我的团队能在这次的活动中不断升华自己，得到提升，在今后的工作道路上做好自己的领导，一天的（领袖风采）培训结束了，本次培训的内容包括三个培训项目：聆听感悟、责任代价、胸襟感恩，在本次培训中，我知道了一个团队想要壮大，就必须紧密团结在一起，这样才能战无不胜，攻无不克，希望我的团队能在这次的活动中不断升华自己，得到提升，在今后的工作道路上做好自己的领导，这次的心得体会让我们受益匪浅，下面是我们小组对各个培训项目的心得体会。

一、聆听感悟

第一个环节老师给我们播放了有关感恩和孝顺的三个故事，大家静静的聆听着感恩的故事，第一个是母爱鱼的故事，鱼妈妈为了自己的孩子，甘愿牺牲自己，让自己的孩子撕咬自己的身体，吃自己的肉来延续小鱼的生命，是世界上最伟大的母爱之鱼，第二个是感恩之鱼，鱼妈妈生下小鱼就瞎了，不能自己觅食，小鱼就找食物来给鱼妈妈，这是报答鱼妈妈的，是孝顺之鱼的故事，第三个是小男孩与苹果树的故事，小男孩每天都去苹果树下玩，苹果树也很喜欢小男孩，给小男

人力资源综合案例作品集设计

第七个作品：领袖风采训练营心得体会

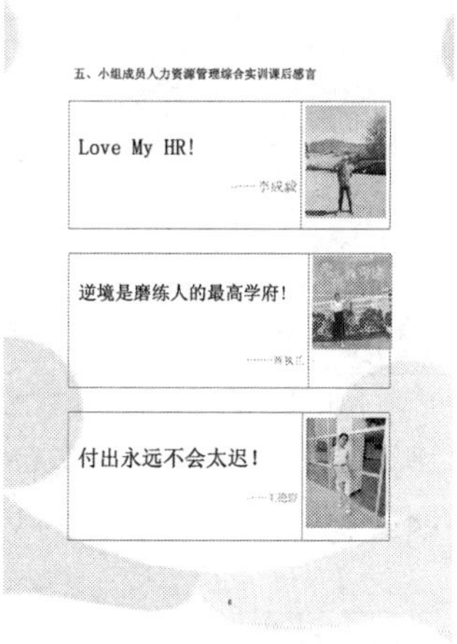

五、小组成员人力资源管理综合实训课后感言

6

小组队员人力资源管理综合实训课后感言

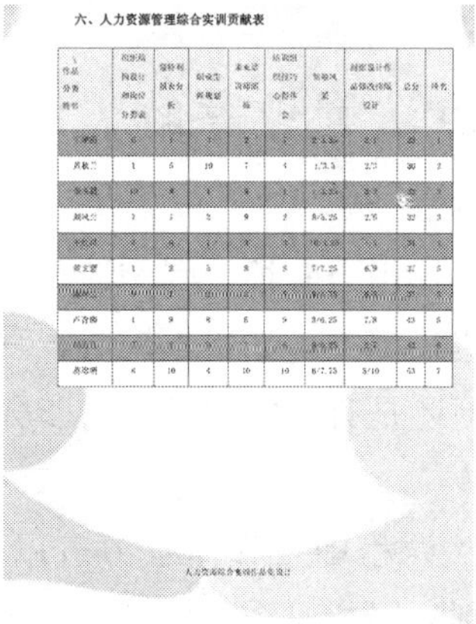

六、人力资源管理综合实训贡献表

作品 分数 姓名	[illegible]	[illegible]	[illegible]	[illegible]	[illegible]	[illegible]	[illegible]	总分	排名
[illegible]	6	[illegible]	[illegible]	2	[illegible]	[illegible]	[illegible]	[illegible]	1
[illegible]	1	5	10	7	4	[illegible]	[illegible]	30	2
[illegible]	[illegible]	[illegible]	[illegible]	[illegible]	[illegible]	[illegible]	[illegible]	[illegible]	[illegible]
[illegible]	3	3	2	9	2	8/5.25	2/5	32	3
[illegible]	[illegible]	[illegible]	[illegible]	[illegible]	[illegible]	[illegible]	[illegible]	[illegible]	[illegible]
[illegible]	1	2	5	8	8	7/7.25	6/9	37	5
[illegible]	[illegible]	[illegible]	[illegible]	[illegible]	[illegible]	[illegible]	[illegible]	[illegible]	[illegible]
[illegible]	1	9	8	6	9	3/6.25	7/8	43	6
[illegible]	[illegible]	[illegible]	[illegible]	[illegible]	[illegible]	[illegible]	[illegible]	[illegible]	[illegible]
[illegible]	6	10	4	10	10	6/7.75	5/10	[illegible]	7

人力资源综合案例作品集设计

人力资源管理综合实训活动贡献排名表

第7章 岗位薪酬体系设计

技术要点分析 ▼

薪酬水平定位；岗位分类；岗位评价；要素计点法的应用；薪酬调查；确定薪酬等级；设计薪酬结构；薪酬调整

综合应用展示及演习 ▼

要素计点法岗位薪酬设计的应用范例展示；人事助理工资总额核算综合实训演习

项目1 要素计点法岗位薪酬设计的应用范例展示

一般情况下，薪酬体系的设计相当麻烦，因为涉及相当多的因素，有的是与公司政策相关，有的是与外界同行的比较相关，如果不用心，真的不容易设计出来。不过，薪酬体系设计的过程虽然繁杂，但还是有一定的顺序与步骤可循的，只要按照这些顺序和步骤进行，就可以整理出头绪。

在人力资源管理专业的相关课程中，我们学习过以岗位（职位）为基础的薪酬制度，即通过对岗位进行评价来判断岗位对企业贡献的大小，从而确定其价值。价值越高的岗位，其基本工资就越高；反之则越低。薪酬设计的方式、方法很多，这里我们所介绍的是常见的以岗位评价为基础的薪酬设计。在此我们要特别提醒读者，岗位薪酬的设计主要是针对薪酬的底薪（基本工资）而言的，加上岗位津贴、生活补贴、工龄工资、绩效薪酬、激励薪酬、递延薪酬的设计就可以形成岗位薪酬体系。图 7—1 为岗位薪酬的设计程序。

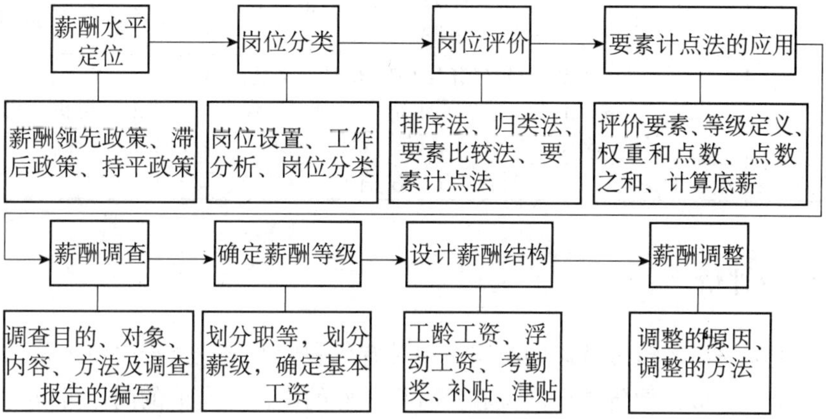

图 7—1　岗位薪酬的设计程序

一、薪酬水平定位

薪酬水平定位主要考虑企业的薪酬政策是领先于同类企业的薪酬水平、与其持平，还是滞后于同类企业的薪酬水平。当然，如何把握薪酬水平的这个“度”，如何确定薪酬政策，不完全是雇主和雇员在劳动力市场上交易的结果，也不是由雇主随心所欲界定的，而是要对影响薪酬水平定位的因素进行分析。

二、岗位分类

我们要对岗位的薪酬进行设计，就要对岗位进行评价，而要对岗位进行评价，就必须对设置好的岗位进行分类。当然，我们只能对同类岗位中的代表性岗位进行评价，不可能也不必对所有岗位进行评价。

首先，根据组织的规模大小和实际需要划分组织岗位系列，从而确定岗位评价的对象、层级和类别。一般来讲，组织岗位系列分成 2～4 类为宜，其中以 3 类居多。表 7—1 是本书作者以前工作过的某化妆品集团制造工厂的岗位系列及员工职等对应表，我们做岗位评价时一般针对五等职系以上的岗位进行，普通员工岗位一般不进行岗位评价。

表 7—1　岗位系列及员工职等对应表

职等类型		管理类	职员类	技术类
高层管理人员	一等职系	副总经理、总监	特级职员（总经理助理、监事会主席）	总工程师、总会计师
	二等职系	经理	高级职员（厂办主任、总经理秘书）	高级工程师、注册会计师

续前表

职等类型		管理类	职员类	技术类
中层管理人员	三等职系	主管	中级职员（高级专员、会计主办、法律顾问、医生）	工程师、工艺师、平面设计师
基层管理人员	四等职系	组长、保安队长	普通职员（专员、采购员、会计、高级文秘、计划分析员、能源统计管理员、护士）	助理工程师、网络管理员、测试员、实验员、标准员
	五等职系	班长、司务长	初级职员（部门助理、出纳、文员、统计员、仓管员、宿舍管理员、保安、环保员、品管员、水质检验员）	电工、机修工、锅炉工、焊工、钳工、司机、厨师、乳化工、园艺师
普通员工	六等职系	灌装工、包装工、辅料转运工、洗消工、装卸工、园艺工、厨工、清洁工		

三、岗位评价

岗位分类完成后，就要选取同类岗位中具有代表性的岗位进行岗位评价，企业很少评价所有岗位，一般只评价重要岗位和具有代表性的岗位，类似的岗位可以套用。

所谓岗位评价，就是在工作分析和工作说明书的基础上找出相关岗位的评价要素（即付酬要素），根据一定的评价方法，按相关岗位对企业贡献的大小确定其具体价值。我们要评价岗位的价值，必定要了解岗位的职责和任职资格，所以一般把岗位评价与工作分析和编写工作说明书结合起来。在进行岗位评价的过程中一定会引用工作分析和工作说明书的资料，从这个角度讲，岗位评价其实也是工作分析的一个结果和应用。

关于岗位评价的方法，较为常用的有如下四种：排序法、归类法、要素比较法、要素计点法。

（一）排序法

排序法也称简单排序法，是指根据每个岗位的评价要素，对各岗位按价值、贡献度及重要性从大到小排序。排序结果可以各项内容排列的平均值为最终结果，也可以将排列的顺序乘以权重得出最终结果。

（二）归类法

归类法也称职级分类法，是指根据工作说明书将工作内容相似的岗位划为同一类，再对这类岗位按事先设定好的标准进行比较、评价并划分相应的等级的方法。

（三）要素比较法

要素比较法也称因素比较法，是指首先确定薪酬评价要素，选定关键职务进行排序并确定工资，然后将其他职务与关键职务进行比较，得出所有职务的工资的方法。

（四）要素计点法

要素计点法也称点数法，就是选取若干关键的评价要素并对每个要素的不同等级进行界定，同时给各个等级赋予一定的分值，这个分值也称为点数，然后按照这些关键的评价要素对岗位进行评价，得到每个岗位的点数之和，以此决定岗位的薪酬水平。要素计点法能够量化，避免了主观因素对评价工作的影响，而且可以经常调整，是目前运用最广泛的一种科学化程度较高的岗位评价方法。下面我们就用这种方法进行岗位薪酬的设计，从而确定薪酬结构中的底薪（即基本工资）。

四、要素计点法的应用

（一）选择管理类岗位的评价要素

要评价岗位的价值，必须了解岗位的职责和任职资格，所以我们在进行岗位评价的过程中一定会引用工作分析和工作说明书的资料。根据收集到的岗位信息，筛选出能体现管理类岗位价值的岗位评价要素，不同的岗位和不同的组织有不同的岗位评价要素，通常有如下六种：责任范围、专业技能、任职资格、监督管理、工作强度、环境体能。

（二）确定每个评价要素的等级定义

以最通俗、最清楚的文字为管理类岗位每个评价要素下定义，并视各要素的复杂程度和重要程度为其划分等级，一般以 4～8 级为宜，其中以 5 级的划分居多。

1. 责任范围

责任范围包括独立性和责任广度。独立性是指工作结果的受控程度和等级；责任广度是指工作涉及的范围和工作性质。责任范围等级定义和点数如表 7—2 所示。

表 7—2　　责任范围等级定义和点数表

独立性 \ 点数 \ 责任广度		一级	二级	三级	四级	五级
		职责清晰明确，持久受控	职责遵循常规的方法和实践，按检查点受控	职责追随组织目标，结果受控	职责追随集团战略目标，由组织的总经理控制	职责追随董事会目标，由董事会控制
一级	部门同类执行工作	29	58	87	116	145
二级	部门不同职能执行工作	58	87	116	145	174
三级	部门不同职能管理工作	87	116	145	174	203
四级	不同部门协调管理工作	116	145	174	203	232
五级	所有部门领导工作	145	174	203	232	261

2. 专业技能

专业技能包括开拓能力和专业水平。开拓能力是指对工作的规划和设计能力；专业水平是指对本专业的掌握程度和对员工的培养程度。专业技能等级定义和点数如表 7—3 所示。

表 7—3 专业技能等级定义和点数表

专业水平 \ 点数 \ 开拓能力		一级	二级	三级	四级	五级
		无须开拓能力	能独立承担本专业中一般项目的规划、设计工作	有一定的开拓能力，能独立承担较复杂的规划、设计工作	具有较强的开拓能力，能独立主持大型项目的规划、设计和管理工作	具有很强的开拓能力，能独立主持大型重点项目的规划、设计和经营工作
一级	了解本专业的基本要求并能独立完成相关工作	24	48	72	96	120
二级	熟练掌握本专业相关技能并能帮助其他岗位	48	72	96	120	144
三级	具有较好的本专业理论和实践基础，能引导其他岗位	72	96	120	144	168
四级	具有良好的本专业理论和实践水平，能培训其他岗位	96	120	144	168	192
五级	精通本专业，能培养一批具备专业水平的骨干人员	120	144	168	192	216

3. 任职资格

任职资格包括工作经验和学历。工作经验是指所获得并熟练掌握的本岗位工作技巧，以达到胜任本岗位工作的要求；学历是指顺利履行工作职责所要求的最低文化水平。表 7—4 为任职资格等级定义和点数表。

4. 监督管理

监督管理包括下属种类和下属人数。下属种类是指下属员工的级别类型，下属人数是指直接下属和间接下属的总人数。表 7—5 为监督管理等级定义和点数表。

表 7—4　　任职资格等级定义和点数表

点数（学历 \ 工作经验）		一级	二级	三级	四级	五级
		具有 2 年以下相关工作经验	具有2(含)～5 年工作范围内所需深度和广度的工作经验	具有5(含)～8 年本职业务的丰富经验和一些相关职能的工作经验	具有8(含)～15 年本职业务的丰富经验和广泛的相关职能工作经验	具有 15 年及以上极深和极广的业务经验和跨职能管理经验
一级	高中、中专	19	38	57	76	95
二级	专科	38	57	76	95	114
三级	本科	57	76	95	114	133
四级	硕士	76	95	114	133	152
五级	博士	95	114	133	152	171

表 7—5　　监督管理等级定义和点数表

点数（下属人数 \ 下属种类）		一级	二级	三级	四级	五级
		下属为担任同类或重复工作的员工	下属中包括技术人员，但不包括管理人员	下属中既包括技术人员，又包括基层管理人员	下属中包括基层管理人员和中层管理人员	下属中包括中层管理人员和高层管理人员
一级	0～10	14	28	42	56	70
二级	11～100	28	42	56	70	84
三级	101～800	42	56	70	84	98
四级	801～1 200	56	70	84	98	112
五级	1 201～2 000	70	84	98	112	126

5. 工作强度

工作强度包括心理压力和劳动强度。心理压力是指在完成本岗位所承担任务的过程中，对岗位任职人员造成的心理紧张程度和心理压力；劳动强度是指完成工作所需要的纯劳动时间占制度工作时间的比例。表 7—6 为工作强度等级定义和点数表。

表 7—6　　工作强度等级定义和点数表

点数（劳动强度 \ 心理压力）		一级	二级	三级	四级	五级
		无须做出决定，无工作节奏，无心理压力	很少做出决定，有一定工作节奏，较小的心理压力	需要做出一些决定，有较快的工作节奏，中等程度的心理压力	经常做出决定，很难正常下班，中上等程度的心理压力	经常迅速地做出决定，业余时间仍要考虑某些深层次的问题，很大的心理压力
一级	负荷率 60%以下，纯劳动时间 5 小时以下	10	20	30	40	50
二级	负荷率 61%～70%，纯劳动时间 5～5.5 小时	20	30	40	50	60

续前表

点数 劳动强度 \ 心理压力		一级 无须做出决定，无工作节奏，无心理压力	二级 很少做出决定，有一定工作节奏，较小的心理压力	三级 需要做出一些决定，有较快的工作节奏，中等程度的心理压力	四级 经常做出决定，很难正常下班中上等程度的心理压力	五级 经常迅速地做出决定，业余时间仍要考虑某些深层次的问题，很大的心理压力
三级	负荷率 71%～80%，纯劳动时间 5.6～6.4 小时	30	40	50	60	70
四级	负荷率 81%～90%，纯劳动时间 6.5～7.2 小时	40	50	60	70	80
五级	负荷率 91%以上，纯劳动时间 7.3 小时以上	50	60	70	80	90

6. 环境体能

环境体能包括工作环境和体质要求。工作环境是指员工工作区域的环境状况以及工作流动性；体质要求是指身体状况对正常工作的影响程度。表 7—7 为环境体能等级定义和点数表。

表 7—7　环境体能等级定义和点数表

点数 体质要求 \ 工作环境		一级 工作场所固定，工作环境舒适	二级 工作场所相对固定，工作环境一般	三级 工作场所不固定，经常出差	四级 工作场所环境较差，给人某种不适感	五级 工作场所环境很差，潜在危险性较大
一级	能正常出勤	4	8	12	16	20
二级	能适应环境	8	12	16	20	24
三级	能经常出差	12	16	20	24	28
四级	能吃苦耐劳	16	20	24	28	32
五级	超负荷工作	20	24	28	32	36

（三）确定评价要素的权重和点数

各评价要素权重的确定通常采用如下方法：以上述评价要素为例，对于管理类岗位来讲，我们认为责任范围最重要，所以首先确定权重最高的要素责任范围，赋值为 100，然后根据各要素在组织中的重要性依次排定其他要素并赋值为：专业技能 85、任职资格 65、监督管理 50、工作强度 35、环境体能 15。接着将各赋值相加得到 350，再将以上各要素的赋值分别除以 350，最后得出组织各评价要素的权重依次为 29%，

24%，19%，14%，10%，4%。

组织各评价要素的总点数及其分配遵循的原则，以容易转换为货币工资为宜。组织各评价要素总点数以 400～1 000 为宜，上面的评价要素总点数采用 900。总点数在各评价要素之间的分配方法如下：总点数 900 分别乘以各评价要素的权重，得出各评价要素点数的最高值分别是 261，216，171，126，90，36。

由上得知，每个评价要素由两个子要素相互组合，可将 5 级要素拓展为 9（=10−1）级。我们可以用各评价要素点数的最高值除以 9，得出各要素最低的点数分别为 29，24，19，14，10，4，也就是各级的级差，最后制成管理类岗位各评价要素的等级定义和点数表。

（四）确定每一岗位各评价要素的点数之和

设计各评价要素的等级定义和点数表的目的是希望得出组织中管理类岗位评价要素的点数之和，以便计算出该岗位在组织中的价值，从而确定该岗位的底薪（基本工资）。

下面以某公司人力资源部经理岗位为例，根据以上表格的等级定义和点数，由该公司岗位评价项目小组成员得出该岗位的点数之和，如表 7—8 所示。

表 7—8　人力资源部经理岗位各评价要素的点数之和

评价要素	评价子要素	定义等级	点数
责任范围	独立性	四级	203
	责任广度	四级	
专业技能	开拓能力	四级	168
	专业水平	四级	
任职资格	工作经验	四级	114
	学历	三级	
监督管理	下属种类	四级	70
	下属人数	二级	
工作强度	心理压力	四级	80
	劳动强度	五级	
环境体能	工作环境	一级	12
	体质要求	三级	

说明：

（1）等级定义详见以上各表，点数来自以上各表中下划线数字。

（2）点数合计 647。

（五）根据岗位点数计算底薪（基本工资）

根据以上方法，由评价小组得出组织中相关岗位评价要素的点数之和，按企业实际经济效益确定点值并上下浮动，员工的工资用岗位点数和点值的乘积来确定。

工资=岗位点数×点值

点值=月度工资总额÷组织中所有岗位的点数之和

例如，以上人力资源部经理的点数为 647 点，公司假定每个点值为 4 元，那么，人力资源部经理的月度底薪（基本工资）为 2 588 元（647 点×4 元/点）。

五、薪酬调查

人力资源部经理的月度底薪（基本工资）为 2 588 元，是不是据此就可以确定人力资源部经理的底薪水平呢？一般来讲，底薪的多少除了根据岗位评价来判断，还要结合公司薪酬调查以解决薪酬的对外竞争力问题。企业在确定工资水平时，需要参考劳动力市场的工资水平，可以委托比较专业的咨询公司进行薪酬调查。外企在选择薪酬调查咨询公司时，往往集中在美国商会、美世（William Mercer）、华信惠悦（Watson Wyatt）、翰威特（Hewitt）、德勤等几家。目前，一些民营薪酬调查机构正在兴起，但调查数据的取样和职位定义都还不够完善。如果企业资金比较紧张，没有财力请咨询公司进行薪酬调查，也可以联合其他企业进行调查，还可以协助咨询公司进行调查以分享最终的调查数据。不管是请咨询公司帮助调查，还是企业自己进行调查，其调查步骤大致相同。

（一）确定调查目的

寻找薪酬设计的参考依据：比较组织现行薪酬结构与市场结构的差异，进而对薪酬结构进行调整，以保持组织薪酬的竞争力，避免人才流失；显示不同职级之间的薪酬差异，为组织制定薪酬政策提供必要的依据，为组织确定合理的人工费用提供必要的参考资料。

（二）选择调查对象

薪酬调查对象最好是选择与自己有竞争关系的公司或同行业的类似公司，重点考虑员工的流失去向和招聘来源。薪酬调查的数据要包括上年度的薪资增长状况、不同薪酬结构对比、不同职位和不同级别的薪酬数据、奖金和福利状况、长期激励措施以及未来薪酬走势分析等。

（三）确定调查内容

列入调查范围的有关公司的资料一般包括公司名称、地址、员工人数、规模、营业额、公司财产等；有关薪酬的资料包括基本工资、福利、调资措施、薪酬结构、工作时数、假期等；有关职位与员工类别的资料包括工作类别、员工类别、员工实际薪酬、总收入、最近一次加薪、奖金及津贴等。

（四）选择调查方法

薪酬调查大部分情况下都会选择问卷调查的方式，但是问卷调查的样本必须具有代表性，而且要达到一定的数量和比例；同时我们还必须确认对方相关岗位的薪酬数据能基本对应本公司的岗位，并能得到真实有效的薪酬数据，如此才能保证薪酬调查的准确性。在报纸和网站上，我们经常看到《××职位薪酬大解密》之类的文章，其数据多含有随机取样的成分，准确性值得怀疑，即使是国家劳动部门的统计数据，也不能取代薪酬调查。

在薪酬调查过程中，可以利用招聘面试、人员跳槽的机会了解竞争对手员工的薪酬水平，还可以打电话或者发邮件询问熟悉的人，了解他们所在公司的薪酬情况，必要时还可以上网查询或者在网上讨论，但是这些数据的可信度不大，仅可以作为参考。

（五）编写调查报告

调查结果要以调查报告的形式提供，报告内容应包括：（1）职位名称：了解当前薪酬报告涉及的职位；（2）职位描述：描述职位的工作内容和职责范围；（3）快速索引数据：概述职位平均年薪、预计增幅、离职率等数据；（4）福利分析：提供各种福利情况；（5）公司性质分布：罗列不同性质企业的薪酬情况；（6）薪资组成分析：罗列基本工资、津贴、奖金等薪资组成情况；（7）综合分析：结合个人学历、工作年限条件的薪酬分析等。

实训文件范例 7—1

薪酬市场调查表

限于人力资源部专用。

提示：对于以下四个方面界定完成以后才能使用。

● 全部职能工种和岗位名称的相关性核查、名称换算（根据工作模型大小、责任、报告关系）。

● 行业和业态处于可以竞争的地位。

● 竞争对手处于同一地区（城市）。

● 组织结构相近、专业化程度接近、具备人力资源管理职能部门。

竞业避让条款：（略）

尊敬的人力资源管理同行：

为了更加专业地进行人力资源管理，符合中国政府规定的劳动条件，并且防止我们这一业态员工的无序流动，我们诚恳邀请您参加此次企业之间举行的市场调查活动，让我们共同承担保守机密的专业责任。同时我们在这里保证，凡是提供的数据尽量接近实际，因为我们认为可以提供；如果公司不允许，我们可以拒绝提供。

只适用于中国公民身份的雇员。

薪酬市场调查表

职位名称（以本企业为参照系）	公司IT总监	公司运营总监	公司人力资源总监	公司财务总监	公司市场销售总监	公司最低级别员工	经营实体或分公司总经理	经营实体或分公司部门经理	经营实体或分公司中层主管
年薪(平均月薪×13 个月)									
年度奖金									
公司福利年度成本									
养老保险									
失业保险									
医疗保险									
生育保险									
工伤事故保险									
住房公积金									

续前表

职位名称（以本企业为参照系）	公司IT总监	公司运营总监	公司人力资源总监	公司财务总监	公司市场销售总监	公司最低级别员工	经营实体或分公司总经理	经营实体或分公司部门经理	经营实体或分公司中层主管
福利基金/中方账户									
附加商业保险									
交通补助或提供汽车									
额外住房补助									
医务室									
员工免费工作餐									
员工洗澡设备									
工作服									
带薪年假									
带薪病假									
加班费									
节日发放礼品									
年度调资（%）									
公司股票									

六、确定薪酬等级

前面得出人力资源部经理的月度底薪（基本工资）为 2 588 元，再结合薪酬调查的数据和公司的承受能力，假设公司人力资源部经理的月度底薪为 2 550 元。同理我们也可以就此确定其他岗位的月度底薪。面对如此多的岗位底薪，一般采取薪酬等级的管理方式，将底薪（基本工资）分成若干级别来对应公司岗位的等级，如表 7—9 所示。

表 7—9　　员工职等与基本工资对照表　　单位：元

职等	一等职系	二等职系	三等职系	四等职系	五等职系	六等职系	七等职系
薪级	级差 200	级差 150	级差 100	级差 50	级差 40		
一级	2 000	1 500	700	500	300		
二级	2 200	1 650	800	550	340		
三级	2 400	1 800	900	600	380		
四级	2 600	1 950	1 000	650	420		
五级	2 800	2 100	1 100	700	460		
六级	3 000	2 250	1 200	750	500		
七级	3 200	2 400	1 300	800	540		
八级	3 400	2 550	1 400	850	580		
九级	3 600	2 700	1 500	900	620		
十级	3 800	2 850	1 600	950	660		
十一级	4 000	3 000	1 700	1 000	700		
十二级	4 200	3 150	1 800	1 050	740		
十三级	4 400	3 300	1 900	1 100	780		
十四级	4 600	3 450	2 000	1 150	820		
十五级	4 800	3 600	2 100	1 200	860		

说明：

（1）基本工资包括个人所得税及需由个人缴付的有关社会福利金。

（2）本对照表的基本工资金额是 2005 年广东河源市的水平。

七、设计薪酬结构

前面我们确定了人力资源部经理的基本工资是 2 550 元，不过还有别的薪酬部分没算出来。也就是说，基本工资只是整个薪酬结构的一部分。以下是广东河源市一家中型制造企业 A 公司的薪酬结构。

（一）薪酬结构

1. 基本工资

通过对职位进行评价来判断各职位对企业贡献的大小，从而确定其价值；岗位的价值分为七等，每等分十五级，即一等一级、一等二级……七等十三级、七等十四级、七等十五级（详见表 7—9）。

2. 工龄工资

对于达到一定工作年限的员工，按规定发放工龄工资。

3. 考勤奖

也称全勤奖，指本月出满勤的主管级（含主管）以上员工将获得 200 元奖励，其他员工将获得 100 元奖励，保持半月内满勤的可获一半的奖励，一个月内迟到、早退、请假、补休超过两次扣发当月考勤奖。

4. 绩效工资

按公司绩效考核制度执行。

5. 计件工资

按公司生产员工计件工资管理规定执行。

6. 生活补贴

伙食费用由员工支付，公司给予一定的补贴，在工资里扣补。

7. 干部津贴

根据部门或单位负责人担负的管理责任给予一定金额的管理津贴。

8. 岗位津贴

根据所在岗位担负工作的责任给予一定金额的津贴。

9. 技术津贴

根据所在岗位对技术要求的重要性和责任大小给予一定金额的津贴。

10. 学历津贴

根据学历的高低给予学历津贴，以提高公司的整体素质。

11. 特殊津贴

在照顾个别岗位、挽留公司急需的稀有人才和专家顾问、平衡调剂工资结构时使用，由人力资源部提议和考核，由董事长发放。

从上面的薪酬结构内容可以看出，人力资源部经理的薪酬除了第 1 项基本工资，还有获得第 2～11 项薪酬的可能性，可能有其中的几项，也可能全部都有。下面我们就按薪酬结构内容的顺序逐项核算人力资源部经理的工资总额。

（二）人力资源部经理的工资总额

1. 基本工资

根据岗位薪酬设计程序，已经确定人力资源部经理的月度底薪（基本工资）为2 550 元。

2. 工龄工资

假定人力资源部经理在 A 公司工作了 3 年，根据公司规定，本年内每月为人力资源部经理发放工龄工资 80 元。表 7—10 为 A 公司工龄补贴对照表。

表 7—10　A 公司工龄补贴对照表（七等职系的员工除外）　单位：元

工龄	半年	1 年	2 年	3 年	4 年	5 年	6 年	7 年	8 年	9 年及以上
补贴	20	40	60	80	100	120	140	160	180	200

3. 考勤奖

根据公司规定，本月出满勤的主管级以上（含主管级）员工将获得 200 元奖励，其他员工将获得 100 元奖励，保持半月内满勤的可获一半的奖励。假定人力资源部经理本月出满勤，他将获得考勤奖 200 元。

4. 绩效工资

按公司绩效考核制度对人力资源部经理进行绩效考核，根据他在月度的工作表现发放绩效工资，但是绩效工资并不是无限度给予的，也有一定的限度。A 公司规定，每个职系中岗位的最高绩效工资不得超过人均绩效工资的若干倍。从表 7—11 中我们可以得知，人力资源部经理属于二等职系，最高能得到的绩效工资是上月度人均绩效工资的 4 倍。假设上月度人均绩效工资是 500 元，那么人力资源部经理最高可能得到的绩效工资是 2 000 元。假设本月度人力资源部经理表现良好，可得 1 800 元绩效工资。在此要说明的是，一般来讲，公司的薪酬结构里还会有提成工资供销售部的员工计算绩效工资用。由于 A 公司是生产型公司，销售全部由总公司负责，因此薪酬结构里没有提成工资。

表 7—11　员工职等与绩效工资分配表

员工职等	绩效工资范围
一等职系	上月度人均绩效工资的 5 倍以内

续前表

员工职等	绩效工资范围
二等职系	上月度人均绩效工资的 4 倍以内
三等职系	上月度人均绩效工资的 2 倍以内
四等职系	上月度人均绩效工资的 1.5 倍以内
五等职系	上月度人均绩效工资的 1.3 倍以内
六等职系	上月度人均绩效工资的 1 倍以内
七等职系	按定额考核

5. 计件工资

计件工资的对象是七等职系的生产部员工，所以此项工资项目人力资源部经理没有。

6. 生活补贴

生活补贴一般指伙食标准，管理干部（A 公司特指一、二、三等职系的员工）的伙食标准为 208 元/月，其他员工的伙食标准为 160 元/月。人力资源部经理属于二等职系的员工，所以每月补贴为 208 元。

7. 干部津贴

只有管理类员工才能获得干部津贴，从表 7—12 中可以得知，副总经理、总监、经理、主管、组长、保安队长、班长、司务长能获得干部津贴。由于人力资源部经理良好的绩效表现，他可以获得 600 元干部津贴。

表 7—12　　干部津贴表　　单位：元

管理等级	副总经理、总监	经理	主管	组长/保安队长	班长/司务长
级差	100	80	50	30	20
管理津贴（一至十五级）	600～2 000	500～1 620	300～1 000	200～620	100～380

8. 岗位津贴

只有管理类和职员类员工才能获得岗位津贴，从表 7—13 中可以得知，人力资源部经理可以获得岗位津贴。由于人力资源部的绩效良好，人力资源部经理可以获得 1 600 元岗位津贴。

表 7—13　　岗位津贴表　　单位：元

职员等级	特级职员	高级职员	中级职员	初级职员	普通职员
级差	200	150	100	50	40
岗位津贴（一至十五级）	2 000～4 800	1 500～3 600	800～2 200	500～1 200	400～960

9. 技术津贴

只有技术类员工才能获得技术津贴，所以人力资源部经理没有技术津贴。

10. 学历津贴

具有一定学历的员工将获得相应的学历津贴，从表 7—14 中可以得知，人力资源部经理一般要求有本科学历，所以每月可获得 300 元学历津贴。

表 7—14　　　学历津贴表　　　单位：元

学历等级	博士研究生	硕士研究生	本科	专科
学历津贴	1 000	600	300	100

11. 特殊津贴

特殊津贴是在照顾个别岗位、挽留公司急需的稀有人才和专家顾问、平衡调剂工资结构时使用的，所以人力资源部经理没有特殊津贴。

综上所述，人力资源部经理应得工资总额（基本工资＋工龄工资＋考勤奖＋绩效工资＋生活补贴＋干部津贴＋岗位津贴＋学历津贴）为 7 338 元（2 550＋80＋200＋1 800＋208＋600＋1 600＋300）。

八、薪酬调整

（一）调整的原因

由于劳动力市场价格、组织结构、竞争对手薪酬结构等方面的调整，以及新员工的加盟，原薪酬结构失去了合理性，不被多数员工认可，因而起不到应有的激励作用，此时必须对薪酬结构作适当的调整，使之与变化了的情况相适应。

（二）调整的方法

调整方法包括工作导向法、技能导向法和市场导向法。工作导向强调工作方面的特征；技能导向强调员工技能方面的特征；市场导向则是根据市场上竞争对手的薪酬水平来调整本组织的内部薪酬结构。

当前，以技能为导向的薪酬结构调整日益普遍，它又包括两种：一种以知识为基础，即根据员工所掌握的完成工作所需要的知识水平来调整薪酬；另一种以多种技能为基础，即根据员工能够胜任的工作种类数目或技能的广度来调整薪酬。

项目 2　人事助理工资总额核算综合实训演习

在本书第 4 章中“人事结构分析报告综合实训演习”采用了数据调查分析的实训方法，本章项目 2 也采用数据调查分析的实训方法进行如下演习。

一、数据调查分析实训任务建议：人事助理工资总额核算演习

（一）实训背景材料

假定 A 公司是一家拥有 1 500 人的制造公司，设有生产部、品质部、物流部、设备

工程部、销售部、财务部和人力资源部。人力资源部人事助理王媛，专科学历，2014 年 12 月加盟 A 公司，2016 年 12 月出满勤。假定公司每个点值为 4 元，上月度人均绩效工资是 500 元。2016 年 12 月王媛表现一般。

（二）实训任务目标

本次实训任务以数据调查分析的实训方法进行。每个小组根据公司背景、人事助理王媛的具体情况，结合本章的相关知识和表格上的数据，为人力资源部人事助理王媛计算出 2016 年 12 月应得工资总额是多少。如果计算中涉及 A 公司的其他信息，不清楚的可以合理想象。

（三）实训分组要求

小组的划分沿用第一次实训活动所分的组别，以保证整个学期每个学生的成绩连贯性和公平性。

二、实训参考程序和方法

（1）队长组织队员进行讨论和分工。

（2）明确人事助理王媛在表 7—1 中的对应等级。

（3）选择要素计点法对人事助理岗位进行岗位评价。

（4）选择管理类岗位的评价要素，可参考本章项目 1 的内容，但评价要素不强求一致。

（5）针对以上选择的评价要素，确定每个评价要素的等级定义并制成表格，可参考本章项目 1 的内容。

（6）针对管理类岗位的情况，确定该类岗位各评价要素在组织中的重要性并进行依次排序，得出各评价要素的权重。然后，假设评价要素总点数为 900，得出各评价要素点数的最高值和最低值，可参考本章项目 1 的内容，最后制成管理类岗位各评价要素的等级定义和点数表。

（7）根据以上的等级定义和点数表，由各组队长组织本组队员评价出人事助理岗位的点数之和，可参考本章项目 1 的内容。

（8）根据人事助理岗位点数计算底薪（基本工资），可参考本章项目 1 的内容。

（9）假设人事助理岗位的基本工资薪酬调查金额高于或低于通过点数计算出来的金额，请各组队长组织本组队员作合理调整。

（10）根据本章项目 1 薪酬结构的内容，计算出人事助理王媛 2016 年 12 月应得的工资总额。

（11）把对人事助理工资计算的过程和结果形成文字，交给教师课外评分。

三、评分标准

人事助理岗位评价要素选择的合理性，满分 10 分。

人事助理岗位评价要素等级定义表的完整性、正确性、专业性、合理性和逻辑性，满分 25 分。

人事助理岗位各评价要素点数最高值的正确性和其他点数在等级定义表中分配的合理性，满分 20 分。

各组得出的人事助理岗位点数之和的正确性和合理性，满分 10 分。

人事助理岗位底薪（基本工资）数额的正确性和合理性，满分 15 分。

人事助理王媛 2016 年 12 月应得工资总额的正确性和合理性，满分 20 分。

每组作品完成后，交给教师课外对小组作品进行评分作为各组的基础分；作品上必须注明本组队员在本次编写中的分工和参与情况，并对本组队员按在本次编写中的贡献进行排名；教师根据排名在各组基础分的基础上进行分数的上下调节，作为每个队员的平时成绩。

第 8 章

人力资源管理者职业发展

技术要点分析 ▼

人力资源管理者社交技术要点分析；人力资源管理者网络交流的方式；人力资源社区网站交流；慕课平台交流；人力资源管理者常用网站；公益性人力资源聚会社交活动；人力资源电视节目交流活动；人力资源大会社交活动方式；拓展训练起源、理论依据和形式；拓展训练项目介绍；拓展训练程序

综合应用展示及演习 ▼

组织学生进行公益性人力资源聚会社交活动；高校户外拓展训练综合实训范例展示；职业生涯规划技能大赛综合实训范例展示；人力资源管理者职业发展综合实训演习；领袖风采训练营综合实训范例展示

项目1　人力资源管理者社交技术要点分析

一、人力资源管理者社交的必要性

（一）来自工作的压力和难度

作为人力资源管理者，除了负责公司的人力资源规划、员工招聘、员工培训、绩效管理、薪酬福利、员工关系管理六大基本模块工作，还要负责公司的工作分析、员工激励、职业生涯管理、社会保障、人力资源会计、人力资源审计等工作。所做工作既要有广度，又要有深度；既要有较深厚的人力资源管理理论知识，又要有丰富的实际操作经验；既要清楚人力资源管理体系的建设思路，又要了解公司总体的经营方向和运作模式。工作压力和工作难度可想而知，因此人力资源管理者必须借助社交活动，来获得外部同行的启发和帮助。

（二）来自企业内部的无助

大多数人力资源管理者就职于中小型公司，担任人力资源部经理职位，往往负责全面的人力资源管理工作，而自己的上级（主管副总经理或总经理）很难在人力资源管理体系建设方面给予具体的指导，很难起到教练的作用。在这种情况下，人力资源管理者应该考虑如何利用外部资源和人脉最大限度地全面提升自身的素质，从而最终影响人力资源管理者在企业的工作业绩和自身的生存发展空间。

（三）来自实践交流的期望

面对工作的压力和难度，就人力资源管理者而言，我们最容易想到的是阅读相关的人力资源管理书籍或参加相关的培训。这方面的投入更多是为充实自身的理论知识，但理论是一个框架、轮廓、方向，甚至有时是一种理想状态。即使是在培训中与培训师互动地探讨也有不尽如人意的结果，因为中国的培训大多数还是采用理论讲授方式，并且培训师的实践经验也比较有限。而借助人力资源管理社交活动，人力资源管理者可以有针对性地就相关问题与同行进行交流。

（四）来自自身发展的需要

在世界经济一体化的今天，个人的力量越来越渺小。面对各种来自工作、学习、生活和发展的压力，人力资源管理者必须有足够的能力来应对。人力资源管理者要想在业内有一席之地，就必须与人力资源管理业内人士交流，以便解决当前问题，积蓄未来发展的能量、资源和人脉。

二、人力资源管理者网络交流的方式

（一）电子邮件、即时通信和博客交流

电子邮件（electronic mail，E-mail）又称电子信箱、电子邮政，是一种用电子手段提供信息交换的通信方式，是互联网应用最广的服务。通过网络的电子邮件系统，用户可以用非常低廉的价格，以非常快速的方式，与世界上任何一个角落的网络用户联系，这些电子邮件可以是文字、图像、声音等各种方式。另外，电子邮件还可以进行一对多的邮件传递，同一邮件可以一次发送给许多人。由于电子邮件使用简易、投递迅速、收费低廉、易于保存、全球畅通无阻，因此广泛应用，它使人们的交流方式发生了巨大的改变。

即时通信（instant messaging，IM）软件是通过即时通信技术实现在线聊天、交流的软件，目前中国最流行的有微信、QQ。通过即时通信软件，用户可以知道自己的亲友是否正在线上，并与他们即时通信。即时通信比传送电子邮件的时间更短，而且比拨电话更方便，无疑是网络时代最方便的通信方式。即时通信是一种终端服务，允许两人或多人使用网络即时地传递文字讯息、档案、语音与视频交流。微信是腾讯公司于 2011 年 1 月 21 日推出的一个为智能终端提供即时通信服务的免费应用程序。微信支持跨通信运营商、跨操作系统平台通过网络快速发送免费（需消耗少量网络流量）语音短信、视频、图片和文字，微信提供公众平台、朋友圈、消息推送等功能，用户可以通过“摇一摇”、“搜索号码”、“附近的人”、扫二维码方式添加好友和关注公众平台，同时将内容分享给好友以及分享到微信朋友圈。截至 2016 年第二季度，微信已经覆盖中国 94% 以上的智能手机，月活跃用户达到 8.06 亿，用户覆盖 200 多个国家和地区、超过 20 种语言，是亚洲地区拥有最大用户群体的移动即时通信软件。2016 年 3 月 10 日，微信官方首次公布“企业微信”的相关细节，并于 4 月 18 日通过应用宝正式发布安卓版。

博客一词从英文单词 blog 翻译而来。blog 是 weblog 的简称，而 weblog 则由 web 和 log 两个英文单词组合而成。简言之，博客就是以网络作为载体，简易、迅速、便捷地发布自己的心得，及时、有效、轻松地与他人进行交流，再集丰富多彩的个性化展示于一体的综合性平台。其作用表现为：个人自由表达和出版、知识过滤与积累、深度交流沟通、个人自我展示、企业形象展示、企业商务活动信息发表。

人力资源管理者可以通过电子邮件、即时通信软件和博客交流，交流内容包括：人力资源管理方面的问题和解决方案、资料文件的交换共享、工作心得和经验等。虽然有人觉得这些交流比较普通和平常，但是对于刚刚入职的人力资源管理者，还有在校和即将毕业的大学生来讲，显得尤其重要。电子邮件是一种延时互动，也是一种全天候的交流工具；邮件交流通常是先认真阅读别人的留言，深入理解后再回复，而且很容易存档和回顾。即时通信软件适合多人、紧急的即时交流，尤其适合即时地交换意见和众人共同决策等。博客适合公开展示你的资料和观点，而且能形成一个体系，大家阅读和回复

也方便，一个优秀的博客就像一个媒体、一面旗帜。

（二）人力资源社区网站交流

1. 中国人力资源社区网站的初期发展

所谓社区网站，是指网站按地区、功能、专业、模块等条件划分交流区域。社区网站提供用户注册和登录交流的功能，一般以论坛、聊天室和留言的形式进行交流和管理。20 世纪末 21 世纪初是中国民间人力资源网站风起云涌的年代，这段时间里诞生了一大批人力资源社区网站。为此，人资堂社区网站的一斩登专门撰文——《2006 中国人力资源社区网站现状分析报告》，把中国人力资源社区网站分为专业社区、版块社区、私密社区三类。专业社区是指整个网站以人力资源管理为核心，以人力资源管理者的关注点展开的独立网站；版块社区是指在综合性或非人力资源管理者为核心的网站中，单独开辟的人力资源专业领域的版块；私密社区是指以人力资源管理者为核心，不对外公开的私密网站或俱乐部。报告指出，专业的人力资源社区网站比综合性及非人力资源核心的网站的人力资源版块更具有生机，可以给予人力资源从业者更好的用户体验，包括新浪、搜狐、腾讯在内的大型网站巨头，在人力资源专业版块建设方面没有丝毫竞争优势。

21 世纪初期，比较有代表性、影响力比较大的民间公益性人力资源社区网站包括珠三角地区的思可睿人力资源网、环渤海湾地区的 HR 专业人士实名俱乐部、长三角地区的苏州 HR 人俱乐部。

2. 全球最大的职业社交网站

领英（LinkedIn）是全球最大的职业社交网站，会员遍布 200 多个国家和地区，总数超过 4 亿人。领英致力于向全球职场人士提供沟通平台，并协助他们在职场事半功倍，发挥所长。加入后，你可浏览会员资料、在招职位、行业消息、人脉圈动态和对职业技能有帮助的相关信息。2002 年，雷德·霍夫曼（Reid Hoffman）在自家客厅里与合作伙伴共同创建了领英，2003 年 5 月 5 日网站正式上线。

目前，公司首席执行官由杰夫·韦纳（Jeff Weiner）担任，管理层成员包括曾在雅虎、谷歌、微软、TiVo、PayPal 和美国艺电等公司任职的资深高管。领英现为上市公司，拥有多种业务模式，主要收入来自所提供的付费账号、广告销售及多种征才解决方案。

3. 慕课平台的风生水起

慕课（MOOC）项目在西方发达国家风生水起，国内知名高校也争先效仿。慕课大型开放式在线课程，是基于 Web 2.0 工具并整合社会化网络与开放教育资源而构建的学习交流系统。1962 年，美国发明家道格拉斯·恩格尔巴特指出，使用电脑搭配网络将造就巨大、扩及世界规模的交换资讯潮。2001 年麻省理工学院发起开放式课程计划（OCW），免费向世界开放其大学及研究生课程核心资源。2007 年犹他州立大学戴维·怀利教授开放了大型开放式网络课程。2011年斯坦福大学推出的三门慕课课程在全球引起众多学生的参与。2012年，美国的顶尖大学陆续设立网络学习平台并提供免费课程，Coursera，Udacity，edX三大课程提供商兴起，还有德国的iversity、日本的Schoo、巴西的Veduca等慕课平台，给更多学生提供了系统学习的机会。2013年，中国第一家以高校名义建立的大规模在线课程平台——清华大学“学堂在线”创立；上海市成立了“高校课程共享中心”，北京大学、上海交通大学等高校也建立了高水平在线课程平台；五家交通大学联合推出全球第一个专门服务于华人的在线教育平台ewant。另外，还有果壳网、网易云课堂、爱课程网、超星慕课、中国大学MOOC平台、MOOC中国网、顶你学堂网、知途在线等。慕课是无须学校的学籍也可以免费使用的大型开放式网络课程，没有学生人数限制；它打破了知名高校的围墙，为普通人学习世界最优质的教育课程打开了希望的大门，也为企业招聘中高级人才提供了一条经济的捷径，由此慕课的精英群落开通了从学堂直达职场的经济便捷通道。

慕课采用有计划、有进度、有互动、有测验、有证书的教学方式，高度重视学习者之间的分享与合作，并推动学习社区的建立。由于学员来自不同国家，从而能够提升学员的国际视野和文化认知水平。越来越多的企业像英特尔、McAfee、SAP、谷歌等知名公司一样，将慕课引入企业内部培训当中。例如：JLT Group保险金融集团运用Coursera各类初级课程，满足不同背景和不同工作经历的新进员工的学习需求。Tenaris钢材制造公司运用edX平台及相关课程，给员工提供丰富的学习资源。雅虎赞助并鼓励员工通过Coursera的慕课平台课程进行自我学习。Datalogix大数据分析公司允许员工自由学习Udemy上的各类线上课程。2013年，中国银联培训中心与中国金融培训中心联合开展了慕课模式的认证培训等。

慕课不但聚集了一大批优秀高校教师和企业培训师，而且网罗了更多的优秀学员和职业经理人；在这个中高级人才的社区里，不但可以找到企业、高校等组织所需的优质人才，更在提升员工素质、促进员工职业生涯发展、降低培训成本上，为各类组织打开一条新的康庄大道。2013年年底，美国杜克大学和北卡三角洲国际研究院的学者调查了约400家企业，其中103家企业回应的结果显示：虽然只有1家已经将慕课用于员工招聘，但是绝大多数企业有意在招聘员工时将慕课纳入考虑范畴，57%的企业表示今后会将慕课应用于员工招聘，从事商贸、通信、科技和制造的企业尤其希望将慕课用于员工招聘。实际上越来越多的企业和高校，把慕课作为招聘、吸纳人才的新渠道；Coursera，Udacity，edX等慕课课程提供商，与包括亚马逊、谷歌、雅虎、脸书、美国银行、推特等在内的知名公司合作，向其推荐在慕课课程中表现优异的学员，相关公司也因此招聘和吸纳到更多的优秀人才。

4. 中国人力资源社区网站的大浪淘沙

根据《2006中国人力资源社区网站现状分析报告》，2006年国内人力资源专业领域比较发达的地区依次为北京、上海、广东。根据调研结果，中国内地人力资源社区网站60强中，所在地在北京的网站有18个，所在地在上海的网站有10个，所在地在广东的网站有 9 个，这 3 个地区占全国人力资源社区网站总数的 61.67%。随着互联网的发展，建立一个网站特别是建立一个论坛的成本越来越低，于是出现大量新生的人力资源社区论坛，由此带来的一个最大问题就是论坛的同质化特别严重。访问任何一家人力资源论坛，看来看去都是同样的文章。这种发展趋势无疑给人力资源从业者带来诸多选择上的困惑，同时造成大量的资源重复和浪费。一方面，选择成本的提高在一定程度上会阻碍人力资源社区的有序发展；另一方面，竞争的加剧有利于人力资源从业者获得更多免费、实用的资源，同时也会促进优秀的人力资源社区认真地面对用户需求，不断提升服务。

那些人力资源专业化水平低、服务和资源同质化严重、跟不上时代发展的人力资源社区网站逐渐被淘汰，截至 2013 年 6 月，上述 60 强人力资源社区网站 73%无法登录，剩下的 16 强人力资源社区网站绝大多数都走上了商业化、营利至上的道路。环渤海湾地区的 HR 专业人士实名俱乐部的业务活动已经多元化并且商业化；长三角地区的苏州 HR 人俱乐部已经变成苏州凡思管理咨询有限公司。就在大批人力资源社区网站纷纷关闭停业或者转型商业营利之时，思可睿人力资源网和栖息谷管理网站仍然保持民间公益的网站性质。2014 年 8 月思可睿人力资源网转型为个人学术网站（鲍立刚学术网），但仍然保持民间公益的人力资源管理理论研究和实践探索。

实训文件范例 8—1

人力资源管理者常用网站

一、中国人力资源综合类网站

1. 人力资源总监 http：//cho. icxo. com
2. 人资网 http：//www. hrdb. net
3. 中国人力资源管理网 http：//www. chhr. net
4. 17HR http：//www. 17hr. com
5. 中国人力资源经理网 http：//www. chrmn. com
6. HR 管理世界 http：//www. hroot. com
7. HR 沙龙 http：//www. hrsalon. org
8. 思可睿人力资源网 http：//www. schrea. org

二、人力资源战略类网站

1. 慧聪企业战略 http：//info. ceo. hc360. com
2. 博税管理在线 http：//www. boraid. cn

三、人力资源论坛类网站

1. 栖息谷 http：//bbs. 21manager. com/forum. php
2. HRsalon http：//bbs. hrsalon. org
3. HRBar http：//www. hrbar. com
4. 大家社区 http：//club. hr. com. cn

5. HR369论坛 http://bbs.hr369.com

四、人力资源招聘类网站

1. 中华英才网 http://www.chinahr.com
2. 智联招聘 http://www.zhaopin.com
3. 前程无忧 http://www.51job.com
4. 英才网联 http://www.800hr.com
5. 卓博网 http://www.jobcn.com
6. 智通人才网 http://www.job5156.com
7. 南方人才网 http://www.job168.com
8. 中国人才热线 http://www.cjol.com

五、人力资源外包类网站

1. 易才外包 http://www.ctghr.com
2. 智通人才网 http://www.job5156.com
3. 中国国家人才网 http://www.newjobs.com.cn
4. 苏州工业园区人力资源管理服务中心 http://www.siphrd.com
5. 上海外服 http://www.efesco.com

六、人力资源认证类网站

1. HRBar认证 http://rz.hrbar.com
2. 尚德机构 http://www.sunland.org.cn

七、人力资源测评类网站

1. 中国人力资源开发网 http://www.chinahrd.net
2. 南方人才网 http://www.job168.com
3. 北森 http://www.beisen.com
4. 中青在线 http://hr.cyol.com

八、人力资源案例类

1. 中国人力资源网 http://www.hr.com.cn
2. 中国人力资源开发网 http://www.chinahrd.com

九、人力资源培训类网站

1. 华夏基石 http://www.chnstone.com.cn
2. HRoot http://www.hroot.com
3. 中国培训网 http://www.zhongguopeixun.net
4. 中华培训资讯网 http://www.zhpxzx.com
5. 中国国家培训网 http://www.chinatraining.com.cn
6. 中国培训网 http://www.china-net.com
7. 搜狐教育 http://learning.sohu.com
8. 总裁网 http://www.chinaceot.com

十、人力资源咨询类网站

1. 麦肯锡 http：//www. mckinsey. com
2. 翰威特 http：//www. hewittassociates. com
3. 盖洛普 http：//www. gallup. com
4. 德勤 http：//www. deloitte. com
5. 合益集团 http：//www. heygroup. com
6. 美世 http：//www. imercer. com
7. 铂金中国 http：//www. platinumchina. com
8. 华夏基石 http：//www. chnstone. com. cn
9. 华信惠悦 http：//www. watsonwyatt. com
10. 佐佑顾问 http：//www. zuoyou. com
11. 西三角 http：//www. 21hr. net

十一、人力资源杂志类网站

1. 《中国人力资源开发》http：//www. hrdchina. org
2. 《商学院》http：//bmr. cb. com. cn
3. 《人力资源》http：//www. chinahrmo. com
4. 《HR 经理人》http：//www. chinahr. com
5. 《人力资源管理》http：//www. rlzygl. com
6. 《培训》http：//www. trainingmag. com. cn
7. 《才富》http：//www. job5156. com
8. 《世界经理人周刊》http：//www. icxo. com
9. 《麦肯锡季刊》http：//www. mckinsey. com. cn
10. 《HR 管理世界》杂志 http：//www. hroot. com
11. 《财智》http：//www. aphr. org
12. 《思可睿 HR 经理人》http：//www. schrea. org

十二、人力资源院校类网站

1. 北京大学光华管理学院 http：//www. gsm. pku. edu. cn
2. 清华大学经济管理学院 http：//www. sem. tsinghua. edu. cn
3. 中国人民大学劳动人事学院 http：//slhr. ruc. edu. cn
4. 中国人民大学公共管理学院 http：//www. mparuc. edu. cn
5. 中国人民大学商学院 http：//www. rbs. org. cn
6. 同济大学经济管理学院 http：//sem. tongji. edu. cn

十三、人力资源调查类网站

1. 盖洛普中国 http：//www. gallup. com. cn
2. 尼尔森 http：//www. nilsen. com
3. 市场调查 https：//www. marketresearch. com

十四、人力资源猎头类网站

1. 高凡猎头 http：//www. gaohr. com
2. 德威嘉业猎头 http：//www. dowelljoin. com
3. 南方人才网 http：//www. job168. com
4. 浩竹猎头 http：//www. topjobway. com
5. 建筑英才网 http：//www. buildhr. com
6. Hr Shanghai http：//www. hr-shanghai. com
7. 创亿猎头 http：//www. hh80. com
8. 尤里克猎头 http：//www. unique-china. com

十五、企业、商学院类网站

1. IBM 中国 http：//www. ibm. com/cn-zh
2. 长江商学院 http：//www. ckgsb. com
3. 中欧国际工商学院 http：//cn. ceibs. edu
4. 北京大学汇丰商学院 http：//phbs. edu. cn
5. 中国惠普大学 http：//www. hpe-online. com/hpe/index. html

十六、MBA/EMBA 类网站

1. 中国 MBA 网 http：//www. mba. org. cn
2. 中国 MBA 在线 http：//www. mbaonline. com. cn
3. 网大 http：//www. netbig. com
4. 社科赛斯教育 http：//www. mbaschool. com. cn

十七、劳动人事法律法规类网站

1. 51 社保 http：//bbs. 51shebao. com
2. 中国法律资源网 http：//www. lawbase. com. cn
3. 中国劳动争议网 http：//www. btophr. com
4. 劳动法宝网 http：//www. 51labour. com
5. 劳达 http：//www. laboroot. com

十八、人力资源软件类网站

1. 甲骨文中国 http：//www. oracle. com/cn/solutions
2. 金蝶 http：//www. kingdee. gs. cn
3. SAP http：//www. sap. com

十九、人力资源博客网站

1. 人资网 http：//www. hrdb. net
2. HR 精英博客 http：//blog. hr. com. cn/html/index. html

二十、其他管理类网站

1. 经理人 http：//www. sino-manager. com
2. 世界经理人 http：//www. icxo. com

3. 世界经理人网站 http：//www. ceconline. com
4. 中华企管网 http：//www. qg. com. cn
5. 福布斯中国 http：//www. forbeschina. com
6. 斯隆管理评论 http：//sloanreview. mit. edu
7. 问题管理 http：//www. wenti. org
8. 中国心理网 http：//www. pchina. cn
9. 沟通网 http：//www. 51gt. com
10. 中国社会责任论坛 http：//www. chinacsra. org. cn
11. 美国管理协会（中国）http：//www. amachina. com
12. ATD（中国）http：//atdchina. com. cn
13. SHRM http：//www. shrm. org

资料来源：HR 必看网站．http：//www. baidu. com.

三、公益性人力资源聚会社交活动

在市场竞争日益激烈的今天，人力资源管理者应该充分利用现有的外部沟通渠道，取长补短，设计出适合公司实际情况的人力资源管理体系。就自身工作而言，人力资源管理者交流的范围将会涉及人力资源管理的方方面面。英国大文豪萧伯纳说："你我是朋友，各拿一个苹果来交换，交换后仍然是各有一个苹果；倘若你有一种思想，我也有一种思想，把各自的思想相互交流，那么每个人就有两种思想了。"社交是人力资源管理工作的"家常便饭"，勤于交流、善于沟通是人力资源管理者必须掌握的一项技能，交流探讨可以促使我们有意识地学习、体会和积累，自我加压，尽快提升。值得说明的是：团队成员沟通交流中的群策群力固然好，但在工作中遇到问题时不要放过自己分析的好机会。而后，将大家的反馈见解与自己的分析结果对照，看自己在哪些方面考虑得还不够细致全面，唯有如此，人力资源管理者才可以取得实际的进步。总之，要正确利用团队资源而不要形成依赖心理。

正是基于这种团队探讨、交流与切磋的现实需要，中国人力资源管理民间公益社团并不仅局限于网络的虚拟交流，而是在条件成熟时、时间允许时和实际需要时从幕后走到前台，相聚到一起探讨人力资源政策、交流工作经验、建立互惠互利的良性竞争关系，这就是人力资源管理者的聚会社交活动。另外需要说明的是，官方和商业化的机构举办的一般是大规模的年会和高峰论坛。对于小规模的人力资源聚会，一般由民间公益组织或民间非正式组织唱主角，人力资源从业者参与度很高、配合度很高，对人力资源从业者的帮助也很大。为了体现代表性，下面分别从我国珠三角、环渤海湾和长三角三个地区，各选取一个中国人力资源管理纯民间公益社团的杰出代表作粗略介绍。

(一) 珠三角地区人力资源民间公益活动范例展示

思可睿人力资源交流协会是华南地区企业界和教育界人力资源同行组织、全国人力资源爱好者于 2003 年 8 月 10 日在广州自发形成的以工作心得交流为主要目的的非营利学习型民间虚拟组织，负责人鲍立刚当时任杜邦面材（广州）有限公司人力资源部主管。协会实现了高等院校人力资源管理学科建设、模拟教学与企业实践的完美结合，是一种校企合作的有益尝试。协会以思可睿人力资源网交流、企业人力资源管理培训咨询为主，辅之以企业人力资源沙龙聚会、企业问题考察研讨、教师到企业兼职活动、企业到高校兼课活动、人力资源管理交流大会、院校人力资源实训实习基地建设、人力资源模拟教学实验室建设、人力资源管理实训教材编写、人力资源管理科研活动等。思可睿协会和网站始终保持民间非营利的本色。由于创办人鲍立刚近几年专注研究人力资源管理科研项目，思可睿人力资源公益活动暂时中止，期待 2018 年思可睿公益人力资源活动再次举办。

HR 高级人才交流圈成立于 2015 年 1 月 18 日，共有 29 个微信群，分别是：HR 高级人才交流圈 1 分群、HR 高级人才交流圈专家群、HR 高级人才交流圈 3 分群、HR 高级人才交流圈精英群、HR 高级人才交流圈 5 分群、HR 高级人才交流圈 6 分群、HR 高级人才交流圈 7 分群、HR 高级人才交流圈 8 分群、HR 高级人才交流圈大咖群、HR 高级人才交流圈企业大学群、HR 高级人才交流圈 11 分群、HR 高级人才交流圈 12 分群、HR 高级人才交流圈 13 分群、HR 高级人才交流圈朗诵群、HR 高级人才交流圈 15 分群、HR 高级人才交流圈 16 分群、HR 高级人才交流圈 17 分群、HR 高级人才交流圈 18 分群、HR 高级人才交流圈第二届领导班子群、HR 高级人才交流圈 20 分群、HR 高级人才交流圈 21 分群、HR 高级人才交流圈 22 分群、HR 高级人才交流圈 23 分群，HR 高级人才交流圈主持人群、HR 高级人才交流圈 25 分群、HR 高级人才交流圈 26 分群、HR 高级人才交流圈 27 分群、HR 高级人才交流圈 28 分群、HR 高级人才交流圈 29 分群，圈内成员 80%为人力资源总监和企业大学校长且来自全国各地。

HR 高级人才交流圈圈主和创始人是广州育道企业管理咨询有限公司李勇副总经理，该圈在广东省人才服务局的指导下开展工作，坚持以移动互联网思维和社群＋思维为指导，充分运用云计算和大数据。团结一切可以团结的力量，整合一切可以整合的资源，把活动、社群、微信公众号做到极致，与时俱进、开拓创新、艰苦奋斗，最终构建和谐的人力资源生态圈。

(二) 环渤海湾地区人力资源民间公益活动范例展示

HR 专业人士实名俱乐部是 2002 年成立于北京的人力资源管理虚拟团队，发展初期是人力资源人士共同交流学习的民间公益组织。俱乐部管理委员会由十余位人力资源资深人士志愿组成，负责人是陈云青。俱乐部的宗旨是推动中国人力资源管理整体水平的提升。初期的活动方式是：通过邮件、论坛（http：//bbs. hrbar. com)、面对面培训交流等多种方式，在人力资源从业人员之间建立相互促进、共同提高的良性竞争关系。俱乐部开展沙龙讲座活动百余次，内容涉及招聘甄选、培训开发、绩效管理、薪资体系、职业生涯、人力测评、思维模式、团队拓展等。2008 年 7 月 19 日俱乐部人力资源管理学院成立，宣告俱乐部正式进入商业化运作时代。俱乐部目前的主营业务活动包括：商业化的培训咨询、人力资源管理专业技能认证、企业招聘、人力资源博客和人力资源百科，另外辅助业务还保留了创立初期的 HR 专业人士实名俱乐部公益活动。2010 年 1 月 1 日 俱乐部宣称启动人力资源专业任职资格标准研发计划，开始建设拥有自主产权的人力资源专业标准。

（三）长三角地区人力资源民间公益活动范例展示

苏州 HR 人俱乐部最初由苏州地区的 7 名企业人力资源管理人员自发组织而成，于 2005 年 5 月成立于苏州市，发展初期旨在为苏州人力资源从业人员提供一个聚会、研讨、联谊的公益交流平台。俱乐部成立以来，会员人数不断壮大，在苏州地区的影响力逐渐增强。苏州 HR 人俱乐部借助 www. fans7. com 的论坛网站在线增进沟通，开展主题研讨、案例分析、对话座谈、拓展培训、联谊聚会、专题讲座、瑜伽健身、职业形象设计等多种形式的活动。虚拟的网站和现实的互动活动交相呼应，不断提高苏州 HR 人俱乐部的知名度和影响力。现在，苏州 HR 人俱乐部已经变成苏州凡思管理咨询有限公司，公益性的人力资源聚会社交活动几乎销声匿迹。目前的主营业务活动包括完全商业化的职业资格考证培训、组织 MBA 课程教育、组织成人教育、ISO 体系认证服务、猎头服务等。

（四）其他人力资源公益机构活动范例展示

金柚网是全国首家 100%在线人力资源服务平台，为企业提供五险一金缴纳、跟踪查询、线上转移、咨询等全方位在线社保服务；携手 58 同城、乐途逸品、智谷联合主办人力资源分享沙龙，携手泰豪创空间、华为企业云联合主办 YO 学堂。

以下人力资源论坛和人力资源公益机构，除了组织网络交流，还组织面对面的人力资源聚会社交活动，少数活动以营利为目的而收费，部分为推广商业项目而采取免费参与的形式，部分实行所有参与人 AA 制分摊活动费用。

1. 举办人力资源聚会的人力资源论坛

（1）栖息谷 http：//bbs. 21manager. com/forum. php。

（2）HRsalon http：//bbs. hrsalon. org。

（3）大家社区 http：//club. hr. com. cn。

（4）HR369 论坛 http：//bbs. hr369. com。

2. 举办人力资源聚会的人力资源机构

（1）中国人力资源开发研究会 http：//www. hrdchina. org。

（2）中国人力资源开发教学与实践研究会 http：//www. chrdtp. org。

（3）中国人力资源开发研究会企业人才分会 http：//www. ehrd. org。

（4）中国人力资源开发研究会劳动关系分会 http：//www. lrchina. org。

（5）世界经理人 http：//all. icxo. com。

（6）经理人 http：//www. sino-manager. com。

（7）HRoot http：//www. hroot. com。

（8）美国管理协会（中国）http：//www. amachina. com。

（9）ATD（中国）http：//atdchina. com. cn。

（10）SHRM http：//www. shrm. org。

四、人力资源电视节目交流活动

改革开放以来，我国经过 30 多年持续的经济高速发展，社会经济结构发生了巨大的变化，计划经济逐渐向市场经济转变。市场机制的引入为人才的流动提供了基础，但是随着大学生人数的大幅增长，大学毕业生就业困难问题凸显。作为拥有广泛群众基础、影响力巨大的强势大众媒介，电视媒体责无旁贷地发挥了引领和指导作用，为求职者和企业搭起了沟通交流的桥梁，职场节目应运而生。

2003 年 10 月 25 日中央电视台经济频道顺应时代和市场需要推出了第一档大型职场节目——《绝对挑战》，每期 60 分钟，每周六 22：00 首播。栏目与智联招聘合作，采用电视招聘形式。一方面，知名企业提供真实的职业岗位，现场摆擂，由资深职业顾问、著名人力资源主管担任考官，经过专业人才服务机构、企业面试官、节目组特邀人力资源专家多方位、多层次的选拔，挑选出企业需要的人才；另一方面，选手通过“压力面试”“实力作证”“人在职场”三个环节的考核，展现职业才能，竞争企业职位。同时，由现场观众选出的“最具人气求职者”还将获得由智联招聘提供的 1 万元培训基金。《绝对挑战》通过多名选手对知名企业真实职位的挑战竞争上岗，为求职者提供真实的职业机遇，为企业提供展现企业文化和管理经验的平台，是一档集资讯、对抗于一体的大型职场节目。

经过 10 多年的发展，职场节目的数量和类型都发生了巨大变化。按照节目内容，职场节目可以归为四类。

1. 现场招聘类

这类节目将招聘会直接搬进演播室，真实再现求职者与多家企业面试的过程，选手通过各种方式展现自己的优势和特长，成功则直接签约。如天津卫视播出的《非你莫属》，每期 12 名一流企业高管组成波士团现场招聘，对求职者进行最犀利的评判和最严格的挑选，每期 5 位求职者展示个人特长，2 名国内资深职场人士及心理专家给予求职者专业的就业指导意见、心理把握和职场忠告。节目分“自我介绍”“天生我有才”“别对我说谎”“谈钱不伤感情”等环节进行现场招聘。中国教育电视台一套和江苏卫视制作的《职来职往》也属于这一类型，每期邀请 18 位来自各行各业的职场达人，以亮灯和灭灯的方式对参与节目的选手进行评判，决定他们能否前往 100 家知名企业工作、能否获得自己心仪的工作岗位，同时现场针对每一位选手的情况提出来自专业和职场的宝贵意见。湖南卫视的《把谁带回家》、湖北经视的《天生我才》、辽宁广播电视台北方频道的《超级面试》等均属于这类节目。

2. 委托招聘类

栏目制片方根据招聘企业提供的职位，由栏目推荐的人力资源专家团或者招聘企业自身的人力资源部门设置各种测试、考验。一般会通过演播室内的直接对话和演播室外的考验项目进行整体评价，为企业最终招聘到合适的人才。如中央电视台经济频道的《绝对挑战》，上海第一财经、宁夏卫视和郑州电视台四套的《中国职场好榜样》，天津电视台滨海频道的《今天我面试》，浙江电视台经济生活频道的《非常董事会招聘季》，河南电视台公共频道（八套）的《快乐大冲关之赢在职场》等。

3. 招聘信息类

这类节目是职场类节目的初始形态，充分体现了职场节目的服务特征，通过报道招聘会、发布企业招聘信息、提供市场就业行情等给求职者提供丰富的市场信息，是广大求职者了解企业、把握市场行情的窗口，充分发挥了电视媒体平台桥梁的作用。例如湖州电视台新闻综合频道的《翰林世家梦想湖州赢在职场》、安徽电视台公共频道的《走进招聘会》、吉林教育电视台的《考职》、陕西电视台的《助你成才》等节目。

4. 职场故事类

通过报道行业典型人物的个人成长故事给观众以启迪；或者发掘行业致富的新途径，为职场新人指明个人成长的方向；或者通过人物访谈等形式为观众介绍职场成功人士的成功经验。河北电视台少儿科教频道的《求职问道》、多频道播出的《职工之音》等都属于这类节目。

五、人力资源大会社交活动方式

不管人力资源从业者评论如何，不管在人力资源大会上是否能学到东西，对人力资源从业者来说，通过人力资源大会能够结交人脉、拓展视野，无论对自身的工作、学习、社交，还是未来的职业生涯发展都有较大作用。

下面对有代表性的人力资源大会进行简要介绍，分为国际人力资源管理大会、全国性人力资源管理大会和地域性人力资源管理大会三部分，其中地域性人力资源管理大会又分环渤海湾地区、长三角地区、珠三角地区三个代表性区域，内容见前。以下人力资源大会的介绍绝大部分内容来自互联网各大人力资源网站，本内容仅作学习参考之用，不作商业用途，也不作广告宣传。

（一）国际人力资源管理大会

1. 世界人力资源大会

世界人力资源大会是由世界人事管理联合会（World Federation of Personnel Management Associations，WFPMA）创办的。大会每两年举行一次，目的是为各地人力资源管理者提供一个讨论人力资源管理方面的挑战和最新发展趋势的平台。世界人力资源大会多次在亚太地区举行。

2. 美国人力资源管理协会年会

美国人力资源管理协会（SHRM）是世界最大的人力资源管理专业协会，其使命是通过提供最先进和最充足的资源、服务和产品满足人力资源管理专业人士的需求。作为颇具影响力的组织，协会还肩负着提升人力资源管理的关键战略地位、推进人力资源管理事业发展的使命。美国人力资源管理协会成立于 1948 年，总部位于美国，现已发展为世界最大的人力资源管理专业组织。美国人力资源管理协会每年 6 月下旬举办全球最大的人力资源业界盛会——美国人力资源管理协会年会暨展览会。美国人力资源管理协会年会的规格之高、参会与参展人数之多、在业界影响之大，可谓全球之最。年会为全球人力资源管理者，专家学者，咨询、培训和服务专家提供了一个沟通交流、深入探讨人力资源管理领域前沿问题的绝佳平台，提供了解全球人力资源管理的现实挑战、最佳实践和发展趋势的极好机会。

3. 亚洲国际培训总会年会

1973 年世界各国主要培训团体及机构共同发起成立国际培训总会（IFTDO），亚洲国际培训总会（ARTDO International）则创立于 1974 年，是一个非政府、非营利的国际性联合组织，共有 30 个国家和地区加入成为会员。亚洲国际培训总会每年都会举办一次年会，我国台湾、澳门地区分别承办过年会。

4. 亚太人力资源大会

亚太人力资源大会（HR Congress APAC Series）由亚太人力资源管理联盟（APFHRM）发起，旨在为亚太地区人力资源专业人士提供一个有价值的交流平台，分享实践经验，探讨人力资源管理领域的新发展和新挑战。新加坡人力资源学院（SHRI）和中国国际技术智力合作公司（CIIC）曾经承办首届亚太人力资源大会。

（二）全国性人力资源管理大会

1. 中国人力资源管理新年报告会

中国人力资源管理新年报告会作为中国人力资源管理领域的年度顶级盛会，由中国人民大学劳动人事学院于 2005 年 1 月正式启动，正在被越来越多的业内人士熟悉并期待，已经成为中国人力资源领域的品牌和标志性活动。中国人力资源管理新年报告会邀请学术界和企业界精英，与政府高层进行有效互动，盘点过去一年中国人力资源管理热点问题，推进中国人力资源管理理论与实践的结合。新年报告会的重要特点是以中国人民大学劳动人事学院顶级师资力量奉献学术智慧为主，加上来自政府、企业和其他高校嘉宾的鼎力支持，体现了中国人民大学劳动人事学院在中国人力资源管理领域的强大实力和领先地位。

2. 中国人力资源开发与管理年会

中国人力资源开发研究会通过会员代表大会的形式，常态化地举办中国人力资源开发与管理年会，这是中国人力资源界的一件盛事，产、学、研、政等各界专业人士齐聚一堂，开展充分交流，共商发展大计，对未来中国人力资源开发的理论研究与实践发展具有深远影响。中国人力资源开发研究会成立于 1988 年，是由国家发展和改革委员会主管的国家一级社团。研究会站在我国人力资源职业化建设的前沿，致力于提高中国人力资源开发水平，不仅推动了中国人力资源开发理论和实践建设，在人力资源教学研究和培训交流等各项事业上也取得了重要突破和发展，为我国的人力资源事业作出了历史性的贡献。

3. 北京中外企业人力资源协会中国人力资源管理大会

北京中外企业人力资源协会（HRA）每年举办一次大型人力资源行业盛会——北京中外企业人力资源协会中国人力资源管理大会，历届参与人数都在 600 人以上，大会汇聚了国内最专业、最顶尖的人力资源从业群体，以及公司高管、学者、权威人士，目的在于通过汇聚人力资源业界的管理精英，探讨中国人力资源发展管理的最新趋势，促进行业内部产品和信息的交流和推广，创造和发挥人在社会工作中的潜力与优势，推动组织、社会向前发展。北京中外企业人力资源协会是成立于 1996 年的非营利社团法人，也是国内规模最大、最有影响力和最专业的人力资源协会。

4. 中国人力资源开发教学与实践研究会年会

中国人力资源开发教学与实践研究会成立于 2000 年 8 月，是隶属于中国人力资源开发研究会的二级学会，是研究人力资源管理教学与实践活动的非营利学术性团体，会员大多来自中国设有人力资源管理专业或课程的高等院校，也有部分企业会员。学会以搭建中国人力资源管理教学与研究活动平台为己任，以促进中国高等院校之间、高校与各类组织之间在人力资源管理教学、科研以及实践方面的沟通、交流、协调与合作，推动国际学术交流为目标，旨在全面提升中国国内人力资源管理教学与研究水平，培养适合中国经济建设需要的各类人力资源管理专业人才。中国人力资源开发教学与实践研究会年会每年 7—8 月轮流在全国各大高校举办，截至 2016 年已经举办了 17 次，是全国最大规模、最权威的高校人力资源教师的盛会。

5. 中国人力资源开发研究会企业人才分会系列人力资源大会

经发改委批准，由中航工业集团、海尔集团、中粮集团、万科集团、中国核工业集团、国美电器、首钢集团、东软集团、亿利资源集团、雷力集团、壳牌（中国）有限公司等上百家知名企业和上市公司发起，中国人力资源开发研究会报请国家民政部批准并成立中国人力资源开发研究会企业人才分会。人才分会以“人力资源是第一资源”为理论基石，以推动中国企业的人力资源开发与管理事业发展为任务，构筑中国企业人力资源开发研究与实践的高端交流平台，引领中国人力资源开发与管理理论和实践的发展方向，开展企业人力资源开发与管理的理论研究、实践探索、成果交流，为企业人力资源开发与管理提供支持和服务。

人本中国高峰论坛是由中国人力资源开发研究会主办、中国人力资源开发研究会企业人才分会承办的最权威、最高端的人力资本论坛，是人力资源领域最高规格、最具规模效应和影响力的行业盛会。人本中国高峰论坛每年两次，春季论坛在 5 月举行，秋季论坛在 11 月举行。论坛设立“人本中国奖”，通过申报、评选，颁发给对中国人力资源开发与管理有突出贡献的企事业单位、服务机构和个人。

为促进人力资源服务市场的健康有序发展，提高人力资源服务的标准化、专业化、行业化程度，中国人力资源开发研究会决定，从 2013 年开始由中国人力资源开发研究会企业人才分会承办开展最具满意度的人力资源服务机构相关调查活动，推选出在人力资源服务领域成果显著、贡献突出、客户满意度高的服务机构，并举办最具满意度人力资源服务机构调查结构发布会暨优秀人力资源产品博览会。

在这个变革才能不掉队的全新时代，企业变革，首先需要的是变革人才管理，引进和运用新的人才使用理念和方法、技术，才能保证企业的人才竞争力。从 2016 年起，由中国人力资源开发研究会企业人才分会承办中国人才发展论坛，关注企业未来人才发展趋势、企业人才结构性改革、共享时代企业人才的培养和管理模式、企业人才战略体系的构建等。论坛上还评选出年度优秀企业人才发展服务供应商、年度最具影响力培训师、年度最受企业欢迎培训师、年度优秀培训教育机构、年度企业人才发展年度人物、年度企业人才发展优秀企业、年度优秀企业大学。

6. 中国人力资源开发研究会劳动关系分会人力资源活动

中国人力资源开发研究会劳动关系分会成立于 2008 年 6 月 20 日，其建立适应了市场化条件下劳动关系调整的需求，并且为劳动关系理论研究、劳动关系专业和学科正规化建设作出了突出贡献。现任会长为中国人民大学劳动人事学院常凯教授，主要活动是中国人力资源开发研究会劳动关系分会年会、劳动关系研讨会、论坛。

项目 2 户外拓展训练技术要点分析

一、认识拓展训练

（一）拓展训练起源

拓展训练（outward bound）的意思是一艘小船离开平静的港湾，义无反顾地投向未知的旅程，去迎接一次次挑战，去战胜一个个困难。它起源于第二次世界大战期间。当时，盟军在大西洋的物资供应线屡遭德国纳粹潜艇的袭击，大部分水手在运输船被击沉后葬身鱼腹，只有极少数人得以生还。人们惊奇地发现大多数生还者往往不是年轻力壮的水手，而是那些富有经验、心理素质较强的年长者。通过对这一现象的分析与研究，得到的结论是：能在恶劣环境下求得生存，靠的不是体能而是良好的心理素质。据此，德国人库尔特·汉恩提出了拓展训练的理念，并于1941年在英国创办了一所专门训练水兵的学校，后来逐渐延伸为军队士兵生存能力的训练。第二次世界大战结束后，拓展训练也从最早的军事生存训练演变成为社会和经济领域服务的一种人本训练。

今天，拓展训练围绕领导艺术、团队建设等现代管理的中心问题，结合企业的发展需要与参训者的人格特征，通过全方位的素质培训，一方面使参训者重新认识自我，重新定位自我，实现自我超越；另一方面提高员工对企业的忠诚度，以全新的方式凝聚企业的向心力。

20世纪90年代中期，中国大陆开始出现拓展训练。时至今日，全国已有几百所拓展训练服务机构，拓展训练也逐步走向成熟。拓展训练实际上是一种体验式学习。心理学研究表明，听到的信息可以被记住10%，看到的信息可以被记住20%，亲身体验的信息则可以被记住80%。学会了游泳、驾驶之后，即便很长时间不接触，也不会忘记；而反复背诵的公式或英文单词，只要过了一段时间不用就怎么也想不起来。因此，通过在模拟环境中的亲身体验与总结，学习到的知识和观念会深深植入心中，不容易被忘记。这也是拓展训练这类体验式学习的效果。

（二）拓展训练的理论依据

拓展训练的理论依据主要是“努力/放弃”（积极/消极）的心理力学模型，以及“体验、了解、控制、超越”的心理适应规律。

1. 基本原理

拓展训练的基本原理为：通过户外体验项目活动中的情境设置，使参加者充分体验所经历的各种情绪，尤其是负面情绪，从而深入了解自身（或团队）面临某一外界刺激时的心理反应与后果，进而学会控制，实现超越。

2. 组成环节

拓展训练的体验式学习方式，由既独立又密切关联的五个环节组成：

（1）体验。这是拓展训练过程的开端，参加者参与一项活动，并以观察、表达和行动的形式进行。这种初始的体验是整个过程的基础。

（2）分享。有了体验以后，很重要的一点就是，参加者要与其他体验过或观察过相同活动的人分享他们的感受或观察结果。

（3）交流。分享个人的感受只是第一步，循环的关键部分是把这些分享的东西结合起来，与其他参加者探讨、交流以及反映自己的内在生活模式。

（4）整合。按逻辑的程序，下一步是要从经历中总结出原则或归纳、提取出精华，并用某种方式去整合，以帮助参加者进一步定义和认清体验中得出的成果。

（5）应用。最后一步是策划如何将这些体验应用在工作及生活中，而应用本身也成为一种体验；有了新的体验，循环又开始了，因此参加者可以不断进步。

（三）拓展训练形式

拓展训练通常利用崇山峻岭、瀚海大川等自然环境，通过精心设计的活动达到磨炼意志、陶冶情操、完善人格、熔炼团队的培训目的。拓展训练主要由场地、野外和水上三类课程组成。场地课程是在专门的训练场地上，利用各种训练设施，如高架绳网等，开展各种团队组合课程及攀岩、跳越等心理训练活动；野外课程包括远足露营、攀岩速降、野外定向、户外生存、伞翼滑翔等；水上课程包括游泳、跳水、扎筏、漂流等。

（四）拓展训练程序

拓展训练通常按以下程序进行。

1. 团队热身

在拓展训练开始时，团队热身活动将有助于加深学员之间的相互了解，消除紧张，以轻松愉悦的心态投入到各项培训活动中。

2. 个人项目

个人项目本着心理挑战最大、体能冒险最小的原则设计，对受训者的心理承受力是极大的考验。

3. 团队项目

团队项目以改善受训者的合作意识和受训集体的团队精神为目标，通过复杂、艰巨的活动项目，促进学员之间的相互信任、理解，体验默契配合的效果。

4. 回顾总结

每项活动结束后进行回顾总结，能够帮助学员消化、整理、提升训练中的体验，使学员能将培训的收获转移到工作中，以实现整体培训目标。

（五）拓展训练的特点

1. 挑战心理极限

拓展训练的项目都具有一定的难度，主要表现在心理考验上，需要学员向自己的能力极限和心理极限发起挑战，力争跨越极限。

2. 综合活动性

拓展训练的所有项目都以体能活动为先导，引出认知活动、情感活动、意志活动和交往活动，实现学员全身心的体验。

3. 个性与集体的体验

拓展训练实行分组活动，强调集体协作，要求每名学员竭尽全力为集体争取荣誉，同时从集体中吸取巨大的力量和信心，在活动中充分体现个人的个性魅力。

4. 获得成功体验

通过克服困难，完成训练项目，学员能够体会到发自内心的胜利感和自豪感，获得成功的体验，增强以后克服困难的信心。

5. 实现自我教育

教练只负责把课程的内容、目的、要求以及必要的安全注意事项向学员讲清楚，活动中一般不进行讲述，也不参与讨论，充分尊重学员的主体地位和主观能动性。即使在课后的总结中，教练一般也只是简单引导，主要让学员自己讲述体验和体会，达到自我教育的目的。

（六）拓展训练类别

1. 按照企业需求和训练达到的目的分类

（1）团队熔炼拓展训练。通过在野外模拟环境中开展各种新鲜而巧妙的项目，帮助企业员工释放生活、工作压力，调节心理平衡；学会更好地与他人进行沟通与协调，优化人际环境；完善人格，培养毅力、勇气、责任心、荣誉感以及积极的价值观；使员工深刻地理解团队的力量，培养团队成员的强烈荣誉感与归属感；掌握组建团队、激励团队的方法，使其回到工作岗位后能快速有效地组建起高绩效的团队，创造良好业绩。

（2）企业文化认同拓展训练。企业文化是企业的灵魂，其作用是让企业精神深入全体员工的心灵深处，大家齐心协力，最大限度地降低企业内耗。企业文化认同拓展训练以全新的训练方式、触及心灵的训练手法，加深员工对企业文化的理解，增强员工对企业的归属感，培养员工团队合作精神和主动沟通、主动配合的工作方式。

（3）高效沟通拓展训练。这对于企业进行有效沟通是非常重要的。交流不畅与沟通困难是非常有害的。如何进行有效的沟通是管理团队面对的一个现实而又紧迫的问题。拓展训练通过提供新奇的项目，让所有参与者体验沟通不畅带来的困难，从而增强其沟通意识，不断寻找有效沟通的办法。同时，体会沟通过程中可能出现的误解、错误，增强实际工作中理解、包容他人的心态。

（4）挑战与压力拓展训练。通过在特定的条件下进行各种活动，学员能够挑战自身极限，感受自我的超强能力，更好地认知生命，珍惜美好生活。通过各种体验，学员能够充分认识到自身的潜能，培养良好的心理素质和坚强的意志品质。挑战与压力拓展训练可以增强集体协作意识和对意志品质感染的深刻体会。

（5）客户忠诚度提升拓展训练。它是指同客户一起去体验困难、挑战、压力、恐惧。这样的拓展活动能让企业员工和客户走得更近，增进相互了解和理解，让大家超越平常的业务关系，建立更牢固的友谊，体验风雨同舟、荣辱与共的感觉，真正地树立合作和共同发展的信念。

2. 按照训练项目分类

（1）高空项目：天梯、天使之手、合力过桥、空中抓杆、断桥、高空平衡木、高空“V”走、攀岩等。

（2）地面项目：冲出亚马逊、团队梅花桩、穿越“电网”、过河抽板、泰山绳、信任背摔、求生墙、地雷阵、合力轮胎、拆除核弹、孤岛求生、风雨人生路、牵手、有轨电车、管道接力等。

（3）水上项目：抢滩登陆、水上拔河、水车、强渡大渡河、各种水上障碍设施等。

（4）室内项目：领袖风采、七巧板、风雨同舟等。

（5）野战项目：攻坚战、游击战、人质营救、间谍战等。

（6）生存训练：各种野外拉练、野外生存训练和定向越野活动等。

（7）集体项目：大风吹、大脚霸、合力运水、呼啦圈、冰岛求生、盲人摸号等。

（8）热身项目：人浪、进化论、解人结、怪兽过河、鸡蛋会飞、塞车、声控机械人、兔子舞、火山爆发前、同心竹、夜行等。

（七）拓展训练的作用

1. 对参训企业的作用

（1）进一步明确和认同组织目标，增强组织的凝聚力。

（2）树立相互配合、互相支持的团队精神和整体意识。

（3）改善人际关系，形成积极向上的组织氛围。

（4）改进组织内部的沟通与信息交流氛围。

（5）使员工在工作岗位上表现出更佳的领导与管理才能。

（6）使组织面对各种变革与挑战更为从容、有序。

2. 对参训员工的作用

（1）认知自身潜能，增强自信心，改善自身形象。

（2）克服惰性心理，磨炼战胜困难的毅力。

（3）启发想象与创造力，提高解决问题的能力。

（4）认知团队的作用，增强集体责任感和参与意识。

（5）改善人际关系，学会关心他人，融洽地与群体合作。

（6）学习欣赏、关注和爱护大自然。

二、拓展训练项目介绍

（一）拓展训练团队项目简介

以破冰游戏贯穿始终，充分展示参训人员的创意与激情。集众人智慧，浓缩创新意识，展示团队风采，迅速形成一支拥有共同使命感的团队。培训将以组为单位，使每个人都积极地参与到培训之中。团队所有成员必须共同面对困难、迎接挑战、攻克难关。破冰游戏将打破人与人之间的隔膜，创造良好的沟通氛围，激发热情与斗志。

破冰游戏兔子舞

（1）活动目标。了解拓展训练的起源和形式；为培训做好心理和身体准备；使队员之间互相认识和了解，鼓励沟通，消除彼此的隔膜，拉近距离；在完成各项任务的过程中，营造团队气氛，形成初步统一的团队。

队员唱队歌

（2）活动要求。

1）全体队员分成若干个队。

2）各队推荐或自荐队长和旗手各一名。

3）起队名。队名要形象、有意义。

4）编队歌。可自编词曲，也可原曲填词，队歌要简短。

5）要有队训或口号。要求文字简练，朗朗上口，具有震撼力。

6）制作队旗和队徽。共同创意，队徽简单、蕴意深刻。要求全体队员在队旗上签名。

7）各队相互进行魅力展示，阐释队名、队歌、队训、队旗。

（二）团队体验项目

1. 天梯

（1）项目介绍。两位学员在高 8 米、相距 1.1～1.5 米不等的粗圆木软梯上，通过相互手拉、肩扛等方式，一起到达最顶部的圆木上。

（2）训练目标。在面对困难时，同伴间通过相互支持、相互帮助达到目标；团队协作，相互激励，经常沟通，相互帮助，共同进步。

（3）安全保障。学员穿戴自锁式专业登山保护装备，培训师检查确认无误后项目方可进行；每位学员有双重保护，整个项目过程中一旦失手，会被吊在空中，慢慢放回地面。

（4）回顾要点。天梯在不断地晃动，两圆木间的宽度不断加大，是否担心爬不上去或掉下去，是否想过放弃？两人是如何达到最顶部的？相互之间是否非常默契？是否商量过攀爬方式？

天梯

2. 团队梅花桩

（1）项目介绍。在团队梅花桩项目中，一个团队要全部站在大小不一、高低不一、距离不一的梅花桩上，按照一定的规则从一端移动到另一端。

（2）训练目标。这一项目的训练使学员体会到团队骄人业绩的取得要靠集体的智慧与个人的责任感，用心沟通、善于聆听、服从领导是成功的关键。

团队梅花桩

3. 信任背摔

（1）项目介绍。站在 1.4 米高的高台上，双手被绑或交叉放在胸前，身体笔直地向后倒下，落在下面队友的手臂上。

（2）训练目标。此项目看似简单，但纵观整个过程，可以发现很多管理哲学，如团队中信任如何建立，学员是否遵守信用等。每个学员都要体验一下，以换位思考的方式体会站在台上的学员的感受、个人的责任感、自我控制能力、勇气等。

信任背摔

4. 穿越“电网”

穿越“电网”

（1）项目介绍。将细绳横竖交织成大小不同的方块，要求每队队员在队友的帮助下，分别从方块中穿越而过，而不能触动被称为“电网”的细绳。面对“高压电网”，参加者必须同心协力，尽量避免“伤亡”，“伤亡”小且动作快的队将取得胜利。

（2）训练目标。包括改变沟通方式，如何理解、倾听他人（的意见），如何让他人更能接受，如何分配合理的资源。资源浪费与团队目标的关系、个人利益与整个团队利益的关系，将直接决定目标能否达成。此培训项目强调整体协作与配合以及资源的重要性，好胜与莽撞都将遭到淘汰，只有依靠团队的力量才能顺利完成任务。不论多完美的计划，如果在操作过程中不谨慎、不注重细节，一切就都要重新开始。

5. 求生墙

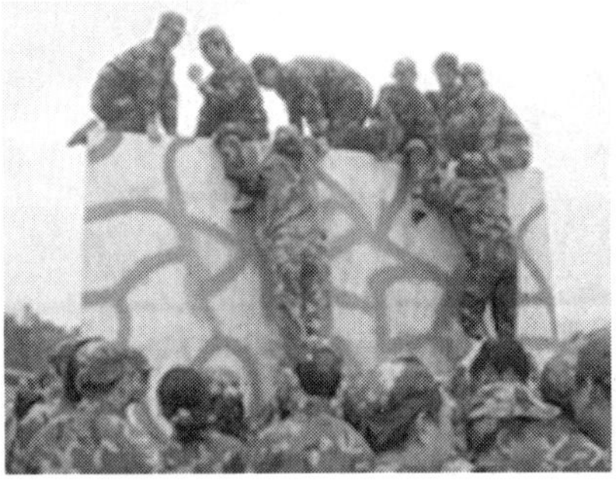

求生墙

（1）项目介绍。全体队员要在规定时间内翻越一堵高 4 米的墙，不得借助任何物品与工具。

（2）训练目标。不懈追求更快、更好，体会通力合作的成功喜悦；讲求贡献，敢于牺牲；锻炼大家的身体协调能动性和攀越技巧，培养临危不乱、处变不惊的心理素质，以及甘为人梯、团结协作的团队精神。

（3）回顾要点。大家是如何选定最先上去与最后上去的队友的？中间上去的顺序是如何决定的？谁是底座？谁是最后上去的？为什么要做这样的安排？当企业面临危险或危机时，大家各自的角色和贡献是什么？

6. 有轨电车

有轨电车

（1）项目介绍。所谓有轨电车，就是在地上平行摆放两条长长的厚木板，每条木板上间隔一只脚的距离拴一根提绳。两脚分跨在两条木板上，手上拽起绳子，齐声喊着口令，全队同时提起一侧的木板向前走。

（2）训练目标。如果做不到步调一致，或者有人偷懒，这辆“车”就会“趴窝”而止步不前。这不仅需要队员之间的默契配合，还需要相互之间的信任，更需要包容、理解、尊重、协作。这就要求大家有放弃小我、顾全大局的精神。

（3）替代项目。把学员排成一排，用绳把相邻两人的脚绑在一起，然后让他们齐步向前走；哪一个队走得快、走得整齐，哪一个队就取胜。可在此基础上增加难度，既要向前走，还要向后走，甚至拐弯。

7. 管道接力

（1）项目介绍。管道接力又叫珠行万里，团队中每一位队员手持两个空心聚氯乙烯（PVC）管，管径可大可小。所有人将管连成一条长管，让比管径略小一点的玻璃珠或钢珠，从一头滚到另一头。队尾队员先传珠，当球传到下一位队员后，前一位队员跑到队头继续接管，直到珠子到达箩筐为止。

管道接力

（2）训练目标。此项目主要考验团队成员的协作精神，只要其中一位学员的管道不通，珠子就无法通过，团队目标也就无法实现。

8. 高空“V”走

（1）项目介绍。搭档之间相互信赖，协调配合。设备总高 15 米，脚下的钢丝高度 10 米，两钢丝最大距离 3 米；两名队员脚踩钢丝，用手掌支撑对方的手掌，呈“V”形行走。

高空“V”走

（2）训练目标。以娱乐性的游戏活动，让队员在有压力的环境中体会到合作的重要性，培养队员之间的协调配合能力和相互的信任感。

9. 风雨人生路

（1）项目介绍。两人组成一组，一人扮演盲人，一人扮演跛子。盲人在跛子的指挥下走过一段路程。项目目标虽然明确，但由于自身的缺陷，将遭遇交流信息混乱、传递速度缓慢和方向错误的困难。该项目要求同伴相互信任，给对方安全感，并合理利用信息进行团队交流、协作与配合。

风雨人生路

（2）训练目标。团队协作，角色分担，提高队员组织、沟通和协作的能力和技巧；取长补短，资源共享。

（三）个人体验项目

1. 飞越断桥

（1）项目介绍。在 8 米的高空中越过一段不长的距离，这在平地上容易实现，但在空中却需要极大的勇气。项目的设计和安排很简单，只需在两块断开的木板之间做一次

飞越断桥

简单的跳跃，只不过这两块木板被搁置在 8 米高的架子上，架子在风中摇晃，弄得每个人心惊肉跳。所有人在有安全保护的前提下，爬上断桥，做两次跨步跳（跳过去，再跳回来）。

（2）训练目标。此项目训练的意义在于“断桥一小步，人生一大步”，突破个人心理障碍，超越自我。每个人都蕴藏着极大的能量，不试永远不知道自己的能力。勇敢地迈出第一步，成功就离你不远了。在挑战自我的同时，感受经验与环境的改变给个人思维意识上带来的变化。

2. 空中抓杆

空中抓杆

（1）项目介绍。离地 8 米的高空有一根随风摇摆的单杠；同时，固定单杠的高大、粗壮的铁桩和圆盘，在空中有节奏地晃动着，令人双脚发抖，手心出汗。在许多人眼中，面前的这根单杠就是勇气和胆量的试金石。如何调整心态，寻求心理和动作的平衡，将决定活动的成败。

（2）训练目标。突破自我心理障碍，不轻易否定自己；在动荡中把握时机，没有绝对的平稳，调整后果断地跃出；人的能力是无限的，不试永远不知道，重新认识自己。

（3）回顾要点。仔细回想这种高空项目，难免会联想到我们平时工作中的具体事宜。因为它们之间既有千丝万缕的联系，也有共同的规律。遇到困难时，会感到很疲惫、忧虑和害怕；如果听到团队成员的呐喊和鼓励，就会鼓起勇气。

3. 攀岩

攀岩

（1）项目介绍。岩高 15 米，需脚踏岩“凸”部分，向上爬，直到顶峰。需要有挑战自我、战胜困难、勇往直前、永不言败、坚持到底的精神和勇气。

（2）训练目标。在攀岩过程中学会坚强，锻炼大家的身体能动性、攀越技巧、观察力、忍耐力，增强必胜的信念，培养临危不乱、处变不惊的心理素质，使学员在抗衡中学会坚强，在攀岩成功后，享受胜利的喜悦。

项目 3　高校户外拓展训练综合实训范例展示

一、体验式训练实训任务：高校户外拓展训练项目演习

（一）高校拓展训练项目的设计

前面我们介绍了 9 种团队体验项目，分别是天梯、团队梅花桩、信任背摔、穿越“电网”、求生墙、有轨电车、管道接力、高空“V”走、风雨人生路。此外，还介绍了 3 种个人体验项目，分别是飞越断桥、空中抓杆、攀岩。其实，拓展训练的项目非常丰富，远远不止所介绍的这 12 项内容，这有待读者在社会中自己去体验。

作为高校来讲，由于自身的定位和条件限制，不可能将拓展训练项目全部应用于教学中，只能因陋就简，根据自身的条件有选择地进行。一般来讲，拓展训练项目分为地面项目、室内项目、高空项目、水上项目、野战项目、生存训练项目、集体项目、热身项目等。高校教师如果自己做拓展训练项目，一般主要集中在地面项目和室内项目上，因为这两个项目对设施的要求比较低，危险系数比较小，操作比较简便。下面是作者在高校实训教学中经常采用的训练项目，供大家参考。

（二）人力资源管理专业户外拓展训练筹备计划

实训文件范例 8—2

户外拓展活动筹备工作安排

参加人员：人力资源管理专业全体学生

总教练、总筹划：人力资源管理专业鲍立刚副教授

总协调：人力资源管理专业辅导员梁春英老师

时间：12 月 16 日 7：40—12：00，14：30—17：30

地点：文体馆与游泳馆之间的空地

一、分工协作

（1）各小组队长准备本组的蒙眼布条，每两人配一条；星期五之前全部交给黄秋露，再由黄秋露统一送到鲍立刚老师处。

（2）陈庆芳安排人购买大旗两面，余仁鸿负责找一米长旗杆两根，星期五之前余仁鸿负责将大旗和旗杆统一送到鲍立刚老师处。

（3）陈庆芳安排人制作横幅，内容是“人力资源管理专业户外拓展活动”；字做成 A4 纸大小，别在横幅上时注意字与字之间紧密一点，以免横幅过长。横幅用来抓在手上照相用，不用挂在大树上。

（4）王现峰安排人借用插线板（线要足够长，因为要移动）和进行音响设备调试，插线板星期五之前送到鲍立刚老师处，音响设备星期五之前搬到接线的辅导员办公室，黄秋露负责开门和关门。

（5）王现峰负责邀请思明网记者，请人力资源管理协会的会员来观摩并安排协会会员轮流看管现场物品。

（6）各小组队长将手机号报给鲍立刚老师，小组男队长于12月16日早上7：30之前到鲍立刚老师处搬活动用具。小组男副队长在宋传君的带领下到实训502教室搬一张大桌子、八张椅子，人手不够请其他同学帮忙。宋传君星期六之前到鲍立刚老师处拿实训502教室的钥匙。

（7）12月16日早上7：30之前，女队长和女副队长协助王现峰、丁云峰、李发军布置现场和调试音响设备。

（8）在活动期间，第二大组的陶键、白冰再加上两位学生负责摄像，第一大组选两位学生负责照相，以上几位学生轮流摄像和照相，也要轮流参与拓展训练。如果可能的话，可请2006级人力资源管理班的学生代为摄像和照相。陈庆芳将摄像和照相学生的名单、电话报给鲍立刚老师。

（9）以上未尽事宜请各位小组队长和班干部灵活处理，必要时报告鲍立刚老师和梁春英老师。

二、拓展训练学员须知

（1）全体学员注意安全，并服从小组队长的安全程序指导和指挥。

（2）如遇天气变化，可能调整活动时间或在体育馆内进行。

（3）请着运动装、运动鞋或方便活动的服装。

（4）如有心脏病、高血压等影响户外培训的疾病，不能参加拓展训练。

（5）拓展训练前请将长指甲剪去。

（6）拓展训练期间不便携带通信工具，请事先通知相关人员。

（7）在拓展训练期间，请不要离开所在小组单独活动，如有困难向教师求助。

（8）在拓展训练中，如遇身体不适，请及时向本组队长和教师通报。

（9）在拓展训练中，请爱护各项设施以及自然环境。

（10）要求参与者积极开放，愿意接受变化和新挑战。

（11）要求参与者具有良好的团队精神，彼此欣赏，诚恳助人。

三、拓展训练流程安排

（1）团队激励：听音乐——我真的很不错。所有队员齐声喊口号：“我真的很不错，我真的很不错，我酸的、甜的、苦的、辣的人生都不错！我左边很不错，我右边很不错，我左边、右边、前边、后边，大家都不错！”拓展活动全体队员与教师合影，然后两大组带着大旗与教师合影。

（2）各小组魅力展示：喊本小组口号，摆姿势，唱队歌，提醒各队员记住歌词。每小组轮流与鲍立刚老师、梁春英老师一起合影（各小组提前准备好牌子，写上本组队名；建议用 A4 纸打印，贴在纸箱壳上，一个壳上一个字，照相时举在手上）。

上午拓展项目：

拓展训练一，信任背摔；拓展训练二，穿越“电网”；拓展训练三，风雨人生路。

宋传君负责安排人将桌椅搬回实训 502 教室，丁云峰、郭建功安排人将现场东西搬到辅导员办公室，梁春英老师负责督导。

下午拓展项目：

团队激励：所有队员齐声喊口号——我真的很不错。

破冰热身：听音乐跳兔子舞。

拓展训练：拓展训练四，管道接力；拓展训练五，悬空取物；拓展训练六，团队鞋。

备用游戏：同舟共济、携手站立。

二、体验式训练实训范例展示：户外拓展训练师生风采

学院领导、鲍立刚老师与火车头队队员合影

破冰游戏双环兔子舞

伯仲队队员唱队歌并进行魅力展示

信任背摔

风雨人生路

团队鞋

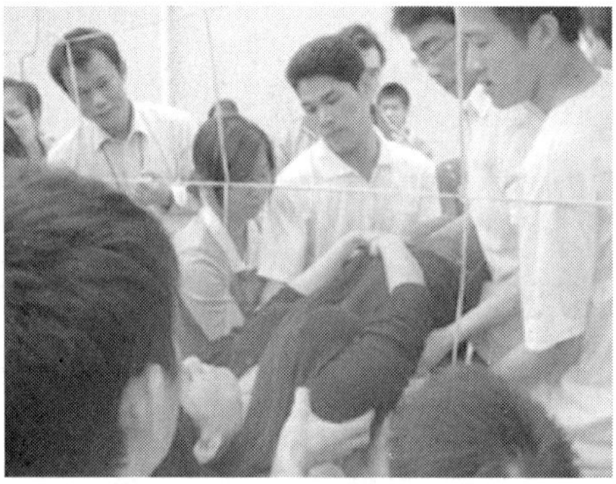

穿越“电网”

管道接力

悬空取物

三、体验式训练实训成果展示：户外拓展训练心得体会

（一）非越队心得体会

实训文件范例 8—3

户外拓展训练的体会

12月16日，我们进行了广西职业技术学院经贸系人力资源管理专业户外拓展训练，全

班分成两个组进行对抗。我们进行了穿越“电网”、信任背摔、风雨人生路、悬空取物、管道接力、团队鞋六个项目的比赛。拓展训练以体验、经验分享为教学形式，打破了传统的教育和培训模式。它并不灌输某种知识或训练某种技巧，而是设定一个特殊的情境，让我们参与整个教学过程，在参与的同时完成一种体验，进行自我反思，获得某种感悟。

（1）穿越“电网”：让我们体会到了团队合作精神、计划的重要性和策略的运用，以及在关键时刻要有细致、稳定的心态，在遇到困难时一定要冷静，在临近胜利时也要清醒。这从另一个方面也体现出在现实的生活和工作中我们要选择适合自己的“洞”，面前有很多机会，但并不是都适合自己，一旦抓住了适合自己的机会，就要马上“钻”进去。

（2）信任背摔：由勇于尝试到自我肯定而产生自信，增强彼此的信任感。

（3）风雨人生路：讲究的是队员之间的信任，还有两个人之间的默契和配合。

（4）悬空取物：讲究策略的选择和配合的重要性，队员要齐心协力。

（5）管道接力：注意力要集中，反应要迅速，随机应变，学会把握关键点。

（6）团队鞋：配合是关键，要有一个领导者，动作要协调，口号要统一，齐心协力。对于这种团队游戏，人员的参与度越高，凝聚力就越强，成功率也越高。

朋友们，我们一起在团队活动中体味心灵的感动和成长；我们一起学会了接受自己的缺点；我们一起应对各种压力，懂得了生命中的奋斗和柔韧；我们一起感知人际的融洽、和谐，体会朋友间的呵护和关爱。无论做什么事，首先要自我肯定，抬起头来。无论贫穷还是富有，无论貌若天仙还是相貌平平，只要你昂起头来，就会变得可爱——人人都喜欢的那种可爱。其次要充满希望。人生可以没有很多东西，却唯独不能没有希望，有了希望，生命就生生不息。

虽然这次拓展训练我们这一组没有获得最后的冠军，但是我们依然心存感激，感谢在鲍立刚老师的组织下，能够参加此次活动。结果并不重要，重要的是过程。

要记住一句话：虽然屡遭挫折，却能够坚强地挺住，这就是成功的秘密！

（二）火车头队心得体会

实训文件范例 8—4

户外拓展训练的体会

12 月 16 日是个值得纪念的日子，我们人力资源管理专业第一次户外拓展训练活动在鲍立刚老师的指导下开展了，在活动中我们体会到了很多。由于每个人的体会并不一样，因此每个成员都写了自己的心得体会。

一、张令波的心得体会

1. 团队鞋

活动背景：16 个人一排，并排两人之间用绳子将双脚绑在一起，肩搭着肩。分成两组对抗，用最短时间到达目的地者为胜。

启示：在活动中，16 个人组成的是一个整体，只要有任何一个部分（某个人）出错脚或者倾倒，都会影响整个团体的行进，所以在活动中，要求队员配合默契，听从队长的口号，共同进退。由此得到的启示是：企业是一个整体，员工是企业的一部分，企业的进步需要员工的默契配合，共同进退；在身边的人遇到困难的时候，及时伸出援助之手，将会使企业达到最佳状态。

2. 信任背摔

活动背景：由 8 个人用手组成人网，活动人员背向人网依次从高台上笔直地摔下。

启示：在活动中，很多人都不敢摔，或者中途下意识地采取了自我保护，伤到了别人。这是心理素质不过硬的表现，不是不相信人网不够结实，而是在自己倒下的那一秒钟，有种突然来临的恐惧感，条件反射般地采取自我保护。在现实生活中，我们也可以看到很多人在授予别人权力的时候却不放心让他放手去做，不是不信任他，而是自己的心里产生了恐慌，杞人忧天，怕他做不好。

3. 穿越“电网”

活动背景：用绳子拉成大小不一的 24 个格子，把全班分成两个对抗组，参赛队要把自己的队员从不同的格子送到对面，任何人的任何一部分都不能接触到网。触网次数少的队伍胜出。

启示：把不同的人从不同的格子送到对面，充分体现出了人力资源管理中的适人、适岗原理。每个人都能够找到适合自己的位置，在管理中，人力资源管理者要把合适的人安排到合适的岗位，还要在中途不断地调整（培训）他们的位置，如果错了，触到高压“电网”的就不是他一个人了，而是整个团体。

4. 悬空取物

活动背景：画一个直径 5 米的圆，作为雷区，在圆的中心放矿泉水瓶，参赛队员可以借助任何工具把瓶子取出来，但是不能有任何物体接触到雷区，瓶子不能倾倒，违规者输。

启示：这是一个考验团体智慧的游戏，拿到瓶子有很多种方法，队长要在最短的时间里确定把瓶子取出来的最好方法。在企业中，会有很多方法去解决一个问题，这就需要高层领导决定最好、最可靠、最省事、最有可能解决问题的方法。

5. 风雨人生路

活动背景：选出 20 个人组成 10 对，分成两组对抗，采用“背媳妇”的方法按固定路线到达目的地，“相公”要把眼睛蒙起来。

启示：在活动中，“相公”失去了视力，“媳妇”没有了行动能力。一个正常人突然失去某种必要的能力时就会很恐慌、着急。没有了视力，就只能把自己前面的路交给背上的人，背上的人就是他的第二双眼；“媳妇”虽然看得见，却不能控制整体的前进，就会很急，手足无措。在日常管理中，领导就好像是“媳妇”，下属就是“相公”，“媳妇”不能瞎指挥，“相公”也不能乱撞，二者要统一行动，共同进退，一点点接近目标。

二、高晓花的心得体会

这次的户外拓展活动玩得很累也很开心，从中受到不少启发。印象最深刻的是信任背摔和穿越“电网”的活动环节。从战术技巧到方案实施，每个人都很用心。在这两个游戏中，我战胜了自己内心的恐惧，勇敢地参与到游戏中，尤其是穿越“电网”这个活动，给我的启示很大。每个人有高有矮，有胖有瘦，但都有适合自己的格子。我们要做的就是把这些格子与适合的人搭配，做人力资源何尝不是这样？此次活动的另外一大亮点就是男女生的配合。大多数时候，大家都怕绯闻缠身而撇清男女关系。而在活动中，基本上每个游戏都需要男女生的默契配合才能完成，再扭捏的也乐意为了团队参与到游戏中，大家都很开心，气氛活跃了，感觉同学间的距离拉近了。

但是也有不足之处，比如，大家各有想法、意见不一的时候，协调很困难，导致我们的队长嗓子都喊哑了。此外，由于时间等因素的限制，不是每个同学都可以参与到游戏中，有的同学没能亲身体验到游戏。由于是初次开展这样的活动，组织纪律性不够强，活动的连贯性也不是很到位。

总之，这次活动得到的启示就是：齐心协力，勇猛无敌；战胜自己，信任第一；统筹安排，人各有位；相互联系，团结协作；众志成城，勇于创造；互帮互助，完美配合。

三、丁云峰的心得体会

12 月 16 日人力资源管理专业户外拓展训练活动让我体会颇深。

首先，在这次活动中我学到了如何把大家团结起来，让大家发挥集体的力量。集体的力量是强大的，个人在集体中是渺小的。

其次，几个活动让我体会到，信任是相当重要的，不管你对他人有什么意见，在工作中不要掺杂个人的情感恩怨，个人利益一定要服从组织利益。

最后，这次活动让我知道了沟通的重要性。只有沟通才能让我们更亲近，更好地了解对方。

四、唐海春的心得体会

俗话说：不经历风雨，怎么见彩虹。第一次全班性的户外活动圆满结束了，经过我们的努力，我们第二大组取得了最后的胜利。很累，但是很开心。

开心过后，也学到很多道理。在一个团队里，我们应该听从指挥，贡献自己的智慧，进行有效的沟通，团结协作，向着目标努力前进。

给我印象最深的是信任背摔、穿越“电网”、悬空取物。

信任背摔——首先要信任下面接我们的人，然后要调整好自己的心理和姿态。我虽然跳下去了，但是没有足够的信心面对，面对突发事件会紧张，缺乏良好的心里素质。

穿越“电网”——我觉得首先要有计划，把人员配置到合适的位置，然后大家齐心协力把他“运”过去。

悬空取物——这个游戏要靠大家的智慧、力气、团结，才能顺利完成。

在以后的生活、工作中，我们会遇到各种困难，遇到困难的时候，不要吝惜你的嘴和手，可以请求别人的帮助和帮助别人。我觉得这个社会就像一个团队，需要大家相互沟通、相互帮助、团结协作，这样才能不断发展。

五、伍进光的心得体会

这次的户外拓展活动让我深有体会，给了我很多启发。大家积极参与到活动当中，为每个游戏出谋划策、贡献智慧，体现了团队精神。活动都是靠集体完成的，只要相互沟通、协调、鼓励，团结一心，就能顺利完成任务。

六、张维怡的心得体会

曾经参加一些集体活动，但从来没有哪个活动像拓展训练这样，让我有如此多的收获。活动过程中有无穷无尽想说、想记录的东西，后悔当时没有把它们记录下来，因为现在想提笔写出感受时，发现我的思路完全被激动的情绪湮没，不知该如何描述才能把自己真正的心情表达出来。虽然现在思绪杂乱无章，但我依然要尽力去整理、去总结，因为这是我的财富，我要把这些财富记录下来，通过文字把它们尽量展现出来，与大家一起分享。

信任背摔这个训练项目，我一直以为并没有什么难的，可是当我站在上面的时候，恐惧心理就控制不住了。挑战某个目标时，不要高估或者低估完成这个目标将要面临的问题。同时，面对执行过程中的难点，要抱有足够的责任感和勇气去突破它，这样目标就不再遥远了。在这样的集体活动中，要学会如何利用有限的资源达到价值最大化。

七、张福岩的心得体会

每个人以真诚、平等的态度，营造了一个团队的合作氛围。

同学们非常看重彼此之间的沟通和合作，鼓励团队领导带动队员参与决策，在主要环节上达成一致。这个决策过程给团队成员积极沟通、共同探讨最佳可行方案留出了足够的空间。在参与决策的过程中，团队成员相互支持，共同进步。

队长的领导风格直接影响到团队的合作精神。在民主的领导方式之下，大家更愿意表达自己的意见，参与决策；而在专制的领导方式下，同学们的参与机会少，满意度相应较低；在放任的领导方式下，大家就像一盘散沙，人心涣散，根本谈不上团队合作。

如果大家喜爱和敬佩自己的队长，就会表现出更高的满意度。而满意度越高，团队的合作精神就越好，凝聚力就越强。

团队之所以取得成功，主要是因为成员具有合作精神，队长或领导具有组织能力。

八、苏媛的心得体会

参加这次人力资源户外拓展活动，不但让我乐在其中，从中也明白了很多道理，在长达 6 个小时的训练中，我一点倦意也没有，有的只是满满的欢笑。很感谢老师用实践让我们体会到了团队合作的重要性，让我们互相信任、互相帮助，特别是在穿越“电网”这个训练项目里，我们按各自不同的体型来安排适合的位置，就像在企业管理中一样，要把员工放在最合适的岗位，发挥最大的效用，这样才能为企业创造更高的利益。

九、凤辉的心得体会

这次素质拓展训练使我更加意识到团队协作的重要性，同时加强了同学之间以及同学与老师之间的亲切感。

在这次拓展训练中，每个项目我都积极参与，结果并不重要，过程却很精彩。

给我体会最深的是悬空取物这个项目，虽然看起来很简单，但我觉得挑战性是非常大的。只提供两根绳子，在规定的范围内把物取出来，确实有一定的难度。同时也是在考验我们的能力，如何把所学的知识运用到实际中，把合适的人放在合适的岗位上，以发挥最大的作用。

在这个项目中，单凭个人的能力是不可能完成任务的，个体虽然重要，但需要投入到整体中才能发挥最大的潜力，保持整体的平衡发展。同时，也要注意倾听和接纳他人的意见，有效地沟通、协调。

项目 4　职业生涯规划技能大赛综合实训范例展示

技能竞赛式实训方法指的是实训教师通过组织、辅导和带领本专业学生，利用人力资源管理知识和技能参加各级各类技能竞赛。通过本方法不仅能展示或应用专业知识和技能，而且能深入理解知识的内涵和快速拓展知识的外延，更能通过竞赛获得足够的学习动力。下面我们就用技能竞赛式实训方法，进行职业生涯规划技能大赛综合实训。

一、技能竞赛实训任务：职业生涯规划技能大赛

（一）广西民族师范学院大学生职业生涯规划大赛辅导方案

实训文件范例 8—5

广西壮族自治区 2016 年大学生职业生涯规划大赛
广西民族师范学院经济与管理学院参赛选手辅导方案

为传播和普及职业规划理念，引导大学生自觉树立正确的成才观、择业观和就业观，提高大学生就业、创业技能与实践能力，自治区教育厅决定举办“广西壮族自治区 2016 年大学生职业生涯规划大赛”。大赛由广西毕业生就业促进会承办，广西到校外科技有限公司负责具体操作。

一、大赛主题

本次大赛的主题为“大学生励志、成才、就业、创业”，以选拔优秀人才、提升职业能力为宗旨，引入“到校外”平台的大学生职业生涯规划模式服务全区大学生就业创业工作。

此次大赛的目的是传播和普及职业生涯规划理念，帮助学生学习、掌握职业规划的基本方法，树立正确的成才观和就业观，提升大学生的就业创业能力，通过嘉宾导师多对一指导，帮助大学生认清自我，完善自我，提升自我，从而科学规划未来。

二、参赛对象

经济与管理学院全体在校学生、部分人力资源管理协会外系会员。

三、指导教师安排

目前，人力资源管理专业指导教师已经选拔选手报名参赛，鲍立刚老师共指导34位学生参赛，其中包括23位人力资源管理专业学生、8位行政管理专业学生和3位学生社团人力资源管理协会外系会员。李文靖老师共指导10多位人力资源管理专业学生参赛。

鼓励本学院其他教师以所教班级为对象，选拔并指导学生参加大学生职业生涯规划大赛。时间紧急，请各教研室5月16日之前统计指导教师名单报给鲍立刚老师，然后请指导教师在系QQ群下载相关参赛资料，如有不明可咨询鲍立刚老师。

四、指导教师工作量计算

建议指导教师每指导一名学生计工作量2课时，校内组织政管系学生参赛的教师计10课时，外出带队参加自治区片区赛和全区总决赛每天计10课时。

五、大赛时间安排

（一）参赛报名和指导学生编写规划书阶段（2016年3月—5月31日）

5月31日之前，指导教师指导各参赛学生登录手机商城下载“到校外”APP，点击“到校外”APP活动栏目之“广西2016年大学生职业生涯规划大赛”注册报名，通过该软件查询相关信息，完成职业生涯规划设计参赛作品。

经济与管理学院指导教师请马上选拔学生参赛，并指导学生根据附件2和附件3编写职业生涯规划书。指导教师指导参赛学生，在5月31日之前上传职业生涯规划书作品到“到校外”APP活动栏目。

（二）广西民族师范学院初赛阶段（2016年6月1日—2016年8月31日）

每所参赛高校均为一个独立的初赛分赛区，建议各高校推荐提交不少于100名参赛选手及作品上传到大赛平台参加大众评审，根据网络投票产生30强（网络投票由本校学生投票，不得跨校，以票数取前30名进入初赛现场评审阶段，网络投票时间为6月1日9：00至6月10日24：00）。组委会根据高校需求将派遣1～2名企业实战导师参与现场评审，现场评审由各高校自行组织，评选标准全区统一，详见附件3。

（三）片区赛阶段（2016年10月底）

片区赛划分南片、北片两个片区，进入片区赛的名额将根据各参赛高校学生的有效报名数（以提交作品到平台为准）来分配。组委会将于9月20日前将参加片区赛的名额通知各高校，片区赛具体事宜另行通知。

（四）全区总决赛阶段（2016年11月底）

组委会在片区赛阶段、全区总决赛阶段将邀请国内500强企业、广西著名企业经理人、高校资深就业指导专家担任评委，为进入决赛的优秀选手提供实践和就业岗位。全区总决赛具体事宜另行通知。

六、奖项设置

全区总决赛将评选出广西大学生十佳职业规划之星 10 名及优秀奖 20 名，其中，十佳职业规划之星分为一等奖 3 名（各 5 000 元奖金＋证书）、二等奖 3 名（各 3 000 元奖金＋证书）、三等奖 4 名（各 1 000 元奖金＋证书）。大赛还将设置最佳组织奖 6 名、最佳创意奖及优秀指导教师奖各 6 名（各 500 元奖金＋证书）。最佳组织奖和优秀指导教师奖根据各参赛普通高校的组织工作、获奖情况和参赛团队精神面貌等综合情况确定。

附件目录：

附件 1：2016 大学生职业生涯规划大赛通知（略）

附件 2：职业生涯规划书作品评分细则（详见本书第 6 章）

附件 3：职业生涯规划大赛现场表现评分细则（详见本书第 6 章）

附件 4：教育厅大赛通知（略）

（二）职业生涯规划书的写作要求及培训要点

实训文件范例 8—6

职业生涯规划书的写作要求

参赛选手编写本人的职业生涯规划书，写作要求如下：

（1）电子版职业生涯规划书必须为 Microsoft Word 格式（＊.doc 文件）。

（2）电子版职业生涯规划书文件大小不超过 2Mb。

（3）职业生涯规划书的封面包括如下内容（格式、字体、风格自己设计，要求美观得体）。

广西民族师范学院
Guangxi Normal University for Nationalities

职业生涯规划书（比较大号的字体）

学校：________

院系：________

班级：________

参赛选手：________

指导教师：鲍立刚副教授

2016 年 4 月

（4）职业生涯规划书必须有扉页，扉页填写参赛者的真实姓名、笔名、性别、学校、院系、班级、学号、联系电话、电子邮件地址（格式、字体、风格自己设计，要求美观得体）。

（5）职业生涯规划书要有自动生成的超链接的目录（格式、字体、风格自己设计，要求美观得体）。

（6）正文必须包括以下内容（格式、字体、风格自己设计，要求美观得体）：

一、引言（略）

二、自我认知

编写内容和要求如下。

（说明1：二级标题根据内容自己编写，编号是（一）、（二）……；是否需要三级标题根据自己的内容而定，如果有三级标题，编号是1. 2. ……下同。）

（说明2：自我认知是对自身的一个审视和评价过程，帮助个体更好地了解自我，从而为做出正确的职业选择打下基础。）

（一）兴趣爱好认知

从个人兴趣爱好、成长经历、节假日的社会实践中分析自我（谈这些，主要表明对于你选择自己未来就业的方向有帮助）。

（二）个性能力认知

结合上面的兴趣爱好等，谈自己的个性特征、职业能力、职业兴趣、职业价值观（谈这些，主要表明对于你选择自己未来就业的方向有帮助）。

（说明：如果你曾经进行个性特征、职业能力、职业兴趣、职业价值观等方面的人才测评，有相关的测评结果或报告，可以引用测评结果证明你适合从事未来就业的某个岗位。）

（三）就业方向认知

结合上面的分析，点出自己未来就业的方向（比如，未来想从事人力资源管理方向的工作）。

（说明：准确的就业方向认知是对自己未来职业发展方向的一个指引。就业方向认知就是在了解自己的兴趣爱好、个性能力后，选择自己感兴趣的行业以及职业发展方向。）

三、职业认知

（说明：在谈下面的内容时，可以说明自己是通过文献检索、访谈、见习、实习等方法中的哪一种了解或体验到的。）

结合前面自己谈到的未来就业方向（比如，未来想从事人力资源管理方向的工作），进一步谈以下内容。

（一）外部环境分析

1. 家庭环境

谈谈有利于、支持、帮助你从事自己就业方向的工作。

2. 学校环境

谈谈学校设置了自己就业方向的专业、对这个专业的重视程度，这个专业的高水平、懂实践的教师对你今后就业方向的帮助。

3. 社会环境

谈谈跟自己就业方向相关的社会整体就业趋势以及大学生就业状况。

4. 职业环境

谈谈国家经济、企业政策、劳动力市场对你就业方向的有利条件。

（二）目标职业分析

1. 行业分析

谈谈跟自己就业方向（比如，人力资源管理工作）相关的就业现状及前景、行业就业需求。

2. 目标职业分析

（1）自己就业方向的工作内容与你掌握的情况。

（2）自己就业方向的工作要求和胜任标准与你具备的情况。

（3）自己就业方向的就业和未来发展前景。

（4）自己就业方向的工作场所、工作关系和福利待遇，比如办公场所、接触到的对内部门、对外联系机构、福利待遇。

（5）自己就业方向的生活品质保障，自己就业方向对自己生活的影响，是否有利于自己生活和事业的共同发展。

四、职业决策

（一）职业目标定位的SWOT分析

用SWOT分析图表，分析你在自己就业方向方面存在的优势、劣势及面临的机会、挑战，主要分析你的优势和机会，必须紧扣你的就业方向来分析。在讲到优势时，还要结合前面的兴趣爱好认知、个性能力认知、外部环境分析和你的能力（当然还要加别的内容）。机会分析也要结合前面的外部环境分析和行业分析进行（当然还要加别的内容）。主要目的是证明你的优势和机会符合你的就业方向。

（二）职业目标的选择

（说明：职业决策要符合外部环境和个人特质，即兴趣、技能、特质、价值观，要符合实际、可执行、可实现。备选目标也要充分根据个人与环境的评估确定，备选目标与首选目标要有一定的相关性。）

简单总结和对照自我认知和职业认知的结果，简单总结和对照自己的优势、劣势和面临的机会、挑战，从你的就业方向中进一步明确和证明你适合的职业目标岗位，要证明你首选的职业目标岗位（比如，目前你职业目标的选择是人事助理，最终的职业目标选择是人力资源总监），还要证明与此相关的一两个备选职业目标岗位（比如，行政助理、销售助理）。

然后，将就业首选目标岗位（比如，人事助理）与两个备选目标岗位（比如，行政助理、销售助理）制作成决策平衡单，决策平衡单得分最高的就是首选目标岗位（要查资料清楚掌握三个岗位的情况）。

五、计划与路径

（说明1：前面谈到，目前你职业目标的选择是人事助理，最终的职业目标选择是人力资源总监。人力资源总监就是总体目标，分解目标就是将一个远大的、长期的总体目标分解成不同的阶段性目标（人力资源部经理、主管、专员、助理），在现实和愿望之间建立可拾级而上的阶梯。目标的分解有多种方法，最常用的是按时间分解：将职业生涯长期的总体目标分解为有时间规定的长、中、短期分阶段性目标。在三个阶段，分别制定相应的行动计划来确保每个阶段目标的实现。）

（说明 2：行动计划对保持个人优势、弥补个人不足、全面提升个人竞争力有针对性、可操作性；近期计划详尽清晰、可操作性强，中期计划清晰并具有灵活性，长期计划具有方向性。）

（一）行动计划

1. 近期计划

2. 中期计划

3. 长期计划

（二）职业发展路径

（说明：职业发展路径充分考虑进入途径、胜任标准等探索结果，符合逻辑和现实，具有可操作性和竞争力。此处的职业发展路径与前面的行动计划内容基本相同，但行动计划内容更详细，同时侧重表达在不同的阶段分别做什么事情，从而最终实现自己的总体目标。职业发展路径内容比较精炼，同时侧重表达自己如何从现在的学习阶段进入职场，如何从目前的职业目标逐步向总体目标迈进。）

综合自己的综合特征、内外部环境与行业发展方向及地域，确定本人的职业发展路径是：从基层做起，步步为营，在实践中锻炼自己的综合素质和管理能力，直至升任人力资源总监。

具体路径是：第一步，在校期间努力学习科学文化知识、专业知识、专业技能，参加专业实践活动，节假日到企业进行顶岗实习，培养领导与管理能力。第二步，毕业后从基层做起，找一份适合自己综合能力与自身状况的工作，踏实工作，在实践中磨炼自己，建立关系网，学习作为领导应具备的能力，争取早日成为领导的得力助手。第三步，成为领导的得力助手之后，努力学习并在实践中培养自己的管理能力，与同事搞好关系，学习专业技能，争取在自身条件与外部条件都允许的情况下取代领导的职位，并且不忽视工作与家庭的关系，保持家庭和睦。第四步，担任领导工作之后，继续学习专业理论与技能，并发挥自己的领导才能，关注下属的工作和生活情况，使自己成为一名企业骨干、称职领导，并逐步成为企业的人力资源总监。第五步，尽量发挥自己的轴心作用，为企业制定合理的计划与决策，编制各种分析报告，成为企业不可缺少的顶梁柱。

六、自我监控与调整

（说明：要能够对行动计划实施过程和风险做出评估，并制定切实可行的调整方案；调整方案根据个人与环境的评估分析制定，充分考虑首选目标与备选目标间的联系和差异，具有可操作性。）

二、技能竞赛实训范例展示：职业生涯规划技能大赛演习

（一）鲍立刚老师大学生职业生涯规划大赛培训辅导

鲍立刚老师给广西民族师范学院的参赛选手培训

鲍立刚老师给参加广西职业生涯规划大赛总决赛的选手辅导

（二）广西职业生涯规划大赛广西民族师范学院选拔赛

广西职业生涯规划大赛广西民族师范学院选拔赛现场

鲍立刚老师在广西民族师范学院选拔赛上作点评

（三）广西职业生涯规划大赛南宁片区赛

南宁片区赛中选手排队抽签

鲍立刚老师带队参加南宁片区赛与四位选手在比赛现场

南宁片区赛二等奖获得者
王宇潇同学上台陈述

带队教师与片区赛获二、三等奖
和优秀奖获得者合影

（四）广西职业生涯规划大赛总决赛

广西职业生涯规划大赛总决赛
选手王宇潇与主办方合影

广西职业生涯规划大赛总决赛选手
王宇潇与鲍立刚老师合影

东北师范大学房国忠教授
总决赛上向王宇潇同学颁奖

鲍立刚老师代表学校接受广西
教育厅颁发的优秀组织奖

研究会人才测评学会会长
杨河清教授向鲍立刚老师授牌

大赛承办方到校外公司邓占儒总经理
与鲍立刚老师合影

（五）大学生职业生涯规划大赛评分标准

1. 职业生涯规划书作品评分细则

详见本书第 6 章。

2. 职业生涯规划大赛现场表现评分细则

详见本书第 6 章。

项目 5　人力资源管理者职业发展综合实训演习

本章项目 3 我们用体验式训练的实训方法进行了高校户外拓展训练综合实训范例展示，体验式训练的概念在第 5 章做了说明。本章项目 4 我们用技能竞赛式的实训方法进行了职业生涯规划技能大赛综合实训范例展示。下面可以参考本章项目 3 进行适度的高校户外拓展训练综合实训，也可以参考本章项目 4 进行各类技能竞赛的综合实训。

一、体验式或技能竞赛式实训任务建议：人力资源管理者职业发展综合实训演习

（一）实训背景材料

高校户外拓展训练的综合实训要放在户外有草、有树、有高台的地方。

各类技能竞赛的综合实训可以选择职业生涯规划大赛，也可以选择人力资源管理沙盘大赛、创新创业大赛等。

（二）实训任务目标

（1）高校户外拓展训练综合实训。

（2）职业生涯规划大赛综合实训。

（三）实训分组及评分要求

本次实训任务以体验式或技能竞赛式实训方法进行。小组的划分尽量沿用第一次实训活动所分的组别，以保证整个学期每个学生的成绩连贯性和公平性。每组从本组内选出代表参加训练或大赛，代表的数量视不同情况而定。

实训过程中的心得体会、职业生涯规划书、PPT 等作品水平由教师课后评分，各组在实训或比赛现场的表现水平由教师和学生助教在实训现场评分，编写作品水平和现场表现水平统计为各小组的基础分。作品上必须注明本组队员在本次实训或比赛活动和编写作品中的分工和参与情况，并对本组队员按在本次实训活动和编写作品中的综合贡献进行排名；教师根据排名在各组基础分的基础上进行分数的上下调节，作为每个队员的平时成绩。

二、实训参考程序和方法

（一）高校户外拓展训练综合实训程序

参见本章项目 2 和项目 3 的相关内容。

（二）职业生涯规划大赛综合实训

参见本章项目 4 的相关内容。

项目 6 领袖风采训练营综合实训范例展示

一、领袖风采训练营方案

领袖风采课程在经济发达地区的企业风行，在企业是三天两夜的核心实训课程；这里我们根据学生特点和教学需要进行了较大幅度的改动，改编成一天的课程。课程融入多种实训教学方法，主要包括体验式、情境式、模拟式、校企合作、团队协作、桌椅摆放、分小组、选队长、起队名、起口号、实训游戏、寓言故事、实训音乐、语言艺术、语音技巧、聆听技巧、形体表达、心态管理、激励艺术、情感引导、交流分享等，以学生亲自参与、体验和感悟为主。课程围绕聆听感悟、责任代价、胸襟感恩等主题展开，根据设定的各类情境让学生打开心扉、受到震撼，对学生的职业生涯进行激励，对学生的感恩之心进行引导，对学生的潜能进行开发，对学生的团队精神进行塑造。

聆听感悟与责任代价环节是课程的体验式铺垫，胸襟感恩环节则是点睛之笔，使实训达到高潮。通过领袖受罚、三条鱼的故事、单身母亲抚养弱智儿童成长的感人情境，辅之以实训师沉重、深情和切入心灵的话语，配以苦难深沉和不懈努力的音乐，学生们想到父母的艰辛、师生的情谊、同学的纠葛等，会不禁痛心啜泣、泪眼模糊，深深触动内心的愧疚与感动。最后让学生们自发轮流上台抒发感恩情怀，以使整个实训现场洋溢着暖暖的情谊和雨过天晴的愉悦。

实训文件范例 8—7

领袖风采训练营方案

实训模式名称：领袖风采训练营

实训项目耗时：8 小时（中间休息 2 小时），约 12 课时

实训项目时间：学生外出实习或毕业离校前的最后 12 节课

实训项目对象：所有管理类专业学生、教师

实训项目人数：60 人以内

实训项目地点：具有活动桌椅的多媒体教室，电脑需配音响设备、移动麦克风，需要有遮光窗帘、手电筒或台灯、计时用秒表或手机、活动椅子

实训项目方法：多种实训方式相融合，以学生亲自参与、体验和感悟为主

实训项目主题：聆听感悟、责任代价、胸襟感恩

实训项目说明：由于本实训项目实施的难度太大，学生的收获和感悟也很多，需要鲍立刚老师对实训教师进行专门辅导；本实训的某些环节采取省略形式，如果有需要，请联系鲍立刚老师（微信号：15977474085，QQ 号：1870469152）。

（以下为第一部分：上午活动）

今天的实训是同学们在残酷的现实竞技职场中的战前演练，更是心灵的一种洗礼、态度的一种更新、管理的一种升华，是少林寺下山弟子闯破五百罗汉阵而获新生的宣告！

本次实训分成三大部分：

实训项目一：聆听感悟。

实训项目二：责任代价。

实训项目三：胸襟感恩。

（情感分享：苹果树——感恩，是结草衔环，是滴水之恩涌泉相报；感恩，是……）

下面就让我们走进对方的情感世界，去聆听和感悟在市场经济浪潮中几乎销声匿迹的真情话语。

（循环播放背景音乐 1）

一、实训项目一：聆听感悟

（一）分小组

（二）打开心扉

（三）心灵分享

二、实训项目二：责任代价

（循环播放背景音乐 2）

（一）小组讨论：心中领袖

分小组讨论“我心目中的领袖是什么样的人”。

导师总结。

今天，我们的三位领袖就要在 60 位学生中脱颖而出。他们是靠什么赢得大家的青睐？是信任？是聆听？是责任？是担当？还是……现在我们就给所有人一个担当领袖的机会，让他秀出领袖的风采！

（循环播放背景音乐 3）

（二）阵线联盟：分大组

（三）呼唤领袖：过关斩将

第一关：身体检查。

第二关：跨出一步。

第三关：马首是瞻。

闯过第一关和第二关的领袖候选人，一字排开站好；一个一个地面向本大组队员发表讲话。

（循环播放背景音乐 4）

（四）领袖誓诺：责任担当

企业中任何一个人的任何一点疏忽大意，都有可能导致全盘失败。

我们来到这个世界上，不是一个单独的人，而是有许多人在为我们的行为承担着责任……

（以下为第二部分：下午活动）

（热身游戏：小蜜蜂，嗡嗡嗡）

（五）领袖践诺：承受代价

1. 比赛规则介绍

2. 竞赛开始

请三位领袖调配团队的人力资源，排兵布阵，进行 5 分钟的练习，然后进行第一轮的竞赛。在练习过程中，如有疑问请及时向教师询问。

（实训师根据竞赛情况，决定何时进行体验时刻）

（准备手电筒等）

3. 体验时刻

主灯熄灭，手电筒照在三位领袖身上。

（循环播放背景音乐 5）

（导师用沉重的声音缓缓讲述）

（1）引言讲述部分。

所有的人请围过来，好好看看我们（三位）领袖艰难、苦苦支撑的背影，他们在为谁承受着失败的结果？好好看一下他们的背影，你们想到了谁？

各位同学，我们的领袖正在因为团队中个别成员的不投入、不认真接受惩罚。他并没有做错什么，但为什么要接受惩罚？只因为做了队长，他必须为所在团队承担所有责任……

你们还在嬉笑吗？你们还在用笑声掩饰自己的不安、掩饰内心的空虚吗？看着你们的队长接受惩罚，难道你没有一点责任吗？

（2）母亲部分。

好好看看那个已经支撑不住的女人的背影吧，她像不像生你、养你、一直以来为你承担了所有责任的母亲……我们犯了错误，是她替我们接受惩罚！我们从来不知道白发苍苍的母亲为我们付出了多少代价，不仅是身体上的，还有精神上的。她能做的都做了，不能做的咬紧牙关也做了，我们替她想过什么？

（3）父亲部分。

好好看看那个还在勉强支撑的男人的背影吧，他像不像生命中为了你的成长、你的教育、你的一切操劳一生的父亲？在家庭中，父亲永远都是最坚强的，他要扛起所有的一切，甚至是灾难。无论多么艰难，他都要承担，可他也有撑不起、扛不动的时候……所有的孤独、所有的困难、所有的酸楚，都要强撑着用眼泪包裹着往肚子里吞！

（4）领袖部分。

好好看看领袖勉强支撑的背影吧，他像不像我们的老板、领导？他们就像一直以来呵护我们成长的父母一样，呵护着企业的发展。在这个过程中我们真的能理解他们所承受的无奈、委屈和心酸吗？为了企业，可能他们的孩子经常只能在睡梦中见到自己的爸爸/妈妈；为了企业，可能他们的妻子/丈夫只能用长久点亮的灯等待他们归来……你能体会到吗？

三、实训项目三：胸襟感恩

（体验时刻完毕后，如果领袖还没有做完……）

请让你们的领袖停下来吧！他们用自己的承诺实践了他们的选择——100%地承担起责任！但是他们太累了，能力和精力有限，还没完成的惩罚如何处理？免除是不可能的，我们必须面对后果，怎么办……如果每个人都为领袖承担一点责任，是不是很快就可以共渡难关？

（下面请全体队员一起……）

（背景音乐 6 缓缓响起，循环播放）

所有伙伴请围成一个圆。在这里，感谢三位领袖为我们带来的人生感悟，我们是否太繁忙了，以至于将生命中如此重要的关系忽略了？我们追求着时髦、享受，而往往将心灵中一直渴望而就在身边的爱、支持、责任、感恩、快乐都拿去做了交易。可是，当我们停下来、静下来时，会发现这些其实是我们一直在苦苦寻找的生命的意义、人生的真谛……就让我们用行动来表达对三位领袖的爱和感恩吧！

请男领袖闭上眼睛站好，在场的所有男生用你们的手织成……让男领袖轻轻晃动起来，就像小时候父母将我们揽在怀里一样。今天，我们从三位领袖的身体力行中重新感悟到对我们这么重要的一课。

（然后，女领袖同样如此）

接下来是本次活动的最后环节：请各位队员，对你的领袖、队友、父母、兄弟、姐妹、朋友、老师、同学……

首先，有请三位领袖……

然后……

二、广西民族师范学院大学生创新创业领袖风采训练营综合实训范例展示

领袖风采训练营综合实训教师鲍立刚

采用苹果树的故事进行情感分享，引导学生感恩

采用打开心扉的方式，引导学生聆听感悟

采用心灵分享的方式，上台分享者感动落泪

分小组讨论“我心目中的领袖是什么样的人”

采用呼唤领袖马首是瞻的方法选出大组队长

呼唤领袖：领袖竞选演讲

热身游戏：小蜜蜂，嗡嗡嗡

简单残酷的竞赛引出责任、代价、胸襟、感恩话题

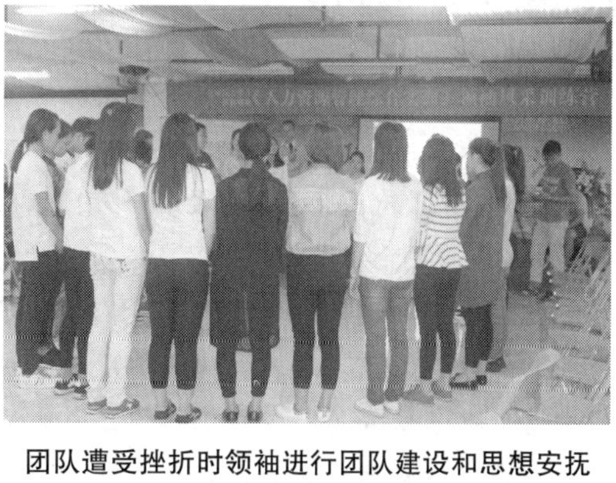

团队遭受挫折时领袖进行团队建设和思想安抚

领袖风采训练营课程中进行竞赛评分

领袖践诺：承受代价、遭受惩罚感动大家

胸襟感恩：领袖进行感人分享，引发大家共鸣

领袖风采训练营课后分享时冤家相拥冰释前嫌

三、领袖风采训练营综合实训超凡队心得体会

实训文件范例 8—8

领袖风采训练营综合实训超凡队心得体会

读万卷书，不如行万里路；行万里路，不如一位好老师指路！通过一天的培训，我们度过了上学以来最有意义、最重要的一天！很感谢实训课的鲍立刚老师给予我们启迪。在这次培训中我们也明白了老师的用心良苦，同时总结得出了“与人为善，与己为善”的道理。

在这次领袖风采培训课中，我们学到了不少课堂上学不到的知识，同时初步认识了企业里的培训课程。这不仅仅是一次培训课，也是一次难得的心与心的交流。相信在企业中培训也不仅仅是教会员工如何工作，同时要教会员工如何做人、如何感恩。此次培训课程是以感恩为主题的，我们以班级为单位分成了两支队伍，并分别选出两位队长。以队长为核心的两支队伍在培训中比赛、竞争。首先我们必须团结，因为团结就是力量。其次，我们要听从队长的指挥，只有统一领导、一鼓作气向着同一个目标努力，才有可能获得胜利。最后，积极参与的态度必不可少，态度决定一切，在今后的生活和工作里，我们要调整好自己的态度，努力做好团队中的自己，乐于奉献。

人人都如同有缺口的杯子，只要不从缺口处去看，杯子就是完整的。他人给你带来麻烦时，应换位思考、淡定面对。看事不要武断，做事不要赶尽，要站在他人的角度去思考问题。失败也不是他想要的结果，不要因此而过于追究责任，给队员造成心理伤害，影响团队的凝聚力。不管领袖也好，队员也好，做任何事都一定要顾全大局。所遭所遇皆应看成难遭难遇。跌倒，只为更坚强地爬起；挫败，只为更好地成功。要与人为善，与己为善。一个人的宽容来自拥有一颗善待他人的心；一个人的涵养来自拥有一颗尊重他人的心；一个人的修为来自拥有一颗和善的心。眼里容得下别人的人，才能让别人容得下他；懂得尊重别人的人，才能得到别人的尊重。柔和待人的心态常伴，能让自己处处祥和。

以欢喜心看事，事事为我而生；以感恩心待人，人人皆是我师。亲人让你懂得大爱；朋友让你知道感恩；对手让你知道包容。现代社会的竞争是企业之间争夺人才，一个企业能否存活下去，主要看团队，拥有好的团队就相当于成功了。在工作中放下一己私欲，顾全大局，把团队建设得更加强大，自己也就有了更大的发展空间。现代社会中，是人才就要找好属于自己的伯乐，是人才就要找好自己的平台，是人才就要找好自己的团队。

面对即将毕业的我们，鲍立刚老师这堂课是对我们人生的一次忠告，站在父母的角度，说出了他们的心里话。是啊！再一次毕业了，可是这一次意味着我们已经长大，不能再说“毕业了就回家”，不能再用父母的血汗钱，也不能再一味地向他们索取。是啊！毕业了要自己去找工作，免不了磕磕碰碰，不然永远长不大。是啊！毕业了要挣钱养家，养父母、老婆、孩子。毕业不是解脱，而是责任。

做事，要有退有进；做人，要胸怀大度。看淡纷扰，看轻得失，来了去了，随缘随喜。功名利禄皆为过眼云烟，不是自己的不要强求。做人不求问心无愧，只求无愧于心。

超凡队全体队员感谢鲍立刚老师，祝您工作顺利，身体健康！

主要参考文献

［1］鲍立刚．人力资源管理综合实训演练．2 版．大连：东北财经大学出版社，2013.

［2］鲍立刚，覃扬彬，覃学强．人力资源管理综合实训演练．大连：东北财经大学出版社，2008.

［3］广东岭南职业技术学院“人力资源管理综合实训”自编教材．

［4］鲍立刚．三种情景面试技术的开发与应用．企业管理，2016（5）：86－89.

［5］鲍立刚．管理类专业分组应用型教学多重角色交叉式成绩评估探索．广西教育，2017，2（c）：123－125.

［6］鲍立刚．高职“校企行政生”五方共同体实训教学体系探讨——以人力资源管理专业为例．南宁职业技术学院学报，2014（3）：47－50.

［7］鲍立刚．人力资源管理信息化时代下人事外包业务的走向和定位．研究开发，2017（1）：107－111.

［8］鲍立刚．行为描述面试的六个关键因素．企业管理，2010（1）：81－83.

［9］鲍立刚．鱼骨图和九宫图在 KPI 设计提取上的应用．企业管理，2012（6）：100－103.

［10］鲍立刚．高职高专管理类专业实训教学四级评估体系探讨．职业技术教育，2009（7）：70－73.

［11］鲍立刚，覃扬彬，覃学强．高职高专人力资源管理综合实训教学模式探讨．职业，2009（5）：135－137.

［12］鲍立刚．人力资源管理实训教学的组织技巧．商场现代化，2009（2）：287－288.

［13］鲍立刚．人才劳务派遣条款修正的策略探讨．企业经济，2013（1）：189－192.

［14］鲍立刚．非全日制劳动用工的风险分析与对策．企业经济，2011（11）：67－70.

［15］鲍立刚，覃学强．广西农垦农场用工现状分析与对策探讨．新疆农垦经济，2010（7）：7－10.

［16］鲍立刚．员工关系管理课程建设思考与教学实践探讨//中国机械工业教育协会．2011 无锡职教教师论坛论文集．北京：机械工业出版社，2012.

［17］鲍立刚，覃学强．人力资源管理基本应用技术．大连：东北财经大学出版社，2010.

［18］鲍立刚．新形势下企业五种用工形式的运用及风险分析//广西壮族自治区科

学技术协会．第五届广西青年学术年会论文集．南宁：广西人民出版社，2010.

［19］董克用．人力资源管理概论．北京：中国人民大学出版社，2011.

［20］何发平．情景面试的开发程序与应用示例．人才资源开发，2007（9）：49－51.

［21］葛荣．情景面试在招聘中的应用．企业改革与管理，2011（4）：60－61.

［22］招聘新思路：体验式招聘．［2013－09－16］．http：//www. chinahr. com/news/376497. html.

［23］周文成．人力资源管理：技术与方法．北京：北京大学出版社，2010.

［24］刘军．地方性高校人力资源管理课程实践教学模式探索．赤峰学院学报（自然科学版），2013（2）：98－100.

［25］韦慧民，潘清泉．家庭友好人力资源实践的问题与应对策略．中国人力资源开发，2012（1）：26－30.

［26］郑可和，吴元民．人力资源管理专业实践教学研究．福建农林大学学报（哲学社会科学版），2012（1）：102－105.

［27］邢梅，刘东华．高职院校人才培养方案“体验式”实践教学体系探索——以人力资源管理专业为例．中国人才，2011（7）：93－94.

［28］刘铁明．人力资源管理专业实践教学研究述评．湖南第一师范学院学报，2011（6）：68－72.

［29］谷洪波，廖和平，张笑秋，等．人力资源管理专业实践教学体系的建构．当代教育理论与实践，2011（3）：102－104.

［30］李又才，周莉．当前领导干部公开选拔与竞争上岗中的问题及对策．武汉科技大学学报（社会科学版），2011（3）：288－292.

［31］李庆生．如何建立企业关键绩效指标体系．商场现代化，2010（11）：168－169.

［32］张孝颜，刘元杰，郭建清．公务员考核制度存在的问题及解决对策．人力资源管理，2010（8）：98－100.

［33］刘铁明．人力资源管理专业研究现状：一项文献述评．湖南财经高等专科学校学报，2010（1）：141－148.

［34］廖英．高校人力资源管理专业实践教学研究．广西财经学院学报（增刊），2006（19）：126－128.

［35］孙波．华夏基石咨询集团公司“招聘管理与面试”培训讲义．

［36］培训师百宝箱——金牌教练的“魔方”．［2013－04－10］．http：//wenku. baidu. com/view/d0ec78d1d15abe23482f4d70. html.

［37］九思企业管理咨询有限公司“有效招聘面试技巧”培训讲义．

［38］信和公司规章制度．

［39］美都实业集团公司规章制度．

[40] 中旅体育拓展培训中心．网站各种资料．[2013-04-10]．http：//www.lyss.com.cn.

[41] 燕鹏飞．金牌职业培训师的八项修炼．[2013-04-10]．http：//wenku.baidu.com/view/7bf71f220722192e4536f6e3.html.

[42] 广州番禺东泰塑胶有限公司规章制度．

[43] 广州蒙特利材料科技股份有限公司规章制度．

[44] 封翔．电视职场节目发展现状及新动向．http：//www.csm.com.cn.

[45] 刘星．培训师核心技能修炼．[2013-04-10]．http：//wenku.baidu.com/view/63b1e50b763231126edb1187.html.

[46] 吴国英．高校人文社科专业实践教学体系的构建研究．天津：天津大学管理学院，2011.

[47] 广州邦元管理顾问有限公司网站．

[48] 广州番禺威东流行鞋厂规章制度．

[49] 高雄市立翠屏中小学．教学情境与教室布置．[2013-04-16]．http：//www.tpjh.kh.edu.tw.

[50] 广州显明管理顾问有限公司网站．

[51] 柏美国际（清远）化妆品制造有限公司规章制度．

[52] 杜邦应用面材（广州）有限公司规章制度．

[53] 杭州核迅企业管理咨询有限公司网站．

[54] 奥科特公司卓越讲师技能训练．

[55] 方圆公司绩效考核文件——岗位绩效评量表．

[56] “培训之培训”培训讲义．

[57] “培训员培训”培训讲义．

[58] 五菱汽车公司“培训实施与管理”培训讲义．

[59] 思可睿人力资源网．

图书在版编目（CIP）数据

人力资源管理综合实训/鲍立刚主编．—北京：中国人民大学出版社，2017.6
“十三五”普通高等教育应用型规划教材
ISBN 978-7-300-24420-4

Ⅰ.①人… Ⅱ.①鲍… Ⅲ.①人力资源管理-高等学校-教材 Ⅳ.①F241

中国版本图书馆 CIP 数据核字（2017）第 100847 号

“十三五”普通高等教育应用型规划教材
人力资源管理综合实训
主　编　鲍立刚
副主编　李亚慧　江永众　贺冬怡
Renli Ziyuan Guanli Zonghe Shixun

出版发行	中国人民大学出版社		
社　　址	北京中关村大街 31 号	**邮政编码**	100080
电　　话	010－62511242（总编室）		010－62511770（质管部）
	010－82501766（邮购部）		010－62514148（门市部）
	010－62515195（发行公司）		010－62515275（盗版举报）
网　　址	http://www.crup.com.cn		
经　　销	新华书店		
印　　刷	北京鑫丰华彩印有限公司		
规　　格	185 mm×260 mm　16 开本	**版　　次**	2017 年 6 月第 1 版
印　　张	17.25 插页 1	**印　　次**	2019 年 5 月第 3 次印刷
字　　数	372 000	**定　　价**	36.00 元

教师教学服务说明

中国人民大学出版社工商管理分社以出版经典、高品质的工商管理、财务会计、统计、市场营销、人力资源管理、运营管理、物流管理、旅游管理等领域的各层次教材为宗旨。

为了更好地为一线教师服务，近年来工商管理分社着力建设了一批数字化、立体化的网络教学资源。教师可以通过以下方式获得免费下载教学资源的权限：

在中国人民大学出版社网站 www.crup.com.cn 进行注册，注册后进入“会员中心”，在左侧点击“我的教师认证”，填写相关信息，提交后等待审核。我们将在一个工作日内为您开通相关资源的下载权限。

如您急需教学资源或需要其他帮助，请在工作时间与我们联络：

中国人民大学出版社　工商管理分社

联系电话：010-62515735，82501048，62515782，62515987

电子邮箱：rdcbsjg@crup.com.cn

通讯地址：北京市海淀区中关村大街甲 59 号文化大厦 1501 室（100872）